JN427559

부모교육

이 책은 저작권법에 따라 보호받는 저작물이므로 무단전재와 무단복제를 금지하며, 이 책 내용의 전부 또는 일부를 이용하려면 반드시 저작권자와 동문사의 서면동의를 받아야 합니다. 무단전재나 무단복제 행위는 저작권법 제136조(벌칙)에 의거, 5년 이하의 징역 또는 5천만 원 이하의 벌금에 처하거나 이를 병과할 수 있습니다.

부모교육

PARENT EDUCATION

안영진 · 김창숙 공저

동 문 사

PREFACE

많은 부모들은 자녀의 양육에 대해 적절하게 대처하지 못하며, 문제 상황에 직면하게 되었을 때 구체적인 해결 방안을 찾지 못해 부모와 아이 모두 어려움을 겪게 되었다. 핵가족화는 성장과정을 통해 부모역할을 자연스럽게 습득할 수 있는 기회를 부족하게 하고, 맞벌이 부부의 증가와 소위 '독박육아'인 어느 한 부모에게 주어지는 양육 스타일 역시 '부모됨'에 대한 만족감과 기쁨보다는 스트레스와 좌절감으로 부모역할하기를 어렵게 하는 요인이 되어버린 지 오래다.

부모의 양육태도는 부모세대에서 나의 세대로 그리고 내 자녀 세대로 대물림된다고 한다. 참 무서운 말이 아닐 수 없다. 다행히도 많은 학자들은 부모교육을 통해 부모들이 자신의 역할을 보다 잘 수행할 수 있게 된다는 사실에 동의한다.

2019년 대통령 직속 저출산·고령사회위원회 관계자는 "2018년 우리나라 합계 출산율이 0.96에서 0.97명으로 잠정 집계되었다"고 밝혔다. 이는 한국이 세계에서 처음으로 출산율 0명대인 나라가 되었다는 것이었고, 사회에 충격을 안기기에 충분하였다. 사회는 핵가족화와 여성의 사회 진출 등으로 많은 변화를 갖게 되었고, 결혼을 하지 않는 청년들, 결혼은 하지만 아이는 낳지 않는 가족, 전세난과 주거비용, 육아로 인해 다시 부모와 집을 합치는 소위 '리터루족(return과 캥거루족의 합성어)' 유형 역시 주변에서 쉽게 찾아볼 수 있게 되었다. 그럼에도 불구하고 결혼을 하고 가족을 이루며, 아이를 낳고, 그 아이를 잘 기르는 것은 얼마나 어렵고도 힘든 일인가?

부모교육이란, 부모에게 자녀의 성장과 발달에 대한 이해와 지식을 증진시켜 부모로서의 역량을 키우고, 부모의 효과적인 자녀 양육 방법과 기술을 개발하여 자녀에게 실천하고 적용하도록 지원해 주는 교육적 활동을 의미한다. 이 책이 예비부모, 영유아 교육을 전공하는 학생들, 부모를 직접 대면하는 교사 그리고 부모역할을 좀 더 잘해 내고 싶은 부모에게 길라잡이가 될 수 있기를 바란다.

이 책을 엮는데 필자의 2014년판 「부모교육」(나경출판사)을 포함하여 많은 저서와 논문들을 참고하였음을 미리 밝혀둔다.

이 책은 2개의 PART, 총 10장으로 구성되어 있다.

머/리/말

PART 1에서는 '부모교육'의 이해를 위해 사회변화에 따른 부모교육의 개념과 필요성, 변천사를 다루었다. 또한 가족의 형성과정을 통해 가족의 의미를 되짚어 보고, 현대 가족의 다양성 및 가족생활주기를 통해 시기별 가족 변화를 살펴보았다.

PART 2는 좋은 부모가 될 수 있는 방법에 대해 살펴보았다.

3장에서는 부모-자녀관계를 통해 '부모됨'의 의미와 부모역할 및 양육태도를 이해할 수 있도록 하였고, 4장에서는 인간의 발달 단계에 따라 부모의 역할 변화는 어떠해야 하는지 기술하였다. 5장은 여러 다양한 부모교육 프로그램을 살펴봄으로써 앞으로의 부모교육 방향에 대해 생각해 볼 수 있도록 하였다. 6장은 현대사회의 다양한 가족 구성에 따라 외둥이, 쌍둥이, 장애, ADHD 자녀를 둔 가족 안에서의 부모역할에 대해 알아보았다. 7장과 8장은 교육현장에 도움이 될 수 있도록 교사-부모관계에 대한 이해와 문제 해결 대처방안 등 현장적용을 중심으로 살펴보았으며, 9장 및 10장은 최근 부각되고 있는 스마트 디지털 미디어 교육 및 아버지 교육 관련 부모 역할에 대해 다루었다.

막상 출판한다고 하니 부족한 점이 더 많이 눈에 들어와 부끄러운 마음이 크다. 이러한 부끄러운 마음을 발판으로 학문적 성장의 기회로 삼으려 한다. 동료학자 및 후배들의 애정 어린 비판과 함께 격려를 보내준다면 더욱 큰 힘이 될 것이다.

이번에 함께 이 책을 집필하면서 동행해 준 김창숙 교수님께도 감사를 전한다. 김 교수님의 미디어 관련 학문에 대한 관심이 최근 동향으로 안내하는 데 많은 도움이 되었다. 이 책이 나오기까지 도움을 주신 많은 분들께 감사를 드린다. 동문사 사장님과 좀 더 좋은 책이 나올 수 있도록 작은 부분까지 놓치지 않고 살펴봐 주셨던 직원분들의 노고에 감사 인사를 전한다.

끝으로 오랜 시간 옆에서 말없이 격려와 응원을 보내준 가족들에게도 고마움과 사랑을 전하고 싶다.

행복한 교사, 행복한 부모, 행복한 아이가 살아가는 세상을 꿈꾸며

행원동산에서 대표저자 안 영 진

CONTENTS

차 례

CONTENTS

PARENT EDUCATION

PART I

부모교육의 이해

CHAPTER 01

부모교육의 이해

1 부모교육의 개념

부모교육이란 자녀양육과 교육에 참여하고 있는 부모가 부모로서의 역할과 기능을 보다 원활히 수행하는 데 필요한 지식과 기능을 습득하도록 의도적으로 주어지는 교육 과정이며, 부모-자녀를 긍정적으로 변화시키기 위한 교육적 활동이다(안영진, 2014 재인용).

부모가 자녀를 훌륭히 양육하고 교육하기 위해서는 부모가 부모로서의 역할과 기능을 보다 원활히 수행하기 위한 부모의 자녀양육에 대한 가치관과 사회적 요구, 자녀에 대한 이해와 다양한 지식과 기술이 필요하다. 더구나 자녀는 성장하므로 그에 따른 부모의 역할과 기능도 다르기 때문에 부모는 끊임없이 새로운 양육 방법을 습득하도록 도와줌으로써 사회와 국가가 요구하는 바람직한 인간으로서 성장할 수 있다(안영진, 2014 재인용).

부모역할 수행에 있어서 부모가 되고자 하는 사람들은 보다 나은 부모역할을 위해 공식적이거나 비공식적인 부모교육의 도움을 받고자 한다. 열악한 주거환경, 건강 문제, 아동학대, 이혼 등의 급속한 사회변화는 가족에게 많은 스트레스를 준다. 과거의 확대가족에서는 이러한 현상이 드물게 나타났지만 맞벌이부부가 많아지고 핵가족 등 가정생활 형태가 다양해지는 현대사회에서는 그에 따른 적절한 지원체계와 도움이 더욱더 절실히 필요하게 되었다(안영진, 2014 재인용).

부모는 왜 되어야 하는가? 부모가 된다는 것은 무엇을 의미하는가? 재생산을 위한 진화론적 입장에서는 부모의 역할이 단지 성적 행동, 임신, 출산으로 만족되는 것이 아니다. 인간의 종족 번식을 위한 성공적인 재생산의 열쇠는 대가족을 형성하는 것이며, 이에 못지않게 높은 수준의 부모됨을 실천하는 것이기도 하다. 다른 동물과 달리 인간은 태어나서 성숙에 이르기까지 부모에게 의존하는 기간이 길기 때문에 부모의 보살핌의 질은 아동의 생존과 성장에 중요한 요인이 된다(안영진, 2014 재인용).

정신분석학자인 에릭슨(Erikson)은 인간의 발달단계를 8단계로 분류하고, 인간이 7단계인 성인기에 이르면 본능적으로 아이를 가짐으로써 자녀를 양육하려는 동기를 갖게 된다고 하였다. 인간이 부모가 되어 자녀양육을 수행하려는 부모됨의 동기는 사랑하는 배우자와의 관계에서 자녀의 출생을 실질적인 사랑의 결과로 인식하게 되므로 결혼 후 부부는 부모되기를 원하게 된다. 서로 사랑하는 부부가 애정적인 부부관계를 통해서 자녀를 갖게 되는 것은 큰 행복이며, 이렇게 부부관계에서 시작된 부모-자녀관계의 상호작용을 통해 부모는 심리적으로 성숙하게 된다(안영진, 2014 재인용).

이와 같이 성인기에 이르면 적절한 시기에 사랑하는 배우자를 만나 결혼하여 가정을 이루고 자녀를 가짐으로써, 부모가 되는 과정을 통하여 심리적인 안정감과 더불어 사회적으로 하나의 완성된 가정을 이루고 책임감 있는 부모가 됨으로써 심리적 · 사회적 안정감을 얻게 되며, 비로소 어른으로서의 삶을 살게 된다(안영진, 2014 재인용).

라빈(Rabin, 1965)의 부모가 되는 4가지 이유 중의 첫째는 '숙명적'인 이유이다. 어떤 사람들은 자녀를 갖는 것이 그들이 존재하는 이유라고 믿기 때문에 자녀를 갖는다. 이러한 숙명적 동기를 가진 사람들은 인간이 생명의 창조를 간섭해서는 안 된다고 믿기 때문에 피임하는 것은 신에 대한 죄라고 여기는 사람들, 즉 가계존속을 위해 아이를 갖는 사람들이다(안영진, 2014 재인용).

둘째는 이타주의적 견해에서 부모가 되고자 하는 이유를 찾을 수 있다. 이것은 많은 사람이 아이를 갖거나 양자를 들이는 동기가 되기도 한다. 이 동기는 부모가 되어 자녀에 대한 관심과 애정을 표현하고자 하는 바람과 욕구에 의한 것이라고 말할 수 있다(안영진, 2014 재인용).

에릭슨의 생산성 개념에 의하면 부모는 '자녀를 원하는 것(needed)'에 대한 심리학적 욕구를 갖고 있다. 이것은 부모가 되는 세 번째 동기인 '나르시시즘적(narcissistic)' 동기라고 할 수 있다. 자녀를 갖는 것은 자신의 선(善)을 나타내 주고, 아기를 갖기에 적당할 만큼 성인으로 성숙했음을 구체적으로 나타내 준다고 기대하는 점에서 나르시시즘적이라고 할 수 있다(안영진, 2014 재인용).

부모가 되는 네 번째 이유로 '도구적(instrumental)'인 성격을 띤 것이 있다. 예컨대, 자식이 부모를 대신하여 어떤 목적을 이루어 주기를 바라는 것이다. 대학에 보낸다든지, 특수한 기술을 배우게 한다든지, 개인적인 문제들을 극복하게 한다든지 하는 것들이 그 예이며, 이러한 것들은 부모들이 달성했던 것일 수도 있다(안영진, 2014 재인용).

부모교육은 부모의 자녀에 대한 이해를 증진시키고, 자녀양육에 필요한 다양한 지식과 경험을 습득할 수 있도록 제공되는 모든 활동을 말한다. 자녀를 위한 교육과 훈련이 필요한 부모들에게는 자녀교육에 필요한 지식과 기술, 태도를 익혀 부모와 자녀와의 원활한 인간관계 형성을 돕는다. 더불어 자녀와의 상호작용이 자녀의 전 생애에 걸쳐 중요한 영향을 미친다는 연구는 수없이 이루어졌으며, 유아기의 부모의 적절한 상호작용은 여러 발달영역에 좋은 결과를 가져온다고 많은 학자가 말하고 있다(안영진, 2014 재인용).

부모교육이란 자녀양육의 효율성을 높이기 위하여 부모에게 지식과 정보를 제공하고자 하는 구체적인 노력이라고 정의한다. 이러한 노력이란 부모가 자신의 습관적 사고나 행동을 발견하고 자녀를 다루는 새로운 방법을 발달시키도록 지식과 이해를 갖게 하는 교육적 경험을 제공하는 것이다. 게스트위키(Gestwicki, 2000) 또한 부모교육은 부모로 하여금 자녀교육의 책임을 인식하고, 주어진 책임을 수행하는 데 필요한 지식과 기능을 습득하여, 부모에게 요구되는 기본적인 태도를 지니도록 하기 위해 의도적으로 주어지는 교육의 과정으로 정의하고 있다. 즉, 부모교육은 이미 자녀가 있는 부모가 역할을 수행하는 데 도움이 되는 다양한 경험을 제공할 뿐 아니라 앞으로 자녀를 가질 계획이 있는 부모를 교육하는 것이다(유효순 · 정원식, 1998).

일반적으로 오늘날 사용되는 부모교육이란 부모교육이라는 용어 이외에 강조점과 의미에 따라 부모참여, 부모훈련, 부모지지, 부모역할 등으로 혼용하여 쓰여지고 있으나 각 용어의 의미는 조금씩 다르다(안영진, 2014 재인용).

- 부모참여: 요즘은 자녀가 하나, 둘이어서 부모의 관심이 전과는 다르다. 유아교육기관에서 운영하는 프로그램에 부모가 직접 참여하여 활동하거나 참관수업을 통해 자녀가 교육에 어떻게 참여하고 적응하는가를 관찰하는 것으로 또래와의 관계 및 다양한 정보를 얻어 자녀를 이해하는 데 도움을 받는다. 그 외의 학부모 자원봉사활동, 견학보조자, 역할보호자, 교구제작활동 등에 참여한다. 또 적극적인 부모참여로는 운영위원회 위원으로 유아교육기관 행사 결정에 조언자나 결정자로서도 참여할 수 있다.
- 부모훈련: 자녀를 위해 일부 부모는 다양한 부모교육훈련에 참여하여 자녀와의 상호작용과 가족관계의 개선에 도움을 받을 수 있다. 더불어 자녀의 발달단계나 단계별의 성장을 알아보고, 혹시나 있을 발달지체, 신체적 · 언어적 결함 등의 정도를 감소시키거나, 예방할 수 있다.

- **부모지원:** 부모지원 프로그램은 부모와 부모 간의 관계를 촉진하고, 건강한 가정과의 상호작용을 통해 부모의 역할을 배울 수 있고, 교육기관과 주변의 같은 또래의 부모들과 정보교환을 통해 다양한 자료들을 지원받게 된다. 유아교육기관에서 보내는 유인물과 대화장 등을 들 수 있다.

부모교육의 목적은 부모에게 새로운 지식을 주고, 자녀의 이해를 돕는 교육적 경험을 제공함으로써 부모역할을 지원하며, 부모 자신의 존엄의 인식을 통해 개인적인 성장을 도우며, 자녀와 가족과의 관계형성을 위한 새로운 방법을 제공함으로써 가족의 문제를 예방하고 가족의 기능을 극대화하는 것이다. 또한 부모의 부모로부터 답습한 사고와 행동을 자녀에게 그대로 대물림하고 있지는 않은지 다시 생각해 봄으로써 자기계발과 지역사회 성인으로서의 역할과 대인관계를 지원한다(안영진, 2014 재인용).

부모교육은 부모가 부모로서의 역할과 기능을 보다 원활히 수행하기 위한 지식과 기능을 습득하도록 교육기관과 단체를 통해 의도적으로 계획되는 다양한 부모교육 프로그램을 통한 정보전달이며, 경험전달이다. 또한 부모-자녀의 관계를 지금보다는 더 상호관계가 원활한 긍정적인 관계로 변화시키기 위한 교육적 활동이다(안영진, 2014 재인용).

2 부모교육의 필요성

자녀를 기른 우리나라 부모들은 "다시 낳아서 기르라면 지금보다는 더 잘 기를 수 있을 것 같아"라는 말을 종종 한다. 이 말은 자녀를 기르면서 정보제공을 받거나 받지 않거나에 상관없이 자녀와 상호작용하면서 부족했던 부모역할에 대한 미련일 것이다. 완벽한 부모도 없겠지만 자녀를 상대로 실험된 일상적인 모든 활동이, 항상 자녀에게 잘못을 물었던 행동이 부모가 자녀를 이해하지 못한 이유 때문이었다는 사실을 느끼는 순간도 자녀를 기르면서 많이 접하게 된다(안영진, 2014 재인용).

이러한 부모교육의 필요성을 유안진 · 김연진(2003)은 다음과 같이 제시하였다.

첫째, 현대사회의 부모는 자녀를 양육할 때 필요한 모델이 적기 때문에 부모교육이 요구되며, 수많은 정보 가운데 적절하고 자신에게 효율적인 정보를 찾고 활용할 수 있도록 하기 위해 필요하다.

둘째, 가정과 교육기관의 연계성을 확립하기 위하여 부모교육은 필요하다.

셋째, 부모의 역할은 중요한 역할이고 다양한 형태의 가정에서 그 역할을 이해하고 준비할 필요가 있다. 그러므로 부모교육을 받아 부모됨을 준비해야 한다.

넷째, 부모의 역할은 자녀의 성장과 발달에 많은 영향을 준다. 그러한 부모의 영향력을 볼 때, 정부나 국가의 입장에서 부모역할에 투자를 한다는 것은 미래사회의 주체인 아동의 성장과 발달에 영향을 미치는 것이고 그것은 곧 미래사회에 대한 국가적 차원의 투자이다.

부모교육의 필요성과 내용은 그 시대의 인간관, 교육, 사회, 문화, 역사, 경제적 상황에 의해 많은 영향을 받는다(김연진 · 이상희, 2007).

3 부모교육의 변천사

1) 서양의 부모교육

(1) 19세기의 부모교육

19세기는 현대적인 부모교육이 시작된 시기로 1801년 페스탈로치(Pestalozzi)가 게르트루드는 『어떻게 자녀를 가르쳤나(How Gertrude Teaches Her Children)』라는 책을 펴낸 것을 그 시발점으로 삼을 수 있다. 그는 아동이 어머니의 무릎에 앉는 순간부터 가르쳐야 한다고 주장하였다(안영진, 2014 재인용).

표 1-1 각국의 부모교육 프로그램

국가	프로그램명	주요 내용
대한민국	드림스타트	가정방문을 통한 사례관리. 빈곤아동이 성장 발달에 필요한 필수 서비스 제공. 해당 연령아동과 그 가족, 임신부 대상
	위스타트	지역사회의 책임감 있는 구성원으로 성장할 수 있도록 유아와 가족에게 다양한 역량과 강화 활동 지원
	아동발달 지원계좌산업	만 18세 이하의 요보호아동대상, 1:1 매칭펀드 적금
미국	Head Start	빈곤유아에게 건강, 영양, 교육경험제공 빈곤의 악순환 고리를 끊기 위한 부모교육 실시
	Parent Education Movement	부모의 욕구, 가정양상의 변화, 아동학대, 인권옹호 등의 원인으로 일어난 부모교육운동
	Child Start Movement	Gesell의 표준행동목록, Dewey와 Kilpatrick의 Project
호주	장애아동청소년 역량개발	장애인서비스법(1996), 장애인차별금지법(1992)
	Best Start Program	'빈곤의 순환을 끊고 밝은 미래를 만든다'를 모토로 2001년 시작. 예방조기 교육프로그램
영국	Sure Start Balsall Sure	영국 전역의 영유아, 부모, 지역사회를 위한 서비스. 부모의 빈곤탈피체제를 구성하고 운영. 양질의 통합 서비스
	Start Center	버밍햄지역에서 신생아부터 5세 빈곤층 유아와 부모교육

출처: 여성가족부. 선진보육제도연수보고서(www.babymom.com)

유치원이 설립되기 시작하면서 생의 초기에 대한 관심이 싹트고 부모역할에 대한 중요성이 인식되기 시작하였다. 페스탈로치의 제자인 프뢰벨(Fröbel)은 1840년대 초기에 어머니가 자녀들에게 들려 줄 수 있는 노래와 게임, 이야기를 담은 책 『어머니의 노래와 놀이, 이야기(Mother's Songs, Games, Card Stories)』를 펴냈다. 페스탈로치와 프뢰벨의 영향은 미국의 유치원 프로그램에서 그 흔적을 찾아볼 수 있다.

그 후 부모역할하기, 부모교육, 부모개입은 19세기 중반부터 여러 이론과 책, 단체, 그리고 정부의 프로그램에 의해 영향을 받고 다양해졌다(안영진, 2014 재인용).

(2) 20세기의 부모교육

20세기는 아동의 세기라고 할 만큼 아동에 대한 연구 및 활동이 활발히 이루어졌다. 따라서 부모-자녀관계에 대한 연구 및 활동도 활발하였는데, 부모교육 및 부모의 양육태도를 변화시키는 데 크게 영향을 미친 것은 심리학의 발달이다(안영진, 2014 재인용).

(3) 1920년대 부모교육

20세기 초반에 정신분석, 성격이론, 행동주의이론 등이 발달하면서 자녀의 습관 및 성격형성에 부모가 큰 영향을 미치며, 아동양육은 그들의 발달특징을 고려해 가며 해야 한다는 사고가 자리 잡게 되었다. 따라서 이러한 이론들을 교육현장 및 일상생활에서의 부모-자녀관계에 적용하고자 하는 움직임이 일어났다(안영진, 2014 재인용).

1920년대는 부모교육에 대한 관심이 더욱 높아졌다. 미국에서는 아동연구협회 등의 활동이 활발하게 이루어졌고, 미래의 예비부모에 대해서도 관심을 가지게 되었다. 그리고 초·중·고등학교에서도 예비부모교육 과목이 개설되었다(안영진, 2014 재인용).

당시의 사회적 상황도 부모교육에 영향을 주었다. 제1차 세계대전으로 군대에 징집되는 젊은이들로 하여금 자신의 정신·정서·신체에 관심을 갖게 하였으며, 정신 · 정서 · 신체적 측면의 발달에 대한 가정과 학교의 책임을 재평가하는 계기가 되었다. 그 결과 부모들에게 전달해야 할 부모교육의 내용은 이상적인 시민을 만드는 것이어야 한다고 생각하게 되었다. 또한 대학에서 아동발달 과목이 개설되었고, 대학부설 유치원이 설립되었다.

그 당시에 많은 영향을 준 양육이론들은 왓슨(Watson)의 행동주의, 게젤(Gasell)의 성숙이론, 프로이트(Freud)의 정신분석이론이다.

왓슨은 환경의 영향을 강조하였는데, 아동의 발달은 전적으로 환경적 자극에 본능적으로 반응함으로써 생긴 습관에 의해 형성되므로 아동의 행동을 바람직한 방향으로 습관화시켜야 한다고 강조하였다. 따라서 아동은 규칙적이고 객관적으로 키워야 한다고 주장하였다. 예를 들어, 시간에 맞춰서 우유를 주어야 하고, 정해진 시간에 잠자리에 들게 해야 한다는 것이다.

게젤은 1920년대에 부모교육과 아동발달에 많은 영향을 주었다. 게젤은 아동은 내적 지향성이 있어서 자연적으로 성장하도록 결정되어 있으며, 유전적인 프로그램에 의해 성숙되므로 부모는 보조역할만 하면 되는 것으로 보았다. 특히 아동은 성장하면서 좋은 행동과 좋지 않은 행동을 나타내기도 하는데 어머니가 인내심을 갖고 기다릴 것을 권고하였다.

한편 프로이트는 유아기가 성격발달에 중요하며, 유아기의 경험이 일단 고정되면 성인이 된 후의 성격에 영향을 미친다고 함으로써 초기 경험의 중요성을 강조하였다. 특히 부모와의 상호작용이 아동의 성격발달에 결정적 역할을 한다고 주장하였다.

이 시기의 주된 경향은 자녀양육은 과학적으로 해야 하고, 유아기 경험이 중요하며, 이들을 교육하기 위해 유아교육기관을 확대해야 한다는 것이었다. 또한 부모-자녀관계가 중요하다는 것을 더욱 인식하게 되었다.

(4) 1930~1950년대 부모교육

1930년대의 세계경제의 불황은 부모교육의 필요성을 더욱 인식시키는 사회적 분위기를 조성하였다. 경제적으로 곤란할 때일수록 아동의 발달이 잘 되어야 한다고 생각하였기 때문이다. 이 시기는 유치원이 증가하면서 부모와 유아교육기관이 긴밀하게 연관되었고, 유치원 아동들을 대상으로 그들의 신체와 정서발달의 연구가 많이 이루어졌다.

1940년대의 제2차 세계대전은 아버지의 부재현상을 가져왔고, 아버지의 부재현상이 아동의 발달에 어떤 영향을 미치는가에 관심을 기울이게 되었다. 이때 스포크(Spork)는 『아동양육』 전서라는 책을 출판하여 자녀양육에 많은 영향을 주었다. 그는 이 책에서 부모들이 자녀양육을 즐겁게 하고, 보다 많은 융통성과 자율성을 부여할 것을 강조하였다.

1950년대 미국에서는 학군마다 부모교육, 학령 전 부모교육, 성인교육이 활발하게 진행되었는데, 아동양육에 대한 정보를 얻을 수 있는 중요한 근원이었다. 이 시대에 영향을 주었던 연구물들의 내용은 애정적 양육방식, 아동의 자율성, 사회·정서적 발달, 개별성, 아동의 발달속도에 맞는 교육을 강조하는 방향으로 바뀌었다. 이러한 가치관은 정서적으로 건강한 아동을 양육하는 것이 중요하다는 정신분석의 영향이라고 볼 수 있다.

1957년 소련이 먼저 우주선을 발사하자 부모교육을 비롯한 가정·경제·정치 등 모든 분야에 자극을 주었고, 정부의 기능 및 역할에 대해서도 의문과 비판이 제기되었다. 특히 학교에서 제대로 교육을 받지 못하고 있는 것은 아닌지, 가정에서의 초기 경험에 문제가 있는 것은 아닌지에 대한 자각과 비난이 뒤따랐다. 이것은 부모교육을 다시 한 번 중요하게 생각하게 한 계기가 되었다.

20세기 초 부모교육은 많은 부분 활성화되었지만 교육기관과 부모들 간의 의미 있고 생산적인 관계보다는 단지 교사가 부모에게 일방적으로 양육 및 발달에 관한 전문지식과 기술을 전달하는 수직적 관계였다(안영진, 2014 재인용).

(5) 1960년대 이후의 부모교육

1960년대는 부모교육에 있어서 전환기를 맞은 시기라고 볼 수 있다. 1957년 소련의 우주선 발사로 일기 시작한 미국의 교육혁신은 초등학교 이전부터 조기교육이 필요하고, 유아의 타고난 소질을 최대한으로 개발하기 위해서는 초기에 부모의 적극적인 개입이 있어야 한다는 인식을 대두시켰다. 따라서 인지발달의 중요성이 강조되었고, 부모교육은 더욱 강조되었다. 어린이가 무엇인가 학습하려면 준비도가 이루어질 때까지 기다려야 한다는 1940~1950년대의 아동발달 개념과는 차이가 있다.

1960년대에 획기적인 것은 1950년대 이전과는 달리 중류계층의 부모뿐만 아니라 하류계층의 부모도 부모교육의 대상으로 혜택을 받게 된 것이다. 더구나 1964년 빈곤퇴치전쟁(War on Poverty)의 선포와 함께 가정환경이 나쁜 아동에게도 균등한 환경적 기회를 마련해 주어, 가난하기 때문에 지적으로 열등해지고, 지적으로 열등하기 때문에 다시 가난해지는 악순환을 정부가 개입하여 막아야 한다는 보상교육의 개념도 발생하였다. 보상교육의 차원에서 만들어진 대표적인 프로그램이 헤드 스타트 프로그램이다. 이 프로그램은 빈곤가정, 영양실조 아동, 교육환경의 결손아동들을 대상으로 하여 이들의 지적 발달과 정서적 발달에 주력하였는데, 프로그램의 연구결과 부모의 참여가 아동의 학업성취와 밀접한 상관이 있음이 밝혀지자 자녀교육에 부모의 참여가 정착되기 시작하였다.

1970년대에 들어서면서 다양한 프로그램이 개발되었다. 특히 매스미디어의 발달은 생활을 풍요롭게 하였으나 가치와 습관의 변화를 가져왔고, 가족 간의 대화가 절실히 요구되면서 가족, 부모-자녀관계의 중요성이 더욱 부각되었다.

1980~1990년대는 십대의 임신, 약물중독, 아동학대 등이 부각된 시기로

부모뿐 아니라 젊은이들을 위한 부모교육의 필요성이 더욱 강조되었고, 이들을 위한 프로그램이 개발, 실시되기 시작하였다. 1960년대에서 1980년대에 이르기까지 인지교육이 강조되면서 유아교육 및 부모교육 프로그램과 관련된 정책결정에 영향을 준 대표적인 학자들은 피아제(Piaget), 브루너(Bruner), 블룸(Bloom), 헌트(Hunt)이다. 20세기 후반의 부모교육의 특징은 국가의 개입이 보편적으로 이루어졌고, 조기교육의 시작연령이 하향화되었으며, 어머니뿐만 아니라 아버지도 부모교육에 참여시켜야 한다는 주장이 강조되었다(안영진, 2014 재인용).

2) 한국의 부모교육

한국 부모교육의 역사는 한국사회의 역사적 변천에 따라 변화하였다. 전통사회는 흔히 산업화가 시작되기 이전의 사회를 의미하는데, 전통사회에서는 가족관계에서 모든 도덕이 시작하며, 사회질서를 확립하고, 유교적 관점을 바탕으로 하는 예를 모든 행실의 근본으로 삼아 중요시하였다. 가계를 이을 아들을 출산하는 것은 가족 내에서 자신의 도리를 다하는 가장 중요한 조건이었다. 따라서 아들을 임신시키기 위하여 집안 어른들은 자식의 부부관계와 임신한 며느리의 태교에 세심한 지도와 간섭을 하였으며, 이와 관련된 서적을 읽도록 하였다. 전통사회에서는 태교를 상당히 중요시하여 여성들을 대상으로 하는 거의 모든 서적이 태교에 관한 내용을 포함하고 있었다. 전통사회는 신분제도가 엄격하고, 남녀칠세 부동석이라 하여 여성들의 외출을 엄격히 제한하였기 때문에 주로 책을 통한 안방교육이었다. 빙허각 이씨의 『규합총서』, 『계녀서』, 『규범』 등의 서적들은 태교와 자녀양육에 관련된 지침을 일부 포함하고 있다. 이들 내용은 엄격한 아버지와 자상한 어머니를 묘사하고 있다(안영진, 2014 재인용).

일본의 침략과 더불어 사회가 개화되면서 여성들의 안방교육이 사회교육으로 전환되었다. 동시에 소수의 양반계층과 일본인 자녀들을 대상으로 유아교육이 시작되고 그 부모들을 대상으로 자녀양육에 관한 교육을 실시하였다. 그러나 조직적으로 부모교육이 시작된 것은, 1914년에 미국 선교사 브라운 리(Brown Lee)가 유치원을 설립하고 '자모회'를 조직하여 어머니들을 교육시키면서부터라고 할 수 있다. 1960년 이후 아동에 대한 관심이 고조되면서 부모교육에도 중요한 변화를 가져왔다. 부모가 수동적인 입장에서 적극적으로 아동교육에 참여하는 것이 바람직하다고 보고, 아동교육기관에 적극적인 참여를 권장하였다. 1982년에는 「유아교육진흥법」이 제정되면서 부모교육에 대한 관심과 부모교육 프로그램의 개발과 실시가 본격화되기 시작하였다(안영진, 2014 재인용).

세계적으로 높은 교육열을 갖고 있는 한국사회에서 좋은 부모가 되려는 부모들의 열의는 신세대 부모에게서 더욱더 높아지고 있다. 그러나 사회의 급격한 변화로 인하여 현대의 부모들은 전통적인 우리나라의 양육 방법과 서구의 양육 방법 사이에서 혼동과 갈등을 겪고 있으며 권위주의적인 양육태도와 허용적 양육태도를 병행하면서 자녀교육에 대한 확실한 가치관 없이 자녀양육에 흔들리고 있다. 또한 자신감을 잃고 나아가 부모역할의 잘못된 수혜에 대해 불안해하고 있다. 21세기의 정보화·지식기반사회를 살아갈 우리의 자녀를 잘 키우는 방법은 과연 무엇일까? 부모들은 자녀들을 위하여 일하고 모든 노력을 기울이고 있는데, 자녀들은 부모에 대해 반항심만 키우고 있는 것은 아닐까? 이러한 과도기적 시점에서 부모들은 올바른 양육 방법을 배우고, 이에 기초가 되는 아동발달심리를 이해하면서 자녀양육에 대한 뚜렷한 가치관을 가지고 부모역할에 임해야 할 것이다(안영진, 2014 재인용).

3) 현대의 부모교육

현재 우리가 살아가는 사회는 4차 산업혁명을 맞이하는 시대이다. 4차 산업혁명 시대는 인공지능과 기계학습, 생물공학 등 여러 가지가 동시에 강조되며, 사회의 전제적 디지털화가 우리의 생활, 노동, 관계 등을 대체하는 기술공학적 혁명의 시대이다.

현대사회 부모교육은 4차 산업혁명 시대에 알맞은 새로운 교육관을 세우는 데 도움을 주고, 무수한 정보의 세계에서 올바른 가치관으로 자녀를 길러내기 위한 교육이 이루어져야 할 것이다. 미래시대를 살아갈 자녀뿐만 아니라 부모 또한 인공지능에 휘둘리는 것이 아니라 그것을 조정할 수 있어야 한다.

요즘 자녀들은 또래관계가 미치는 영향이 크고, SNS와 같은 온라인 사회흐름을 무시할 수 없다. 학교폭력은 점점 수위가 높아지고 디지털 미디어 매체에 대한 노출은 빨라지고 있다. 이를 멀리 내다볼 수 있는 부모가 되기 위해 다양한 디지털 미디어 매체를 활용한 교육과 자녀와 소통할 수 있는 의사소통 및 그들만의 문화를 이해하는 교육이 필요하다.

또한 캥거루족, 연어족, 프리커족 등 변화된 성인 유형이 사회현상으로 대두되고 자녀양육에 조부모의 역할 또한 커지고 있음에 변화하는 사회에 맞춘 부모교육이 시급하다. 또한 현 교육방향에 맞춘 혁신미래교육에 걸맞는 창의적 민주시민으로 자녀가 성장할 수 있도록 기존의 부모교육을 바탕으로 자녀들이 변화하는 사회에 잘 대처할 수 있도록 지적인 능력과 감성적이고 창의적인 능력을 길러주는 것에 중점을 두어야 한다.

CHAPTER 02

가족의 형성

1 사랑과 결혼

1) 사랑의 의미

사람은 누구나 사랑하고 사랑받고 있다는 사실로 인생의 보람과 행복을 느낀다. 사람을 사랑하고, 사랑을 받고, 그리고 그 사랑이 영원히 변치 않기를 바라고 있다. 인생에서 사랑이 없다면 기쁨과 슬픔, 삶의 향기나 보람도 없으며, 행복도 당연히 없을 것이다. 사람의 삶에서 사랑을 제거한다면 삶의 의미는 없어지고 삭막해질 것이며, 정서적인 면에서도 황폐해질 것이다. 건강한 정신은 정서적인 활동을 통해 나타난 사랑을 표현한 시나 노래가 시대나 국적을 초월하여 누구에게나 감동적으로 느끼고 있음을 알 수 있다. 루소(Rousseau)가 말한 바와 같이 "산다는 것은 곧 사랑한다는 것이고 사랑하지 않는다는 것은 살지 않는다는 것"과 같다(안영진, 2014 재인용).

부모와 자녀, 형제 그리고 부부가 따뜻한 사랑으로 맺어진 가정은 언제나 마음의 안식처이고 사랑으로 함께함으로써 인생이 다채롭고 아름답다. 그러나 사람들은 사랑의 기쁨과 슬픔을 끊임없이 추구하면서도 진정한 사랑의 모습은 현실에서 얻기가 어렵고, 사랑하고 사랑받는 마음의 과정이 얼마나 미묘한 관계인지를 알고 있다(안영진, 2014 재인용).

일반적으로 사랑이란 비록 짝사랑이나 실연으로 끝나더라도 사랑을 하지

않는 것보다 가치가 있다고 생각하기 때문에 사랑을 잃었지만 많은 것을 얻을 수 있다고 한다. 결혼할 때는 변함없는 사랑을 맹세한 행복한 남녀가 결혼생활 과정에서 폭행을 하고 이혼을 하고 증오하기도 한다. 이와 같이 사랑의 아름다움과 그 현실적인 문제의 이중성은 사랑에 대한 본질적 이해와 가치를 잘못 알고 실천하는 데 있다. 사랑은 얻는 것이 아니라 만들고 가꾸어 가는 것이다(안영진, 2014 재인용).

한 개인의 삶에 있어서도 사랑은 기쁨과 슬픔, 환희와 고통, 행복과 불행을 좌우하는 가장 중요한 요인이다(안영진, 2014 재인용).

2) Losswell과 Hatkoh의 사랑의 유형

(1) 정열적 사랑(passionate)

좋아하는 사람을 만나면 '첫눈에 반했다'는 생각이 들고 두 사람의 관계가 순식간에 가까워진다면 정열적인 사랑을 추구하는 사람이다. 이런 부류의 사람들은 상대방의 외모에 많은 비중을 두는 경향이 있다. 자신의 속마음을 쉽게 털어놓고, 상대방에 대해서도 속속들이 알고 싶어 한다. 이들은 남의 눈을 별로 의식하지 않고 신체적인 접촉을 즐기거나 상대방을 이상화시켜 과대평가하는 경향이 심하다.

(2) 유희적 사랑(game-playing love)

유희적 사랑을 추구하는 사람은 사랑을 책임져야 하는 것으로 보기보다는 인생을 위한 하나의 수단으로 생각한다. 여러 가지 취미생활을 할 수 있는 것과 마찬가지로, 파트너도 한 사람으로 만족하지 못하는 경향이 있다.

사랑도 게임처럼 재미있게 할 수 있어야 하기 때문에 책임감이나 의무감에 많은 비중을 두지 않는다. 스릴을 추구하기 때문에 다양하고 노련한 취향과 매너를 보여줄 수 있다.

(3) 우정적 사랑(friendship love)

동료나 이성 친구로 오랫동안 함께 지내는 사람에게 자기도 모르게 서서히 사랑하는 감정이 생기는 경우로서 친구 같은 사랑이다. 상대에게 첫눈에 반해 황홀감을 경험하지는 않지만 하는 일이나 취미가 비슷하고 허물없이 지내는 사람에게서 나타난다. 서로 잘 알고 정서적으로 안정되어 있기 때문에 서로 떨어져 있어도 초조해 하지 않으며 애정표현이 유난스럽지 않다. 비교적 덤덤한 관계를 유지하나 이혼율은 낮은 편이다.

(4) 논리적 사랑(logical love)

짝을 찾을 때 경제수준이나 학력, 가정환경, 외모 등 차후에 갈등의 소지가 될 수 있는 요인들을 사전에 고려하는 사람은 논리적 사랑을 하는 사람이라 할 수 있다. 이 사람들은 현실적이고 현명한 사랑을 추구하기 때문에, 관계가 장기적으로 지속되기 어려운 대상은 처음부터 포기한다. 상대방과 자신의 장·단점을 고려하고 사랑이란 일종의 공정성에 기반을 둔 거래라고 생각한다. 또한 이들은 사랑을 시작할 때와 마찬가지로 끝낼 때도 서로 상처받지 않고 결별할 수 있는 방법을 모색하는 경향이 있다.

(5) 소유적 사랑(possessive love)

소유적 사랑은 상대방을 완전하게 소유하는 것을 사랑이라고 생각하기 때문에 매우 헌신적이며, 상대에게도 이를 요구한다. 상대에 대한 헌신에 보답을 받지 못하거나 배신당했을 때는 강한 분노를 나타낸다. 사랑하고 사랑받는 것에 의해 자신의 존재 가치를 확인하는 경향이 있기 때문에 상대에게 '사랑해?' 또는 '얼마나 좋아해?'라고 확인하는 일이 많다. 이들은 사랑에 너무나 많은 것을 기대하기 때문에 헤어져 있을 때는 견디지 못하고,

상대가 다른 이성에게 조금만 관심을 가져도 심한 질투심을 경험한다.

(6) 헌신적 사랑(selfless love)

소위 아가페적인 사랑이 헌신적인 사랑이다. 자기 자신의 욕구보다 사랑하는 사람을 더 배려하며, 사랑이란 베푸는 것이지 받는 것이 아니라고 생각한다. 따라서 상대가 배신한 경우마저도 실망하지 않고 자비심을 베풀며, 무시하고 학대하는 상대에게도 인내심을 갖고 헌신한다. 고난과 역경에서도 인내심을 발휘하며, 상대가 떠나도 오랫동안 돌아오기를 기대하면서 참는다. 철저한 자기희생의 이면에는 변화에 대한 두려움과 열등감이 숨겨진 경우들이 있다(안영진, 2014 재인용).

3) 배우자 선택과 결혼

결혼은 열정적 사랑이나 낭만적인 사랑만으로 되는 것이 아니다. 서로 매력을 느끼는 것은 사랑의 한 조건이지만, 결혼을 위한 충분조건은 아니다. 오랜 세월 동안 서로 믿고 살기 위해서는 반드시 친밀감이 필요하다. 친밀한 관계란 자기를 편안하게 노출하고 상대방 또한 있는 그대로 수용할 수 있는 관계이다. 진정한 관계를 위해서는 두 사람이 서로를 있는 그대로 수용하고, 진솔하게 자기를 표현할 줄 알아야 한다(안영진, 2014 재인용).

결혼이란 성숙한 두 인격체가 만나 먼 길을 나란히 가는 일 대 일의 대등한 동반자 관계이지, 결코 한 사람이 상대방에게 업혀 가는 것이 아니다. 부부는 일심동체가 아니며, 의견이 일치되지 않는다고 해서 사랑이 없는 것이 아니다. 성숙한 두 사람이 두 개의 몸과 두 개의 마음을 가지고 서로 조화를 이루는 노력이 필요하다. 일치와 달리 조화는 서로 간의 차이를 인정하고 수용하며, 이를 조정하는 것이다(원호택, 2000).

(1) 배우자의 선택

배우자 선택의 과정을 일련의 '여과' 과정으로 보는 심리학적 접근법이 있다. 머스타인(Murstein, 1961)에 의하면 우리는 배우자감을 만났을 때, 우선 외모나 예절, 사회계층과 같은 외적 특성에 기초하여 둘이 얼마나 잘 맞을지를 점검한다고 한다. 만약 첫 번째 관문에서 통과하면 그 다음에는 태도나 신념(정치적 또는 종교적) 등을 맞추어 본다. 그리고 여기서도 통과되면, 즉 서로 호감이 가면 이제 '역할 조화(role fit)'가 쟁점이 된다. '상대방이 나에게 바라는 기대나 나의 욕구나 성향과도 일치하는가? 양자의 성역할에 관해서도 의견이 일치하는가?' 등을 점검한다(안영진, 2014 재인용).

우드리(Udry, 1971) 또한 배우자 선택에서 결혼 상대자로 선택하기까지 모두 여섯 개의 여과망을 거치게 된다는 여과이론을 주장한다(안영진, 2014 재인용).

첫째, 근접성(propinquity)의 여과망을 통해 좁혀진다. 둘째, 서로 매력을 느끼고 끌리는 사람들로 그 대상이 좁혀진다. 셋째, 사회적 배경(social background)의 여과망을 통해 인종, 연령, 교육수준, 종교 등의 사회적 배경이 유사한 사람들로 범위가 더욱 좁혀진다. 사회적 배경의 여과망은 당사자보다 부모에 의해 더욱 강조된다. 넷째, 일치(consensus)의 여과망을 통해 태도나 가치관이 자신과 비슷한 사람만이 남게 된다. 다섯째, 상호 보완성의 여과망을 통해 마지막으로는 결혼 준비 상태(readiness for marriage)라는 여과망을 통과함으로써 비로소 결혼에 이른다. 결혼적령기, 결혼하라는 부모의 압력, 결혼하고자 하는 강한 욕구 등이 결혼 준비 상태에 영향을 준다(안영진, 2014 재인용).

반면 사회학자들은 외적 특성을 보다 더 강조한다. 배우자 선택에서 강력한 단일 요인은 유사성이다. 우리는 연령, 교육수준, 사회계층, 종교, 태도, 관심분야, 기질 등이 우리와 비슷한 사람에게 끌린다. 사회학자들은 '동류교배(assortive mating)'라는 말로 이 과정을 묘사한다. 동류 교배의 과정에 더하여 배우자 선택은 일종의 교환 과정을 포함하는 것으로 보인다. 교환이론가에 의하면 우리는 가장 좋은 흥정을 하려고 노력한다. 이 이론은 여성들은 주로 성적 서비스 또는 가사노동을 제공하고, 남성들은 경제적 부양을 제공한다고 주장한다(Schoen & Wool-dredge, 1989). 이것은 배우자 선택에서 여성의 경우 남성의 경제적 능력을 주로 보고, 남성의 경우 여성의 외모를 중시하는 것을 의미한다.

우리나라 미혼 남녀를 대상으로 한 연구(백남희, 1987; 유영주, 1976)에서도 남성은 여성의 외모와 성격을 중요시하며, 여성은 남성의 학력, 직업 또는 장래성을 중요시하는 것으로 나타났다. 최근에 와서는 배우자 선택에서 외적 특성을 점점 더 강조하는 것으로 보인다(안영진, 2014 재인용).

서병숙(1993)은 부정적인 동기에 의해 결혼을 결정해서는 안 된다고 한다. 왜냐하면 연애에 실패한 후 상처를 치유받기 위해서, 동정심에서, 외로움을 이길 수 없어서, 불행한 가정에서 탈출하기 위해서 등과 같이, 혼인 동기가 건전하지 못한 경우에는 결코 그 혼인은 행복해지지 않기 때문이다. 또한 서병숙(1993)은 정서적으로 불안정한 사람, 신경질적인 사람, 열등감이 강한 사람, 터무니없는 우월감을 가진 사람, 냉혹한 사람, 무책임한 사람, 사회적 적응력이 결여된 성격의 사람들은 혼인생활을 순조롭게 이끌지 못하므로 배우자로 적합하지 않다고 한다(안영진, 2014 재인용).

(2) 성공적인 결혼

동서고금을 막론하고 결혼이라는 것이 존재하는 것은 결혼이 다양한 기본 욕구를 충족한다는 사실을 입증해 준다. 결혼은 자녀의 생산과 그로 인한 종의 존속을 확실하게 하는 최선의 방법이다. 대부분의 사회에서 결혼은 경제적인 이점도 지니고 있을 뿐만 아니라 성적 욕구를 합법적으로 충족하게 한다. 결혼은 우정, 애정, 동반자 관계의 안전한 근거를 마련해 주며, 정서적인 도움이 된다(안영진, 2014 재인용).

또한 결혼은 건강에도 좋은 것으로 보인다. 배우자들은 서로를 보살피며, 서로 말 상대가 되어 주고, 정서적 지원을 해 주며, 일상생활을 편하게 해 주는 많은 일들을 하기 때문이다. 이혼하거나 사별함으로써 이러한 지원을 못 받게 될 때 이혼자나 미망인은 정신적·신체적 질병에 더 취약해진다고 한다. 결혼한 사람들이 결혼하지 않은 사람들보다 더 행복하며, 행복한 사

람들이 결혼하는 경향이 있다고 한다.

성공적인 결혼의 일반적인 조건을 정리하면 종교, 취미, 특기 등 서로 공통점이 많아야 하며, 결혼은 적령기에 하는 것이 좋고, 부모의 결혼생활이 행복하며 결혼 상대자의 부모와 갈등이 적을수록 바람직하다. 또한 어릴적 자라온 환경이 비교적 공감이 가고 경제적으로나 교육 수준이 비슷한 것이 바람직하다고 할 수 있다(안영진, 2014 재인용).

2 부부관계

부부관계란 서로 다른 가정에서 성장한 남녀가 결혼이라는 제도를 통하여 맺게 된 비혈연적이나 가장 밀접한 인간관계이다(유영주, 1989). 부부관계에 대한 여러 학자의 의견을 살펴보면, 올슨(Olson, 1979)은 부부관계란 두 사람만의 만족스러운 관계를 통해 풍요롭고 행복하며 질적인 결혼생활을 유지할 수 있는 남편과 부인의 관계라 하였고(송현정, 1998 재인용), 멕기(McGee, 1989)는 남녀 두 사람 간의 역동적 상호작용을 의미하는 것으로 끊임없이 변화하고 성장하는 관계라고 정의하고 있다(김숙, 1998 재인용). 최규련(2007) 역시 부부관계는 가족의 설계자임과 동시에 다른 하위관계의 통솔자로서 가족 내에서의 모든 관계의 중심이 되며, 부부관계의 정서적 안정과 원활한 기능은 가족의 안녕에 지대한 영향을 미치므로 어떠한 다른 관계보다 중요하다고 하였다(안영진, 2014 재인용).

특히 만족한 부부관계는 가족 기능의 안정적 바탕을 제공하고 유능한 부모역할, 효과적인 문제해결과 더 효율적이고 만족스러운 가족관계의 선행 조건이 된다. 반면 불만스러운 부부관계는 전체 가족단위의 적응능력과 효율적인 기능을 약화시키는 스트레스의 근원이 되는 것이다(송현정, 1998 재인용; 최규련, 1987). 부모-자녀관계 역시 부부관계가 만족스러울 때 바람직하다. 남편이 아내를 사랑할 때 어머니는 자녀에게 민감하게 반응하며 애정적일 수 있다(Patterson, 1984). 또한 부부관계의 역동성을 나타내는 지표로 결혼만족도는 부모의 양육태도와 관련되어 아동의 성격에 지대한 영향을 미친다. 폴슨(Paulson, 1972)는 부부 사이의 조화가 부모-자녀관계를 이해와 수용적으로 만들고 자녀를 건전하게 성장하게 하는 데 반해, 그 반대의 경우 자녀의 성격형성에 불건전한 영향을 준다고 하였다. 어머니의 결혼생활의 불행한 적응은 아동에게 거부적인 양육태도가 발생하게 하며, 이는 반사회적 행동을 초래시키는 원인이 되기도 한다(송현정, 1998 재인용). 더 나아가 공격성, 도덕성, 거짓말, 잔인성까지도 갖게 되는 난점을 갖는다고 한다(유영주, 1979; 송현정, 1998 재인용).

결론적으로 가족의 중심인 부부간의 관계가 중요한데, 부부관계의 질을 결정하는 요인은 부부간의 애정과 동반자적 의식이다. 부부는 상호 존중을 통하여 성숙된 의사소통을 이룰 수 있어야 하고 배우자의 성격특성을 이해하는 일이 어느 것보다 중요하다. 성공적인 부부관계를 이루기 위해서는 부부간의 가치관이 같아야 하고, 가족 내에서 부부간의 역할도 분명하지 않으면 안 된다. 또한 상호 존중을 통한 성숙된 의사소통과 갈등상황에 대한 효과적인 대처에 따라 부부관계의 질은 달라질 수 있다(안영진, 2014 재인용).

성공적인 부부관계를 중심으로 한 화목한 가정을 흔히 건강가족(healthy family), 기능적 가족(functional family), 성공가족(successful family), 강한 가족(strong family)이라 일컫는데(연미희 · 김진숙, 2006 재인용) 현대사회에서 부부관계를 원만하게 유지하기 위해서는 부부관계의 전반적인 특성을 이해하여야 한다(안영진, 2014 재인용).

최규련(2007)은 부부관계의 특성을 가족관계의 중심축이며, 상호 의존적인 관계, 평등하고 상호 호혜적인 관계로 설명하고 있다. 자세히 살펴보면 다음과 같다(안영진, 2014 재인용).

(1) 부부관계는 가족관계의 중심축이다

현대는 개인의 행복을 중요하게 생각하는 사회이기 때문에 전통사회가 친자관계를 우선시하였던 것에 반해 현대사회는 부부관계가 가족의 중심축이 된다는 것이다. 부부가 행복할 때 가족이 안정되고 행복할 수 있다는 것이다.

(2) 부부관계는 상호 의존적인 관계이다

사랑과 애정으로 시작한 부부관계이지만, 부부로서 인생 2/3 기간을 함께 한다고 가정했을 때, 부부는 물리적이고 많은 시간을 같은 공간 속에서 함께 생활해 나가는 중요한 존재가 된다. 그 과정에서 서로는 좋은 영향을 주기도 하지만, 반면 상처를 주기도 하고, 파괴적이며 고통스런 경험을 할 수도 있다. 이러한 것은 부부가 서로 어떤 관계를 만들어 갈지에 대한 올바른 태도와 노력으로 결정된다.

(3) 부부관계는 평등하고 상호 호혜적인 관계이다

부부관계를 통해 부부 각자는 자기정체감을 발달시키고 성장할 수 있으며, 상대방의 과거, 현재, 미래를 존중하고 대등한 영향을 주고받는다. 어느 한 사람만이 일방적으로 희생하거나 억압되는 불평등한 관계는 두 사람 모두에게 바람직하지 않다. 원만하고 행복한 부부관계를 이루기 위하여 개방적이고 자유로운 의사소통은 물론, 평등한 인격적인 관계를 유지하도록 서로 노력하여야 한다. 브라운과 스패니어(Brown & Spanier, 1978)의 성공적인 부부 특징을 살펴보면, 부부는 주관적 행복감을 느끼며, 부부 사이의 기본적인 욕구가 잘 충족된다. 배우자의 삶이 풍요로워질 수 있도록 서로 조력해 주며, 결혼생활을 통하여 인격적인 성숙은 물론, 잠재능력을 발휘할 수 있도록 한다. 또한 부부는 서로 정서적으로 지지하고, 배우자에 대한 깊은 이해와 수용을 하며, 배우자의 행복에 관심을 갖고, 가족과 배우자에 대해 자발적 책임을 갖는다(연미희 · 김진숙, 2006 재인용). 부부관계가 긍정적으로 유지되기 위해서는 부부 서로에 대한 신뢰를 바탕으로 인격을 존중하여 성공적인 결혼생활을 하는 방법을 이해하고 끊임없이 노력하여야 한다.

3 가족의 의미

가족은 인간이 가진 제도 중에서 가장 오래된 것으로, 사회변화에 따라 다양하게 영향을 받으며 꾸준히 지속되어 온 기본적인 제도이다. 개인이 경험하는 가족은 역사와 민족, 시대적 변천에 따라 다양하기 때문에 한 마디로 가족을 정의하기는 어려운 일이다(류현수 · 이정숙 · 김주아, 2007 재인용).

가족(family)이란 일반적으로 동일한 가족에 공동으로 거주하면서 소비생활을 영위하는 친족 공동체로서, 전체 사회 속에서 하나의 통합된 부분적 사회집단, 사회체계를 이룬다. 특히 세대를 거듭함에 따라 그들 고유의 가족문화를 소유하여 가족의 규범, 역할, 권위구조, 대화 형태, 가족구성원의 협동 과정, 문제해결 방법 등 여러 과업을 효율적으로 수행해 나가는 자연스러운 사회체계이다(안영진, 2014 재인용).

가족은 개인과 사회의 중간에 위치하면서 사회에 대해서는 하나의 기본적 사회단위(social unit) 및 사회집단이며, 개인에 대해서는 인간의 생활환경 중 근접환경으로서 개인의 성장 · 발달에 영향을 미치는 일차적 집단체계이다(안영진, 2014 재인용).

현대 가족의 일반적 특성은 핵가족의 증대, 가족구성원의 단순화, 가족 기능의 축소, 권위구조의 평등화, 역할 구조 대체 가능성의 증대, 가족주기에서의 후기단계의 연장, 가족 가치체계의 다양화 · 이질화, 가족문제의 심각화 등으로 집약할 수 있다(안영진, 2014 재인용).

또한 자본주의 경제가 고도로 발달하면서 모든 산업부문이 기계화 · 분업화 · 전문화되고 사회제도는 관료제화되면서, 인간성의 육성과 회복이라는 과제가 절실히 강조되고 있다. 이러한 인간성 회복, 애정적 인간관계, 따뜻한 보금자리로서의 안식처의 기능을 가족이 담당하게 되었고, 가족만이 그러한 기능을 수행할 수 있는 유일한 집단이 되었다(유영주 · 김순옥 · 김경신, 2004 재인용).

1) 가족의 기능

가족의 기능이란 가족이 수행하는 역할, 행위로서의 가족행동을 의미한다. 즉, 그 행동의 결과가 사회의 유지 · 존속이나 가족구성원의 욕구충족에 어떠한 영향을 주느냐 하는 문제와 관련된 개념이다(유영주 외, 2004 재인용).

가족은 개인과 사회의 중간에 위치한 체계로서 전체 사회에 대한 하위체계이며, 동시에 개인에 대한 상위체계로서의 양면성을 갖는다. 따라서 가족의 기능 역시 사회적인 면과 개인적인 면을 모두 고려하여 살펴보아야 할 것이다(안영진, 2014 재인용).

가족을 사회의 하위체계로 볼 때, 집단 · 체계로서의 가족은 사회의 유지 · 존속되어 실제로 행해지고 있는 것은 무엇인가라는 문제에 초점을 두어야 한다.

가족을 개인에 대한 상위체계로 볼 때, 개인의 발전, 욕구충족, 자아개념, 자아정체감 형성에 어떠한 역할을 하느냐에 대하여 고려해 보아야 할 것이다(류현수 · 이정숙 · 김주아, 2007).

가족은 고정적이고 불변하는 집단이 아니라 사회적 환경의 변화에 민감하게 영향을 받으면서 변화한다. 따라서 가족구조의 변화에 따라 가족의 기능에도 여러 가지 변화가 나타나게 되는 것이다. 즉, 현대 가족의 변화에 따라 가족의 기능 역시 약화, 대체 등의 변화를 하고 있음을 알 수 있다.

전반적으로 모든 기능 면에서 가족 집단 외부에 있는 기관 및 제도와 가족의 연계적 관련성이 높아지면서 가족 기능의 일부를 대체하여 수행하게 되었고, 이전에 비해 포괄적인 가족 기능은 상당히 축소되었음을 살펴볼 수 있다(안영진, 2014 재인용).

그러나 학자들은 현대사회에서 가족 기능이 전반적으로 약화·축소되고 있는 반면, 가족이 구성원들에게 정서적 지지를 제공하는 기능에 대한 욕구는 상대적으로 강화됨을 지적하고 있다. 가족의 정서적 지지 기능이란 가족이 가족구성원들을 돌보고 신뢰와 협력을 통해 유대감을 돈독하게 하는 것을 의미한다(김미숙 외, 2006). 정서적 유대감은 자녀의 출산과 양육을 통하여 사회가 필요로 하는 사회구성원을 충원해 주고 아동, 노인과 장애인 등 보호를 필요로 하는 사람들을 보살피는 복지적 기능이 수행되는 최적의 요인으로 작용한다. 애정과 친밀한 관계를 통해서 개인을 정서적으로 지원해 주고 개인적 성장 및 성숙을 가능하게 한다(김미숙 외, 2006).

우리나라의 시대별 가족 기능에 대한 변화를 살펴보면, 1980년대에는 가족 기능의 중요도가 자녀교육 및 자녀의 사회화 기능, 경제적 기능, 자녀 양육 기능, 노부모 봉양 기능의 순서(홍은표, 1984)였으나, 1990년대에는 자녀의 사회화 기능, 배우자 기능, 경제적 협력 기능, 종교 및 도덕적 기능, 정서적 지지 및 안식처 기능, 자녀교육 기능, 성 및 애정의 기능 순서로 조사되었다(유영주, 1990).

이를 종합하여 현대 가족이 수행하고 있는 가족 기능을 살펴보면 다음과 같다(Duvall, 1977; 류현수 외, 2007 재인용).

(1) 애정 도모의 기능

애정은 가족생활을 유지시키는 중요한 요인이 된다. 남자와 여자가 애정을 바탕으로 결혼을 하고, 자녀는 애정의 표현이 된다. 가족구성원의 행복 평가는 애정의 강도로 가늠해 볼 수 있다. 부부와 자녀가 모두 건강하게 발달하기 위해서는 서로 간의 애정적인 분위기를 만들어 갈 수 있도록 노력해야 한다(안영진, 2014 재인용).

(2) 안정감의 제공과 수용

우리는 가족 안에서 실수를 저지르기도 하고, 가족 밖의 사회에서 다치고 상처 받은 몸과 마음을 치유받아 다시 시작할 수 있는 힘을 얻는다. 가족은 경쟁의 대상이 아니라 서로 수용해 주며 보완해 주는 곳이다. 가족은 가족 구성원들의 안정감과 지속성을 발달시킬 수 있다.

(3) 만족감과 목적의식의 제공

가족은 산업사회에서 결핍된 기본적 만족감과 보람을 개인에게 준다. 가족은 서로를 위해 가족모임이나 행사, 활동, 여행을 통해 만족스런 생활을 영위한다. 부모는 부부 서로를 위해 그리고 책임감을 가지고 자신의 자녀를 위해 보람 있게 살고 있다는 만족감과 동시에 목적의식을 가족 안에서 가질 수 있다.

(4) 지속적인 동료감

친구, 이웃, 동료, 교사, 성직자 등과의 친밀한 관계는 오랜 시간 지속될 수 있지만, 현대사회의 특징 중 하나가 변화라는 것을 고려하였을 때, 오직 가족이라는 집단만이 오래 지속될 수 있는 유일한 것으로 기대된다. 가족만이 영원히 함께 하며, 가족 밖에서 일어나는 일상생활의 만족감을 진심으로 공감할 수 있다. 자신의 성공을 자기의 것처럼 받아들이고 기뻐해 주며, 실패하였다 하더라도 무거운 짐을 서로 나누어 가질 수 있는 것이다.

(5) 사회적 지위부여

출생과 동시에 자녀는 부모가 지닌 가족의 지위, 사회계층에 속하게 된다. 또한 유전적·신체적·종교적·문화적·경제적·교육적 유산 등에 의해 자녀는 사회적 지위부여를 받게 되는 것이다.

(6) 사회화

부모 또는 연장자는 자녀의 역할 모델이 되고, 자녀들은 동성의 부모에 대해 동일시함으로써 자녀의 가치, 태도에 영향을 주어 인성 발달이 이루어진다.

(7) 통제력과 정의감의 확립

자녀가 초기에 경험한 칭찬과 벌은 성인이 되었을 때 도덕관, 선, 정의, 가치에 대한 개념 형성에 큰 영향을 미친다. 가족 안에서 개인은 사회생활에 필요한 규칙, 권리, 의무, 책임감을 가장 잘 배울 수 있다(안영진, 2014 재인용).

가족은 사회의 하위체제로 자녀를 낳아 세대를 연결하고 자녀를 문화적으로 사회화하고 심리·사회적으로 개인을 이끌고 지도하는 데 중요한 역할을 수행한다. 자녀를 출산하여, 복잡한 현대사회의 책임을 수행할 수 있는 훌륭한 시민으로 양육시켜 주는 일은 오직 가족에게만 기대된다. 결론적으로 가족은 사회와 가족구성원에게 정신적·정서적 건강의 중요한 근원이 된다(류현수 외, 2007).

4 현대 가족의 다양성

전통적으로 가족의 가장 기본적 유형은 핵가족이나 확대가족이다. 그러나 사회의 변화는 다양한 형태의 가족을 만들고 있다. 핵가족과 확대가족 이외에 오늘날 흔히 볼 수 있는 대표적인 가족의 유형으로 한부모가족, 혼합가족, 맞벌이가족, 다문화가족 등이 있다(안영진, 2014 재인용).

1) 한부모가족

가정의 기본 형태 이외에 가장 보편적인 가족 유형은 어머니나 아버지, 한쪽 부모하고만 자녀와 같이 사는 경우이다. 한부모가족은 부모가 별거하거나 이혼한 경우, 한쪽 부모가 사망한 경우 또는 비합법적으로 자녀를 가진 경우 등으로 파생된다. 가장 일반적인 형태는 부모의 이혼으로 부모 중 어느 한쪽이 자녀의 양육을 책임지게 됨으로써 발생한다.

우리나라에서는 이혼 후 가족 간의 관계 및 양육 형태 형성의 맥락이 서구와는 상당히 다르다. 서구에서는 자녀양육권을 어머니가 갖는 것이 보편적이며, 부모가 자녀양육에 대한 공동책임을 지는 공동양육을 법적으로 규정하고 있다. 또한 한쪽 부모가 양육권을 갖는다고 하더라도 비양육부모와의 만남 및 관계 형태 등에 대하여 함께 양육 계획을 세우도록 하는 등 자녀의 입장을 최대한 고려한 법률적·사회적 체계들을 가지고 있다. 우리나라도 최근 가족법의 개정과 함께 점차적으로 어머니가 양육권을 갖게 되는 경우가 많아지고 있지만 기본적으로 부모 일방이 양육권을 갖게 되며, 비양육부모와의 관계 형성의 양성은 훨씬 폐쇄적이다(전명희, 2001).

한부모가족의 중요한 문제는 삶의 질이다. 어떠한 형태이든 가족의 파탄은 위기를 창출하는데, 청소년기에 가장 스트레스를 주는 경험 중 하나가 바로 부모의 이혼이다. 뿐만 아니라 이혼은 아동들을 매우 당황하게 한다. 오늘날 이혼이 보편적인 현상이나 이혼은 가족에게 장·단기간의 적응을 요하는 위기를 준다.

한부모가족의 경험은 여성과 남성에게 각각 다르다. 여성은 일반적으로 경제적 어려움을 겪어 모자가족의 자녀들이 빈곤한 경우가 더 많다. 일반적인 연구결과를 보면 빈곤한 한부모가족의 자녀들은 학교 적응의 문제, 십대 부모가 되는 가능성, 성인이 되어서도 돈을 적게 벌거나 실직을 당할 가능성이 더 크다는 점을 지적하고 있다. 따라서 경제적 어려움이 있는 한부모가족의 자녀들이 가질 위험성은 크다.

한부모가족의 아버지나 어머니는 다른 성인들보다 큰 역할부담을 갖는다.

그러나 편모는 편부보다 더 많은 스트레스를 경험하게 되는데, 이는 한부모로서 가족을 꾸려 나가는 것이 여성과 남성에게 다르게 느껴지기 때문이다. 특히 여성들에게는 자녀양육 의무를 수행하기 위하여 돈을 벌어야 하는 어려움이 부가되기 때문이다. 양부모인 경우 서로 시간을 조정하여 자녀양육의 책임을 조정해 나가지만 한부모인 경우 자녀양육의 책임을 나누어야 할 사람이 없다는 어려움이 있다.

여성과 남성은 한부모가 되었을 때 자녀를 다루는 방법에서도 차이가 있다. 남성은 한부모가 되었을 경우 자녀를 부드럽게 다루는 경향이 있다. 따라서 덜 전통적으로 행동하고, 덜 훈육적이며, 자녀가 받는 교육적 경험이나 보호의 질에 보다 관심을 갖고 자녀에 대하여 더 보호적이다. 반면에 여성은 한부모가 되었을 경우 좀 더 권위주의적인 방법을 사용하는 경향이 있다(안영진, 2014 재인용).

대부분의 한부모가족에서의 삶이란 어렵다. 많은 사람이 편부나 편모가 되었을 경우 여러 어려움에 처하리라는 것을 알면서도 행복하지 않은 결혼생활보다 이혼을 택하며, 부부간의 긴장이나 싸움이 자주 일어나는 생활보다 혼자 자녀를 기르는 삶이 더 효율적이며 조화롭다고 생각하는 것 같다(안영진, 2014 재인용).

2) 혼합가족

혼합가족은 부부 중 둘 다 또는 어느 한쪽이 자녀를 가지고 결혼을 하여 이루어진 가족이다. 즉, 이러한 가족은 최소한 부부 중 어느 한쪽이 재혼을 하는 경우가 된다. 재혼은 오늘날 매우 일반적 현상이다. 미국의 경우 초혼 기간은 평균 약 7년이라고 한다(U.S. 통계청 자료, 1999). 이들은 대부분 다시 재혼을 하는데, 다시 결혼을 하기까지의 기간은 평균 3년이다(안영진, 2014 재인용).

일반적으로 우리는 재혼가족은 문제가 많다고 생각한다. 그러나 연구결과를 보면 재혼가족은 다른 형태의 가족에 비해 특별히 더 문제가 많거나 적다고 볼 수 없다. 물론 재혼가족의 경우 복잡한 가족망의 구성, 새로운 자녀양육역할의 형성 등 다루어야 할 문제들이 있다. 외형적으로 혼합가족은 문제가 많은 듯하나 다른 가족에서는 가질 수 없는 많은 강점과 경험을 제공하기도 한다. 혼합가족이 성공적이냐 아니냐는 구성원들이 건강한 가족을 이루는 데 서로 얼마나 자발적으로 참여하느냐의 여부에 달려 있다. 가장 중요한 문제는 다음과 같다(안영진, 2014 재인용).

첫째, 혼합가족이 어떻게 조직되느냐에 대한 결정

둘째, 자녀에 대한 제한이나 훈육에 있어 자녀마다 각각 다른 규칙이 필요하다는 점에 대한 이해

셋째, 재혼으로 인한 부모와 자녀 간의 유대는 양측은 노력에 의해 이루어진다는 점에 대한 이해

넷째, 새로운 가족의 규칙과 전통의 형성을 위한 노력

다섯째, 전 배우자의 상호작용 방법의 모색 등을 들 수 있다.

3) 맞벌이가족

맞벌이가족이란 부부가 상당한 훈련을 요하는 직업을 가지고 가족생활을 함께 유지해 나가는 가족이라 정의한다. 학력이 높고 재능이 있는 중·상류층 여성은 가사와 자녀양육만이 자신의 역할이라고 생각하지 않는다. 이들은 자신의 영역, 즉 자신의 일을 갖고자 한다. 그러나 직장을 갖는 경우 여성으로서의 일, 여성성의 유지, 결혼, 아이를 낳는 일, 가사를 돌보는 일 등에서 완전히 해방되는 것은 아니다(안영진, 2014 재인용).

맞벌이가족의 수는 우리나라에서도 계속 증가하고 있다. 이는 산업의 발달뿐만 아니라 대학교육이나 전문 기술교육을 받은 여성의 증가, 전문 노동에 대한 사회의 요구, 남녀 성차별 금지법의 제정, 여성운동 등에 의한 것으로 볼 수 있다.

맞벌이가족은 다양하지만 몇 가지 보편성을 가지고 있다(이재연·김경희, 1994). 맞벌이가족의 부부는 고도의 직업기술을 가지고 있으며, 가치관이

비슷하다. 또한 애정, 통제에 대한 서로의 요구가 적고 자기신뢰의 경향이 크다. 아내가 확고한 위치를 가질 때까지 자녀 갖기를 연기하는 경향이 있으며 자녀수가 적다.

맞벌이가족이 경제적으로 안정된 장점이 있지만 이들 부부가 갖는 문제도 있다. 라포포트(Rapoport, 1976)에 의하면 이들은 과중한 역할 부담과 사회규범에 대한 갈등을 느끼며 정체감의 문제, 역할의 문제, 가족이나 친지와의 관계 문제 등으로 스트레스를 받는다. 맞벌이가족은 어머니가 직업을 가짐으로써 일반적인 어머니와 비교하여 자녀양육에 할애하는 시간이 절대적으로 부족하며, 직장에서 지쳐서 집에 돌아와 자녀양육에 충실할 수 있는 에너지가 부족하여 직장과 가족이라는 이중부담을 갖게 된다. 따라서 이와 같은 문제점들이 아동의 발달에 부정적 영향을 주리라 가정된다(안영진, 2014 재인용).

우리나라 맞벌이가족의 취업모를 대상으로 실시한 한 연구결과를 보면 취업모 가족의 아동은 일반가족의 아동보다 정서적 안정성·사회성·활동성이 낮았다. 아동은 어머니와의 관계에서 정서적 안정감을 갖게 되는데, 취업모가 근무시간 동안 아동과 함께 지내지 못하여 대리모와의 관계에서 정서적 안정감을 제대로 발달시키지 못하기 때문이다. 또한 이러한 정서적 불안감이 사회성에도 영향을 주어 또래집단과 어울리는 데 적극성을 띠지 못한다. 그러나 취업모가족의 아동이 일반아동에 비해 부정적 측면만 있는 것은 아니다. 취업모가족의 아동은 일반가족의 아동보다 부모의 성취에 자긍심을 갖고 있으며, 부모가 가진 폭 넓은 관심사에 참여하여 혜택을 받는다.

아동에게 미치는 취업모의 영향은 직업의 특성, 가족환경, 사회계층, 아동의 연령과 성, 자녀 양육 방법에 따라 다르다. 이 중 가장 중요한 것은 어머니의 일에 대한 태도이다. 취업모가 자신의 직업에 대해 만족하면서 자녀와 질 높은 접촉을 하는 경우 오히려 자녀에게 긍정적 영향을 준다. 폴슨(Paulson, 1996)에 의하면 취업모의 직업에 대한 태도가 자녀의 학업성취에 중요한 예측변인이 된다. 즉, 취업모라도 짧은 시간 동안이지만 자녀와 질 높은 상호작용을 한다면 아동의 인성 발달과 지적 발달에 긍정적 결과를 가져온다(안영진, 2014 재인용).

자녀의 학업성취에 있어서는 여아의 경우 긍정적 영향을 주고 있음이 보고되고 있다. 또한 여아들은 보다 독립적이며 미래에 대한 계획을 세우는 경향이 있었다. 한편 취업모의 자녀는 남아나 여아 모두 성역할에 대해 보다 평등한 생각을 가지며, 여성을 보다 능력 있는 존재로 보는 것으로 나타났다(안영진, 2014 재인용).

4) 다문화가족

현대사회에서는 사람들의 활동 영역이 국제적으로 넓어지면서 다양한 민족, 인종, 문화와 만나는 기회가 많아졌다. 이에 따라 국제결혼 역시 급격히 늘어나고 있는데 다문화가족은 다양한 문화가 공존하는 가족을 일컫는 용어로 서로 다른 국적, 인종이나 문화를 지닌 사람들로 구성된 가족이라 할 수 있다.

세계적으로 보편화된 이주화 현상 속에서 다문화가족의 증대는 필연적 현상임에도 불구하고 현재 많은 다문화가족은 경제적 빈곤, 사회 부적응, 민족 및 인종 차별, 국제결혼 자녀의 차별 등의 문제에 직면해 있다. 언어 소통의 어려움, 육아 및 자녀 교육에서 비롯되는 곤란 및 갈등, 자국 문화와 현지 문화의 차이, 생활 습관 및 사고방식의 차이로 인한 부부 갈등을 겪기도 한다. 국가에서는 이와 같은 문제를 해결하고자 다문화가족지원센터 및 한국생활가이드북, 한국어 교육, 취업지원 서비스, 가정폭력 지원서비스 등 다양한 프로그램이 운영되어 실질적인 도움을 제공하고 있다.

다문화가족지원센터는 다음의 업무를 수행한다(「다문화가족지원법」 제12조제4항).

- 다문화가족을 위한 교육·상담 등 지원사업의 실시
- 결혼이민자 등에 대한 한국어교육

- 다문화가족 지원서비스 정보제공 및 홍보
- 다문화가족 지원 관련 기관·단체와의 서비스 연계
- 일자리에 관한 정보제공 및 일자리의 알선
- 다문화가족을 위한 통역·번역 지원 사업
- 그 밖에 다문화가족 지원을 위하여 필요한 사업

다문화가족구성원인 아동·청소년이 학교생활에 신속히 적응할 수 있도록 학과 외 또는 방과 후 교육 프로그램 등을 지원받을 수 있다(「다문화가족지원법」 제10조제2항). 다문화가족의 학생이 아닌 일반 학생에게는 다문화가족에 대한 이해를 높일 수 있는 교육을 실시할 수 있도록 학교에 다문화언어 강사를 둘 수 있다(「초·중등교육법 시행령」 제42조제1항). 또한 다문화가족 자녀 언어발달지원 사업을 통해 자녀의 언어교육과 더불어 부모에게 상담 및 교육 방법을 제공함으로써 일상생활에서도 아동의 언어발달 촉진을 도모한다.

최근 방송매체에서 다양한 다문화가족의 생활이 소개되면서 긍정적인 시각과 인식이 점차 증가하고 있다. 실제 통계 자료에 따르면 국제결혼에 대한 긍정적 인식도 증가하고 있음을 알 수 있다.

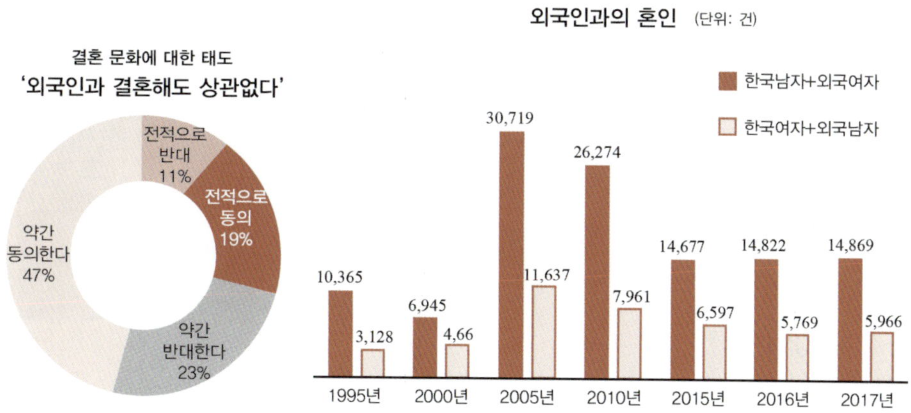

출처: 통계청, 2016년 사회조사

출처: 통계청, 인구동향조사

그림 2-1 국제 결혼에 대한 인식과 증가 추세

이와 같이 다문화가정이 점차 늘어나면서 길거리뿐만 아니라 학교에서도 다문화가정 자녀들을 쉽게 찾아볼 수 있는데, 통계청의 인구조사자료에 따르면 2020년에는 청소년 중 약 20%가 다문화가족에 속한다고 하며, 그만큼 우리에게 익숙한 가족의 형태로 다가올 것이다.

5 가족생활주기

가족생활주기(family life cycle)란 인간이 가족생활에서 경험하는 미혼, 결혼, 출산, 육아, 노후의 각 단계에 걸친 시간적 연속을 의미한다(유영주, 1980). 즉, 가족생활이 종적인 관점에서 연구되며, 가족이 해체됨 없이 지속된다는 것을 전제로 하여 전개된다는 것이다(이행옥 · 박성연, 1989). 가족생활주기 또는 가족주기는 가족이 일생 동안 경험하는 것을 연속적으로 묘사하고, 시간의 경과에 따른 변화를 관찰하는 것이 가능하기 때문에 가족에

대한 연구에서 매우 유용한 개념이다. 왜냐하면 가족생활주기를 통해 각 단계가 지닌 가능성과 문제점을 파악할 수 있고, 각 단계에서 가족들이 기대하고 있는 욕구들을 알게 해 주며, 계획적인 가정 운영에 대한 기본자료를 제시해 주기 때문이다(이정숙, 1993).

가족생활주기는 학자마다 기준을 달리하여 언급하기 때문에 구분 방법에 따라 단계가 달라질 수 있다. 자녀가 없는 시기와 자녀가 독립함에 따라 노부부만 남게 되는 시기를 각각 별개의 독립된 주기로 보는 데서 대부분의 연구가 일치하지만, 그 사이의 단계 구분은 연구자에 따라 차이가 있다(이정숙, 1993 재인용).

초기의 연구들(Bigelow, 1942; Kirkpatrick, 1934; Rowntree, 1906; Sorokin, 1931)은 가족생활주기를 주로 자녀의 성장단계와 교육 또는 경제적 활동 등과 관련지어 설명하였다.

1960년대부터 가족생활주기의 연구가 이론적으로 다양하고 광범위해졌는데, 여러 연구 가운데 지속적으로 발전시켜 체계화하는 데 공헌한 듀발(Duvall, 1977)의 8단계를 일반적으로 많이 사용하고 있다.

가족생활주기는 핵가족, 확대가족 등 가족 형태에 따라 그 단계가 달라질 수 있는 가변성이 크기 때문에 현대사회의 다양한 가족 형태에 그대로 적용하는 것은 무리가 있을 것이다. 단지 가족생활주기의 특성이나 단계별 발달 과업을 알고 가족구성원의 욕구와 변화를 이해하여 행복한 가정을 만들어 가는 데 유용하게 활용할 수 있어야겠다(안영진, 2014 재인용).

PARENT EDUCATION

PART II

좋은 부모가 될 수 있는 방법

CHAPTER 03

부모-자녀관계

1 부모되기

1) 사랑의 의미

오늘날 젊은이들은 부모가 되는 문제를 결정하는 데 있어서 자신의 선택이 결정적인 역할을 하는 시대에 살고 있다. 의학기술의 발달로 인해 과거 부모들과는 달리 '아이를 낳을 것인가?' 또 '언제 낳을 것인가?'를 결정하고 선택할 수 있게 되었으며, 인생에 있어서 여러 가지 선택의 여지가 많아졌다. 따라서 다변화하는 현대사회 속에서 선택과 결정의 어려움을 겪는 젊은이들은 '자신의 문제에 대해서도 올바른 답을 얻지 못하는데 어떻게 자녀의 발달을 이끌어 주는 책임을 질 수 있을 것인가'하는 의문을 갖게 된다(안영진, 2014 재인용).

부모가 될 것인가의 여부와 그 시기에 대한 의문은 부모의 역할을 가능한 한 잘해내려고 진심으로 바라는 사람들에게 있어서는 자연스러운 선택과정인 것이다. 부모가 되기로 결정했다면 사람들은 자녀를 갖기로 결정한 근거를 찾고자 한다. 사람들이 부모가 되기를 원하는 데는 몇 가지 이유가 있으며, 오늘날에는 과거보다 더욱 신중하게 이를 인식하고 있는 것 같다.

부모가 되고자 하는 동기는 자녀를 갖기 전에 존재하는 것이며, 따라서 부모가 될 것인지의 여부를 결정하는 데 영향을 준다. 자녀가 태어난 후 부모역할을 결정하는 요인은 그 부모가 이미 채택해서 갖고 있는 특정한 자녀양육 태도에 기초를 둔다고 할 수 있다. 즉, 자녀를 갖기로 결정하는 이유는 부모-자녀관계에 대해 자신들이 기대하는 경험과 밀접한 연관성을 가지고 있다.

라빈(Rabin, 1965)의 부모가 되는 네 가지 이유 중의 첫째는 '숙명적'인 이유이다. 어떤 사람들은 자녀를 갖는 것이 그들이 존재하는 이유라고 믿기 때문에 자녀를 갖는다. 이러한 숙명적 동기를 가진 사람들은 인간이 생명의 창조를 간섭해서는 안 된다고 믿기 때문에 피임하는 것은 신에 대한 죄라고 여기는 사람들, 즉 가계존속을 위해 아이를 갖는 사람들이다(안영진, 2014 재인용).

둘째는 '이타주의적' 견해에서 부모가 되고자 하는 이유를 찾을 수 있다. 이것은 많은 사람이 아이를 갖거나 양자를 들이는 동기가 되기도 한다. 이 동기는 부모가 되어 자녀에 대한 관심과 애정을 표현하고자 하는 바람과 욕구에 의한 것이라고 말할 수 있다(안영진, 2014 재인용).

에릭슨의 생산성 개념에 의하면 부모는 '필요되는 것(needed)'에 대한 심리학적 욕구를 갖고 있다. 이것은 부모가 되는 세번째 동기인 '나르시시즘적(narcissistic)' 동기라고 할 수 있다. 자녀를 갖는 것은 자신의 선(善)을 나타내 주고, 아기를 갖기에 적당할 만큼 성인으로 성숙했음을 구체적으로 나타내 준다고 기대하는 점에서 나르시시즘적이라고 할 수 있다.

부모가 되는 네 번째 이유로 '도구적(instrumental)'인 성격을 띤 것이 있다. 예컨대, 자식이 부모를 대신하여 어떤 목적을 이루어 주기를 바라는 것이다. 대학에 보낸다든지, 특수한 기술을 배우게 한다든지, 개인적인 문제들을 극복하게 한다든지 하는 것들이 그 예이며, 이러한 것들은 부모들이 달성했던 것일 수도 있다.

이와 같이 성인기에 이르면 적절한 시기에 사랑하는 배우자를 만나 결혼하여 가정을 이루고 자녀를 갖는다. 부모가 되는 과정을 통하여 심리적인 안정감과 더불어 사회적으로 하나의 완성된 가정을 이루고 책임감 있는 부모가 됨으로써 심리적 · 사회적 안정감을 얻게 되며, 비로소 어른으로서의 삶을 살게 된다(안영진, 2014 재인용).

2 부모역할과 양육태도

1) 부모역할의 특성

부모의 역할은 우선 일반 성인으로서, 즉 직장인으로서, 사회의 구성원으로서의 여러 역할을 생각할 수 있다. 또한 자녀를 둔 부모로서의 역할을 들 수 있으나 여기에서는 가족 안에서 성인으로서의 역할과 양육자로서의 역할, 그리고 교육자로서의 역할을 살펴보고자 한다(안영진, 2014 재인용).

(1) 가족 안에서 성인으로서의 역할

① 여성의 역할

가족 내에서의 여성의 역할은 다양하다. 아내로서의 역할, 어머니로서의 역할, 가족관리자로서의 역할, 지역사회나 친척과의 의사소통 중심자로서의 역할, 가족부양자로서의 역할 등이 그 예이다. 이렇게 가족에서 여성의 역할이 다양하나, 그중 어머니의 역할이 여성에게 가장 중요한 역할임에 틀림없다.

일반적으로 여성은 자신의 존재 이유를 어머니로서의 역할과 동일시하고 있다. 사회에서도 여성은 가족 내에서 자녀양육과 교육의 책임을 갖도록 강조하여 왔으며, 최근까지도 여성의 최고 직업은 바로 어머니로서의 역할이라고 생각되었다. 그러나 가족 기능의 변화로 어머니로서의 여성의 가치 중요성에 대한 재평가가 이루어지게 되었다. TV, 학교 그리고 다양한 종류의 교육기관은 어머니의 교육적 기능을 약화시키고 자녀양육과 훈육기능에 더 초점을 두게 하였다.

오늘날은 여성의 역할을 단지 자녀양육과 아내로서의 역할에만 국한시키지 않는다. 앞에서도 언급한 바와 같이 여성의 역할은 남성-아버지의 역할 영역에까지 확장되고 있다. 어머니는 가족관리자로서 가족의 예산을 짜고 이를 집행하며, 가족에게 필요한 물품을 구입하고, 집안에서 남성의 일로 생각되었던 도배, 페인트, 전기 기구의 수선 등을 한다. 또한 가족과 가족 밖 지역사회와의 다리 역할을 한다. 어머니는 가족과 학교, 교회 및 여러 다른 지역사회 집단의 의사소통자 역할을 하는 것이다. 또 어떤 여성들은 지역사회에서 자원봉사자로서의 역할을 하기도 한다. 뿐만 아니라 오늘날 여성은 가족의 수입원으로서의 역할을 하는 경향이 있다. 산업사회의 발전은 여성으로 하여금 가족 밖에서 일할 수 있는 기회를 부여하여 어머니로서의 역할이 여성의 최고의 직업이라고 생각하던 과거와는 달리, 여성들이 가족 밖에서의 직업을 갖는 것은 남성-아버지의 역할과 전체적인 가족 기능에 커다란 변화를 가져왔다.

② 남성의 역할

가족 안에서 남성의 역할은 여성의 역할보다 약하다. 전통적으로 남성의 역할은 보호자, 음식과 주거의 제공자, 아내와 자녀의 부양자이다. 그러나 오늘날은 남성의 역할에 커다란 변화를 요구하고 있다. 이제는 남성도 자녀의 양육과 교육자로서의 역할에 비중을 둔다. 아버지로서 자녀의 양육과 교육에 보다 더 도움을 주며 사회의 대표자로 가족생활의 모든 측면에서 가족과 문화를 연결하는 역할을 한다. 아버지는 사회에 효과적으로 적응하기 위하여 간접적으로 필요한 기술을 자녀에게 가르친다. 그러한 기술이란 자녀가 아버지를 모델로 하여 배우는 가치관과 행동이다. 예를 들어, 문제나 위기를 어떻게 해결해 나가는가, 목표 설정과 목표를 향한 노력을 어떻게 할 것인가, 매일 매일의 생활에서 사람들과 어떻게 상호작용을 하는가 등이다. 또한 자녀가 사회의 한 구성원으로 자신의 행동과 활동에 책임을 지도록 가르친다. 뿐만 아니라 아버지는 남성을 대표하여 특정 성역할 개념을 자녀에게 제공한다(안영진, 2014 재인용).

(2) 가족 안에서 성인으로서의 역할

양육자로서의 역할(nurturing role)이란 바로 부모노릇으로, 자녀를 가진 성인의 여러 주된 역할 중 하나이다. 양육자로서의 역할은 아동이 성장하고 성공하는 데 필요한 모든 애정과 보호, 관심을 제공하는 것이다. 아동이 건강하게 발달하기 위하여는 신체적 욕구를 충족시켜 주는 것뿐만 아니라 정서적 지원과 보호가 필요하다. 즉, 부모는 양육자로서 자녀에게 따뜻하고 애정적인 상호작용을 하는 심리적 환경을 제공하는 역할을 하여야 한다. 성인의 다른 역할과 비교해 볼 때 양육자로서의 부모역할은 여러 면에서 차이점을 갖는다. 양육자로서의 부모역할의 특성을 살펴보면 다음과 같다(안영진, 2014 재인용).

첫째, 양육자로서의 부모의 역할은 다른 역할과 비교할 때 항상 자의적인 것은 아니다. 우리는 직업을 선택하는 데 어느 정도 자유를 갖는다. 즉, 살아가면서 언제라도 마음만 먹으면 자신의 직업을 바꿀 수 있다. 그러나 부모가 된다는 것은 선택 기회가 항상 주어지는 것은 아니다. 의학이 발달하여 피임약이 개발된 오늘날에도 피임의 실패로 임신이 되는 경우가 종종 있다. 법률상으로 인공유산이 허용된다고 하여도 개인적·종교적 또는 도덕적 이유로 인공유산이 항상 자유롭게 이루어지는 것은 아니다.

둘째, 양육자로서의 부모역할은 돌이킬 수 없는 것이다. 일단 임신을 하여 아기를 낳으면 자식을 남에게 입양시키기 전에는 부모노릇이란 피할 수 없는 것이다. 해고를 당하거나 본인 스스로 그만두면 직업인으로서의 역할은 그만둘 수도 있으나 부모역할이란 그만두거나 해고될 성질의 것이 아니다.

설혹 자신이 부모로서 부적합하다고 생각하더라도 그만둘 수 없다.

셋째, 부모역할을 위한 준비가 부족하다. 결혼을 하면 대부분 1, 2년 이내에 아기를 갖게 된다. 이렇게 부모기로서의 급작스런 전이와 부모기를 위한 구체적 경험의 부족은 부모역할을 위한 준비가 부족한 이유가 된다. 뿐만 아니라 성공적인 부모행동을 위한 지도나 교육을 받는 것도 쉽지 않다.

넷째, 부모노릇이란 총체적 책임을 지는 것이다. 사회에서 대부분의 역할은 어느 한 측면에 대해서만 책임을 지게 된다. 그러나 부모는 자녀의 모든 일에 대해 궁극적으로 총체적 책임을 지게 된다.

다섯째, 이상적 모델이 없다. 대부분의 역할에는 이상적인 모델이 있다. 그러나 건강하게 아동이 성장하는 데 필요한 역할이란 아동마다 다르게 작용하므로 모든 아동에게 보편적으로 이상적이라고 하는 모델을 찾기 어렵다.

마지막으로 생각할 수 있는 점은 부모노릇이란 남녀 두 사람이 한 팀이 되는 것이라는 점이다. 따라서 부부가 행복한 결혼생활을 할 경우 협동하여 자녀를 양육하게 되어 장점이 될 수 있으나, 부부가 문제가 있는 경우 한 팀으로서의 부모역할을 제대로 수행할 수 없게 되어 심각한 문제가 발생할 수도 있다(안영진, 2014 재인용).

(3) 교육자로서의 역할

아마도 가장 준비가 덜 되었다고 여겨지는 부모의 역할 중 하나는 아동의 발달을 안내하고 자극하며, 아동이 성장하여 사회에서 효율적으로 적응하는 데 필요한 기술과 지식을 가르치도록 하는 교육자로서의 역할일 것이다. 부모는 아기 때부터 자녀에게 많은 것을 가르친다. 예를 들어, 기본생활습관부터 안전에 대한 지식, 다른 사람에게 어떻게 대하여야 하는가 하는 사회성 기술 등 다양하다. 부모의 교사로서의 역할 중 중요한 과제는 자녀의 사회성 발달과 학습자로서의 아동발달을 돕고 지도하는 것이다(Gestwicki, 2004). 최근의 두뇌 발달에 관한 여러 연구(Diamond & Hopson, 1998; Shore, 1997)를 보면 두뇌 발달에 결정적 시기는 출생 초기 몇 년이다. 따라서 교사로서의 부모역할의 중요성은 점점 커지는 것이다(안영진, 2014 재인용).

① 아동의 사회화

아동의 사회화가 부모에게 어려운 과제라는 점에서는 다음과 같이 두 가지 이유를 들 수 있다.

첫째, 오늘날 사회의 빠른 변화로 인해 부모는 가까운 미래의 삶이 어떠할 것인가 확신을 갖기 어렵다. 부모가 어렸을 때 가진 경험은 자녀가 경험하는 것과는 사뭇 다르다. 따라서 부모 자신의 아동기의 기억은 현재의 자녀에게 잘 적용되지 않는다.

둘째, 부모가 자녀를 교육하는 데 어려움을 갖는 것은 자신이 받은 경험이 자녀에게 전달된다는 점이다. 자신의 부모에게서 배운 여러 기본적 정보를 기초로 자신의 자녀를 키우게 된다. 즉, 부모가 받은 양육태도를 자녀에게 사용하나 이는 빠른 사회변화에서는 적합하지 않다는 것이다.

그러나 아동의 사회화에 있어 중요한 부모의 역할은 모델로서의 역할과 인생의 안내자로서의 역할이다. 아동은 사회화 과정에서 자기가 동일시하는 성인을 모델로 받아들이고 그 모델에게서 발견되는 여러 가지 특징을 모방하면서 배우게 된다. 이것을 모방학습이라고 하며, 이러한 학습의 과정에서 부모는 모델로서의 역할을 한다.

부모는 인생안내자로서의 역할로 자녀의 사회화를 돕는다. 여기에서 사용하는 인생안내자라는 것은 아동이 장차 긴 인생을 살아가는 데 도움이 될 태도, 습관, 규범, 예절, 몸가짐 등을 가르치는 역할을 의미한다. 즉, 아동이 세상을 살아가는 데 필요한 지침을 주고 어떻게 살아가는 것이 인생을 바르게 사는 길인가를 보여주고 가르쳐 주어야 한다.

② 학습자로서의 준비

학습자로서 유아의 발달을 돕는 부모의 역할은 가정에서의 역할과 가정 밖에서의 역할로 구분하여 생각할 수 있다. 가정에서의 부모의 역할은 아동을 보호하는 역할만이 아니라 아동이 발달하는 데 필요한 환경을 구성해 주고, 그들의 호기심을 자극해 주는 교사로서의 역할이 요구된다. 즉, 부모에게 학습조력자로서의 역할이 요구된다. 아동은 이 시기에 많은 것을 배운다. 배움은 유아교육기관에서만 이루어지는 것이 아니라 가정에서 상당한 정도가 이루어진다. 이러한 배움이 가정에서 최대한으로

이루어질 수 있도록 도움을 제공해야 한다. 그러기 위해서는 계속되는 아동의 질문에 답변도 해 주어야 하고, 책도 읽어 주고, 놀이도 함께 해 주어야 한다.

자녀의 학습자로서의 발달을 지원하기 위해서는 가정 안에서의 역할뿐 아니라 가정 밖에서도 적절한 역할이 요구된다. 학습자로서의 준비를 조기교육에 맡기는 경우에도 부모가 자녀의 조기교육 프로그램에 직접적으로나 간접적으로 참여하는 것이 필요하다. 유아교육은 부모의 참여가 있는 경우 더 효과적이기 때문이다. 자녀가 유아교육기관에 취학하고 있는 경우 부모의 역할로는 다음과 같은 것을 들 수 있다.

첫째, 부모회에 참여하여 부모들이 당면하는 여러 교육상의 문제에 대하여 의견을 교환하고, 유아교육기관에서 부모가 공동으로 해결해야 할 문제를 찾으며 그 문제를 해결하는 과정에서 자신에게 요구되는 역할을 수행해야 한다. 유아들의 교육을 전적으로 교사에게만 맡기는 것은 바람직하지 않다.

둘째, 아동의 발달상황에 관하여 교사와 정기적으로 정보를 교환하고 협의해야 한다. 교사는 유치원이나 유아원에서 아동의 발달상황을 각각 관찰한 정보를 서로 교환하여 결합하면 아동을 이해하고 지도하는 데 큰 도움을 받을 수 있다. 그러므로 교사와 부모는 긴밀한 관계를 유지하는 일이 꼭 필요하다.

셋째, 지역사회에서의 역할을 생각할 수 있다. 아동의 생활의 장은 가정, 교육기관 및 지역사회이다. 집 근처의 골목이나 놀이터 등이 아동의 생활에

있어서 중요한 터전 구실을 한다. 따라서 지역사회의 환경조건을 아동의 성장, 발달에 도움을 줄 수 있는 방향으로 조성하는 일은 교육적으로 중요하다. 지역사회의 환경조성은 행정기관에서 담당해 주기도 하지만 행정기관에만 의존할 수 없다. 부모들이 자발적이고 협동적인 노력을 할 때 지역사회의 발전과 개발은 더욱 촉진될 수 있다. 이와 같은 관점에서 지역사회의 환경조성을 위한 자율적인 활동에 참여하는 일도 부모의 역할로 기대되는 것이다(안영진, 2014 재인용).

(4) 부모역할에 영향을 주는 요인

가정에서 부모의 역할은 개인에 따라 그 역할의 내용이나 수행 방법이 크게 다르다. 이러한 차이의 요인으로는 다음과 같은 것을 들 수 있다(안영진, 2014 재인용).

① 자녀의 특성

부모-자녀관계에 있어 유아들은 신생아기부터 개별적인 기질 특성(주변세계에 반응하는 선천적인 특정 방법)을 가질 뿐만 아니라 개별적인 성장속도와 성장 패턴을 갖는다. 자녀들이 성장함에 따라 유아들은 유아교육기관을 다니고, 친구를 사귀고, 특정한 기술과 흥미를 발달시키고 활동을 할 때도 개별 양식과 속도에 있어 차이를 보인다.

또한 자녀는 가족 내 특정한 위치를 가지고 태어난다. 이러한 출생순서와 자녀의 성은 양육 과정에 영향을 미친다. 요즈음의 부모들은 자녀들에게 똑같은 경험을 할 기회를 주면서 양육하려 하지만, 부모들은 남아는 독립적이고 다른 사람을 지도하기를 원하는 반면, 여아는 다른 사람들을 보살피고 친절하게 대하며 순종적인 사람이 되기를 바란다. 이렇듯 자녀들은 자신의 기질, 성장속도, 출생순서, 성(性)을 가지며, 이 모든 특성이 양육 과정에 있어 부모의 역할에 영향을 준다.

② 부모의 특성

가) 부모의 성격

부모의 역할 수행에 영향을 주는 특성 중의 하나가 부모의 성격이다. 예를 들어, 부모가 수용적이냐 아니냐는 가정에서 자녀 행동의 수용범위를 결정하게 한다. 또 부모가 공격적이냐 아니냐 하는 것은 자녀양육 태도에 영향을 주어 자녀가 공격적이냐 아니냐에 영향을 주게 된다. 그러나 어느 것이 부모역할을 하는 데 가장 이상적이라고 말하기는 어렵다. 왜냐하면 부모와 자녀의 관계는 서로에게 영향을 주는 것으로 부모 성격 작용은 아동의 성격이나 기질과도 관련되기 때문이다.

뿐만 아니라 한쪽 부모의 성격은 다른 부모의 행동에도 영향을 주어 부모역할에 영향을 준다. 즉, 부모의 성격은 부부간, 부모-자녀 간의 상호작용에 영향을 주어 복잡하게 작용하리라 생각되나, 아직 이 분야의 연구는 미흡하다(안영진, 2014 재인용).

나) 부모의 역할 모델

부모의 역할 수행능력은 생득적인 것이 아니기 때문에 부모노릇을 어떻게 하는가에 대한 관찰은 우리에게 많은 도움을 준다. 근본적으로 우리는 부모노릇을 할 때 자신의 부모를 모델로 삼는 경향이 있다. 우리 자신이 자랄 때 부모의 반응, 기대, 감정 등 부모와 형성한 상호작용 방법들이 바로 자신의 자녀를 기를 때 사용하는 상호작용 방법들에 영향을 주게 된다. 따라서 자신이 키워진 방식에 만족하는 사람은 자신의 부모를 모델로 그 방법과 태도를 자녀에게 사용할 것이다. 그러나 부모의 지나친 통제나 간섭 때문에 자신의 부모에 대해 불만족스럽게 생각했던 사람은 부모와는 반대 유형의 양육 방식을 취한다. 또 부모가 사랑이나 신체적 애정표현을 너무 하지 않았다고 느끼는 사람은 자신의 자녀에게 보상이나 하듯 지나친 신체적 애정표현을 보이기도 한다.

다) 부모 자신에 대한 기대

대부분의 부모는 스스로에게 높은 기대와 비현실적인 기대를 갖는다. 이런 기대는 성공적인 부모역할에 방해가 될 수 있다.

대부분의 부모는 자녀들을 충분히 사랑하기만 한다면 아무 문제가 없을 것이라고 기대한다. 그러다가 문제가 발생할 때 부모는 깜짝 놀라고, 어떤 조치를 취해야 하는지 확신이 없게 된다. 부모의 관심과 수용이 자녀의 삶에 본질적인 구성요소이지만, 사랑은 민감하게 자녀를 보살피는 행동으로 나타나야 한다. 생의 초기에는 옷 입기, 목욕, 음식주기의 일과로 나타나고, 걸음마기와 취학 전 자녀들에게는 격려와 자극이 필요하다. 초등학교 아동들에게는 바깥 세계를 조절하도록 도움을 주어야 하고 십대 청소년은 스스로 결정하고 선택하도록 허용해야 한다.

부모들은 충분한 시간과 에너지를 가지고 자녀를 돌보는 데 전념한다면, 모든 것이 원활하게 될 것이라고 기대한다. 또한 일부 부모들은 자신들이 잘 돌보기만 하면 자녀가 항상 행복할 것이라고 기대한다. 그러나 부모의 통제를 벗어난 많은 사건과 요인이 자녀들에게 영향을 줄 수 있고 불행하게 만들 수 있다. 기노트(Ginott)는 아동은 경험을 통해서 성장하므로, 부모가 모든 고통거리를 제거하겠다는 것은 어리석은 생각이라고 말한다.

부모들은 자신의 욕구보다 자녀의 욕구에 우선한다. 스스로를 돌보지 못하는 생의 초기에는 자녀의 욕구를 보살펴 주는 것이 중요하다. 그러나 부모가 자신의 욕구보다는 자녀의 욕구를 늘 우선적으로 생각한 것이 오히려 자녀와의 관계를 어렵게 할 수도 있다. 예를 들어, 자녀들이 성장함에 따라 부모는 자녀에게 얼마나 많은 돈을 들였는지 화를 낼 것이고, 이러한 일에 자녀들은 잠재적인 적개심을 느낀다.

부모들이 갖고 있는 또 다른 기대는 자신의 부모들이 했던 모든 실수를 피하겠다는 것이다. 따라서 자신들의 부모와 의사소통을 적게 했던 부모들은 토론에 활발하게 자녀를 참여시킨다. 부모들 자신의 유년기 경험을 개선하고 싶은 욕망은 부모에게 자녀들을 양육하는 더 좋은 방법을 갖도록 자극한다. 그러나 중요한 것은 부모들이 긍정적이고 올바른 자녀양육의 철학과 방법을 아는 것이다(안영진, 2014 재인용).

라) 자녀에 대한 기대

부모들은 자녀들이 장차 어떤 사람이 되길 원하고, 그에 대한 특별한 기대를 갖는다. 자녀가 부모 자신이 원하는 사람으로 성장하길 기대하였으나 자녀의 기질, 기술, 흥미가 부모의 기대와 다를 때 놀라고 실망한다. 부모는 자신이 성취하지 못하였다고 느끼는 모든 면에서 자녀가 성공하기를 기대하고 이를 위해 노력한다. 예를 들어, 자아 확신이 부족한 부모는 자녀가 적극적이고 외향적이 되도록 격려할 것이다.

어떤 부모들은 자신들이 이야기한 것을 자녀들이 기분 좋게 행할 것이라고 기대하며 자녀의 태도가 적극적이지 못하면 분노하고, 때로는 처벌하기도 한다. 이런 부모는 자녀의 행동, 사고, 감정, 반응 모두를 통제하고자 하여 오히려 자녀가 자유롭게 사고하고 행동하지 못하게 한다. 가끔 부모들은 자녀를 무기력하고 부적절한 유아인 것처럼 여기고 계속적인 도움과 지시를 제공하는 것이 필요하다고 생각한다. 부모들의 또 다른 기대는 부모가 자녀들을 위하는 것을 자녀들이 이해하고 감사해야 한다는 것이다. 그러나 자녀들은 부모가 그들을 위해 한 행동이나 노력에 대해 감사하지 않는다(안영진, 2014 재인용).

③ 환경적 요인

가) 스트레스와 지지를 주는 환경

부모역할은 부모들에게 지지를 해 주거나 스트레스를 줄 수 있는 사회적 환경에서 이루어진다. 스트레스와 지지를 주는 주요 요인은 결혼, 부모의 사회 조직망과 직업 등이다. 연구에 의하면 결혼의 질은 어머니와 아버지 모두의 부모역할 노력과 연관이 있다. 서로를 지지해 준다고 느끼는 부모는 자녀에게 민감하고 수용적이고 책임감이 있다. 반대로 서로 불행하다고 느끼는 부모는 자녀를 구속하고 비평하고 잔소리한다. 친구로부터의 지지는 부모의 능력과 안녕에 기여하고, 사회적 격리는 부모역할의 어려움, 예를 들어 아동학대와 연관된다. 어머니의 사회활동은 가족의 조직과 부모의 활동에 영향을 미친다. 어머니가 취업한 경우 자신의 직업에 대한 긍정적인 태도를 가질 때 자녀양육에 있어 문제가 발생하는 비율이 낮다.

경제적 어려움도 부모역할에 중요한 영향을 미친다. 맥로이드(McLoyd)는 가난과 경제적 손실이 부모의 양육행동 및 유아에게 미치는 영향에 관한 모델을 개발했다. 가난은 부모들에게 심리적인 고통을 주는 많은 일상적인 문제를 수반한다. 스트레스를 받은 부모들은 서로를 덜 지지하며, 자녀에게 더 화를 잘 내고 애정이 적다. 결과적으로 유아들은 더 많은 정서적인 문제를 경험한다.

이와 같이 지원체계는 부모로서의 사랑의 감정과 수용을 증가시키고 유아에게 직접적인 도움과 안내를 해 줄 수 있게 한다. 또한 가족과 친구들로부터의 지지는 부모의 스트레스를 감소시키므로 유아의 안녕은 부모와 유아를 위해 더 많은 지원체계를 구성하도록 하는 사회적 환경에 달려 있다(안영진, 2014 재인용).

나) 가정의 사회경제적 지위

부모의 교육수준이나 가정의 사회경제적 지위에 따라 부모가 담당하는 역할의 내용과 방법이 다르리라는 가정하에 연구가 이루어지고 있다. 연구의 기본적인 전제는 사회계층에 따른 가치체계의 차이가 자녀양육 방식에 차이를 가져올 것이라는 것이다. 다시 말하면 사회집단에 가치의 차이가 있으며, 이러한 차이가 바로 아동의 행동에 대한 기대에 반영되어 자녀양육형태에 차이를 가져오며, 이것이 다음 세대로 전달될 것이라고 본다. 실제로 연구결과를 보면 부모의 교육수준이 높은 가정에서는 자녀들을 더 엄격하게 다루고, 습관형성과 태도형성에 대하여 세심한 배려를 한다.

그러나 과거의 연구결과와는 달리 최근에는 사회계층 간의 부모역할, 자녀양육 태도에 유사성이 증가하고 있음이 지적되고 있는데, 이는 아마도 대중매체의 영향과 사회 경제의 안정으로 하류층 가정의 여건이 중류층과 가까워졌기 때문이 아닌가 생각된다.

그럼에도 불구하고 사회계층에 따라 교육과 학업성취에 두는 가치, 문제해결행동을 가르치는 부모의 태도 등에 차이가 있음이 지적되고 있다. 이와 같이 모든 결과를 감안한다면 부모의 행동은 어느 정도 자신이 속해 있는 사회계층의 가치체계의 영향을 받는다고 생각된다. 각 계층은 자녀와의 상호작용에 대해 동일한 목표를 갖지만, 상호작용 유형은 차이가 있다. 예를 들어, 중류층은 일찍부터 추상적 지식의 획득, 자율성과 독립성의 획득과 같은 사회적 성취에 가치를 부여하나, 하류층은 자녀가 부모의 가치에 부응하도록 하며 가능한 손쉽게 욕구를 만족시키는 데 가치를 둔다(안영진, 2014 재인용).

사회계층 이외에 생각할 수 있는 문화적 요인은 종교와 인종이다. 부모의 종교와 인종은 다른 변인들과 함께 부모의 역할에 직접적 · 간접적으로 영향을 준다(안영진, 2014 재인용).

2) 부모의 양육태도

부모의 양육태도는 시대적 흐름에 영향을 받는다. 부모의 양육태도의 역사적 변화와 부모의 양육태도와 아동의 특성을 살펴보면 다음과 같다(안영진, 2014 재인용).

(1) 양육태도의 질적 차원

부모의 자녀양육태도는 역사적으로 변화되어 왔고, 동시대의 경우에도 여러 변인에 의하여 차이가 있다. 부모의 자녀양육태도의 질은 일반적으로 '수용–거부'와 '자율–통제'의 차원으로 나뉜다.

‘수용’은 부모의 자녀에 대한 애정, 이해, 존중의 태도로 부모의 성격에 따라 다르게 자녀에게 표현된다. 수용적 부모는 자녀가 긍정적 자질을 가졌다고 생각하며, 자녀와 함께 있는 것을 즐거워한다. 따라서 이들은 사랑스러운 눈길로 자녀를 쳐다보거나 안아주며 키스를 해 준다. 반면에 거부적인 부모는 자녀와 함께 있는 것을 즐거워하지 않으며 자녀를 좋아하지도 않는다. 따라서 자녀를 무시하거나 체벌을 한다.

‘허용’은 자녀의 발달단계에 따라 주어질 수 있는 자유를 인정하고 자발적인 참여를 강조하는 비지시적인 부모의 태도이다. 허용적인 부모는 자녀에게 규칙을 부과하지 않으며 요구도 비교적 적다. 반면에 ‘통제’는 지시, 지배, 억압, 금지의 태도이다. 따라서 통제적 부모는 자녀에게 많은 규칙을 부과하며, 자녀가 지켜야 할 행동의 기준을 명백히 설정한다. 그러나 이러한 기준이 반드시 지나치거나 처벌적인 것은 아니다(안영진, 2014 재인용).

일반적으로 수용은 자녀를 훈육하고 가르치는 부모의 노력에 기반을 제공하는 것으로 알려져 있다. 즉, 부모가 온정적이고 수용적일 경우 자녀에게 자신의 가치관이나 목표를 가르치는 데 더 효과적이다. 그러나 부모의 통제효과도 부모가 통제를 어떻게 하느냐에 따라 다양한 결과를 낳는다(안영진, 2014 재인용).

(2) 부모의 자녀양육 유형과 아동의 특성

맥코비와 마틴(Maccoby & Martin, 1983)은 바움린드(Baumrind)의 양육태도 유형을 보다 확장하였다. 요리 및 통제수준, 수용 혹은 거부 및 책임감의 정도라는 두 가지 차원에 따라 네 가지 유형의 양육태도를 제시하였다(안영진, 2014 재인용).

- **수용적 양육형**: 부모가 자녀와 정서적으로 밀착된 관계를 유지하며 따뜻하고 자애로운 태도로 자녀를 대한다. 그리고 이들은 언제나 자녀에게 깊은 관심을 가지고 자녀를 인격적으로 대하며 이들을 받아들인다. 또한

자녀에게 성숙한 행동을 요구하고 확고한 기준과 규칙을 설정하여 이러한 규칙을 준수하도록 자녀에게 요구하며 자녀의 행동을 통제한다. 뿐만 아니라 가정 내에서 중요한 의사결정을 할 때는 자녀들과의 대화를 통하여 자녀의 의견을 묻고 반영한다. 이러한 부모 밑에서 자란 아동은 자신을 존중할 줄 알고 자신과 타인을 긍정적으로 대한다. 또한 모든 일에 대해 책임감이 높고 사교적이며 협동적이다. 뿐만 아니라 자신의 일에 성실하고 정서적으로 안정되어 있으며 명랑한 성격을 지닌다.

- 허용적 양육형: 허용적 양육형은 부모가 자녀에게 애정을 나타내고 수용적이나 자녀가 하는 대로 내버려두고 자녀의 행동을 거의 통제하지 않는다. 이러한 가정에서 부모는 자녀가 원하는 것은 무엇이든 충족시켜 주기 때문에 부모가 자녀의 노예가 되어 자녀는 부모에 대한 존경심을 갖지 않는다. 이러한 양육하에서 자란 아동은 어른에게 순종하거나 복종하지도 않으며, 스스로의 행동에 책임을 질 줄도 모른다. 뿐만 아니라 권위를 무시하고 공격적·적대적이 되며 부주의하고 집에서는 폭군이거나 집 밖에서는 매사에 두려움을 갖거나 반대로 지나치게 자신감을 갖는다.

- 독재적 양육형: 자녀를 엄격하게 통제하고 사랑의 표현을 절제하는 것이 자녀를 위한 일이라고 생각한다. 독재적 양육태도를 갖는 부모는 자녀에게 많은 규칙을 부과하며 자녀가 지켜야 할 행동의 기준을 명백히 설정한다. 또한 자녀의 욕구표현을 제한하고 규칙을 정하거나 의사결정을 할 때 자녀와 의논하지 않는다. 즉, 부모가 마음대로 정하고 자녀는 이 규

칙에 무조건 복종해야 한다. 이들은 스스로가 지배적인 부모 밑에서 자란 사람들로서 자신의 권위를 자녀와의 관계에서 찾으려 한다. 독재적 양육을 받은 아동은 허용적·수용적 양육 형태로 키워진 아동보다 사회생활에는 적응을 더 잘한다. 이러한 아동은 조심성이 있으며, 수줍고, 온순하고, 순종적이다. 이들은 가족이나 주위 사람들에게 순종하고 수동적인 행동을 한다. 그러나 민감하여 자신을 자주 의식하고 열등감을 쉽게 느끼며, 무슨 일에나 확신을 갖지 못하고 반항적이기도 하다. 또한 부정적인 자아개념이 형성되기 쉽고 자발성이 부족하고 냉담하며, 공격성이 높게 나타나기도 한다.

- 방임적 양육형: 부모가 의식적·무의식적으로 자녀의 성장 발달에 무관심하거나 애정이 부족한 양육형이다. 또한 이들은 부모로서의 역할을 적절히 수행하지 않으며 자녀의 요구를 무시하거나 거부한다. 자녀에게 이렇게 거부적인 부모는 대개 결혼생활에 불만을 가져 자기 갈등을 아동에게 투사하는 것으로 생각된다. 또 때로는 자녀에게 지나치게 사랑을 표현하면 자녀를 망친다고 생각하여 의식적으로 사랑을 억제하고 무관심한 태도를 취하는 경우도 있다. 또한 이들은 일관성 있게 자녀를 지도하거나 훈육하지 않는 경향이 있다. 부모로부터 일관성 있는 훈육을 받지 못한 유아는 무력감을 느끼고 사회생활에 잘 적응하지 못한다. 즉, 방임적 훈육태도를 갖는 부모 밑에서 자란 아동은 안정감이 부족하고 좌절감을 자주 경험하여 자신감이 결여되고, 무기력하고 사교적이지 못하여 사회생활에 적응이 어렵다.

부모의 양육태도에 대하여 가장 널리 알려진 것은 바움린드(Baumrind, 1967, 1971, 1977)의 유형이다. 바움린드는 부모의 양육태도를 권위주의적(authoritarian), 허용적(permissive), 권위 있는(authoritative) 양육 유형으로 나누었다(안영진, 2014 재인용).

권위주의적인 양육태도를 갖는 부모는 제한적이고 벌을 사용하며 지시적이다. 또한 자녀에게 애정표현을 잘 하지 않으며 언어적 교류를 허용하지 않고 아동의 행동을 통제하고자 한다. 이러한 부모의 자녀는 또래에 비해 불안, 의사소통 기술의 빈약을 보이며, 활동을 주도하지 못하면 때로는 지나치게 공격적이다. 반면에 권위 있는 양육태도를 갖는 부모는 일관성이 있으며 애정적이고 아동의 발달에 맞는 규칙을 설정한다. 그리고 명백하게 자녀와 의사소통을 하며 적절한 대안 행동을 제시하고 반영적이다. 이러한 부모를 갖는 아동은 나누어 갖기, 또래에 대한 동정, 협동 등의 친사회적 행동을 더 보인다. 한편 허용적 양육태도를 갖는 부모는 벌을 사용하지 않고 수용적이며 아동이 자신의 활동을 통제하도록 한다. 제제를 하지 않고 규칙이나 제한이 없다. 이러한 부모의 자녀는 권위 있는 양육태도를 갖는 부모의 자녀보다 사회적 기회를 더 적게 가지며 혼란으로 인해 사회성 능력이 오히려 낮다. 자아통제나 자아존중감이 낮고 타인에게 친절하지 않으며 존중하지 않는다(안영진, 2014 재인용).

(3) 자녀양육태도에 영향을 주는 요인

부모의 자녀양육기술이나 유형은 여러 요인에 의하여 영향을 받는다. 가장 크게 생각해 본다면 문화적 요인을 들 수 있다. 즉, 한국인은 한국의 고유한 자녀양육태도나 유형을 가지고 있으며, 미국인은 미국인 나름대로의 방식을 가지고 있다. 같은 나라 안에서도 사회계층에 따라서 자녀양육태도가 다르다. 예를 들어, 하류층에서는 잘못에 대하여 체벌을 많이 사용하는 경향이 있으나, 중류나 상류층에서는 체벌을 자주 사용하지 않는 경향이 있다. 아동의 발달단계에 따라서도 부모의 자녀 양육태도가 달라진다. 일반적으로 신체적 체벌은 자녀가 성장해감에 따라 감소하며 애정과 특권의 박탈로 바뀐다. 또한 아동의 언어발달이 이루어짐에 따라 부모는 언어적 지도나 설명을 많이 사용한다.

이와 같이 부모의 자녀양육태도나 유형이 여러 요인에 의하여 변화되기에 여기에서는 이를 좀 더 구체적으로 살펴본다(안영진, 2014 재인용).

① 부모의 특성과 신념

자녀의 양육 형태나 훈육은 주 보호자의 성격 특성과 신념체계가 불가피하게 반영된다. 성숙하고 적응을 잘하는 부모는 그렇지 못한 부모보다 자녀의 신호나 욕구에 대해 민감하게 애정적으로 반응을 한다. 이러한 유형의 양육은 자녀에게 신뢰감과 독립성, 사회성의 발달, 지적 성취 등을 촉진한다. 부모의 자아확신, 타인에 대한 신뢰적인 태도, 자신에게 일어나는 일을 통제할 수 있다는 신념은 자녀와의 관계에 있어 애정과 수용, 도움과 관계가 깊다. 또한 좌절감을 느끼는 부모는 자녀의 발달에 부정적 영향을 주어 혼란스럽고 거부적이며 적대적인 가정환경을 조성한다.

부모의 성격 특성 이외에 자녀의 동기와 능력에 대한 신념 또한 훈육태도에 영향을 준다. 부모는 자녀가 사회에서 잘 수용되고 기능을 잘하며 행복한 구성원이 되길 바란다. 따라서 부모는 자녀의 행동에 대하여 좋다, 나쁘다, 성숙하다, 미성숙하다라고 평가하면서 어떤 것은 격려하고, 어떤 것은 약화시킨다. 예를 들어, 세 살짜리 아동이 실수로 또래를 밀었으면 화를 내거나 야단을 치지는 않으나, 의도적으로 그렇게 하였다고 생각하는 경우 자녀의 행동을 수정하고자 노력한다(안영진, 2014 재인용).

부모의 양육태도는 아동관에 따라서도 차이가 있게 된다. 만약 부모가 자녀는 건설적이며 실험을 통하여 지식을 추구하는 자발적인 학습자라고 생각한다면 이들은 자녀에게 많은 질문을 함으로써 자녀로 하여금 생각하고 추론을 하게 한다. 반대로 아동은 수동적인 학습자라고 생각하는 부모는 지시적이며 명령적이다. 더 나아가 아동이 본래 능력이 있으며 바른 학습자라고 생각하는 부모는 자녀에게 지시를 비교적 적게 하며 제한하지 않는다. 그러나 아동이 능력이 별로 없다고 생각하는 부모는 지시적이며 제한적이다.

부모의 사회적 오리엔테이션, 즉 일반적인 타인에 대한 개념 또한 자녀와의 상호작용에 영향을 준다. 대인관계에서 외모, 직업, 사회에서의 지위를 강조하는 부모와는 달리 주로 심리적 특성, 동기, 정서 등을 강조하는 부모는 아동중심 훈련을 사용한다. 이들은 자녀에게 타인의 감정이나 동기에 주의를 기울이도록 하며 자녀에게 자신의 행동과 정서를 반영하도록 한다. 이러한 훈육은 자녀에게 타인에 대한 이해와 개인적 책임에 대한 인식 그리고 자율성을 발달하게 한다(안영진, 2014 재인용).

② 아동의 성격과 행동

부모와 자녀와의 관계는 일방적인 것이 아니라 양방적인 것이다. 부모의 성격과 신념이 자녀에 대하여 영향을 주듯, 아동의 기질과 태도는 자신이 받는 보호의 양과 질에 영향을 준다. 잠을 잘 안 자고 까다로운 아기는 보호자에게 매우 좌절감을 주어 적대적으로 반응하게 하며 이것은 다시 아기가 까다롭게 굴도록 한다. 아기가 다루기 힘들다고 생각하는 부모는 그렇지 않는 부모보다 아기의 울음에 덜 반응한다고 한다(안영진, 2014 재인용).

부모와 자녀의 상호작용에 대하여 생각할 수 있는 방법 중 하나가 자녀의 행동에 대하여 부모가 가지는 행동수용의 상한계와 하한계이다. 아동의 행동이 이러한 수용의 상한계나 하한계를 넘어설 때 부모들은 그 행동을 변화시키려 한다. 예를 들어, 매우 공격적인 아동이 부모의 공격성에 대한 수용의 상한계를 넘어설 때, 부모는 자녀에게 벌을 줌으로써 자녀의 공격적 충동을 제한하려 한다. 자녀가 매우 수줍어하는 경우 부모는 보다 적극적으로 행동하도록 격려한다. 여러 연구결과를 보면 매우 공격적인 아동의 부모는 체벌을 많이 사용한다. 이것은 부모가 자녀의 공격적 행동을 학습함을 나타내는 것이라고도 볼 수 있다(안영진, 2014 재인용).

③ 사회적 맥락

부부의 결혼관계가 만족스럽고 서로 지지적일 경우 부모역할을 보다 잘 수행하게 되며, 안정되고 만족스러운 부부관계는 보다 민감한 자녀양육을 하게 하여 부모와 자녀 간에 안정된 애착을 형성하게 한다. 예를 들어, 학령기 아동을 가르치는 데 있어 자신의 결혼관계에 대하여 만족하지 못하는 아버지는 결혼관계를 만족스럽게 생각하는 아버지에 비해 자녀에게 긍정적 피드백(feedback)을 덜 해 주며 자녀가 배우고자 하는 노력을 오히려 방해한다. 그러나 자신의 결혼관계에 대하여 만족하지 못하는 엄마는 만족하는 엄마나 아버지에 비해 자녀에게 긍정적 교수 방법을 더 사용한다. 아마도 자녀에게 더 개입함으로써 자신의 만족스럽지 못한 결혼관계를 보상하고자 하거나 남편보다 더 나은 양육을 하고자 하기 때문인지도 모른다.

이와 같은 자녀양육태도를 포함한 가족의 기능은 또한 가정 밖의 환경적 조건에 의하여 영향을 받는다. 이러한 조건을 생태체계라고 부르는데 이 생태체계에 속하는 것은 부모의 직업, 부모의 지지체계, 지역사회 등이다.

부모의 직업에 따라 부모의 태도에 차이가 있음을 알 수 있다. 노동계층의 아버지는 자녀에게 권위에 복종할 것을 강조하는 반면, 중류층 아버지는 자녀에게 주도권을 보다 더 주며, 다소 위험이 있더라도 자녀에게 경쟁과 독립성 훈련을 하고자 한다. 신체적으로나 정신적으로 고도의 에너지를 요하는 직업을 가진 아버지는 자녀와 함께 보낼 시간이 많지 않다. 따라서 이들은 자녀에게 죄의식을 느끼고 자녀를 대하는 데 있어 인내심이 적고 화를 잘 내어서 자녀의 정서적 · 사회적 적응에 부정적 영향을 준다.

부모의 지지체계는 특히 엄마에게 중요하다. 친척이나 친구로부터 비교적 강한 지지를 받고 있는 엄마는 자신과 자녀에 대하여 긍정적 태도를 가지며 덜 거부적이고 보다 나은 보호를 한다. 특히 사회적 지지체계는 스트레스를 느끼는 상황하에 중요하게 작용하며 남편이 있는 여성보다 혼자 사는 엄마의 경우 더 중요하게 작용한다.

지역사회 또한 아동에게 영향을 주는 주요 변인이다. 예를 들어, 정신질환이나 청소년 범죄율을 보면 지방보다는 도시 아동에게 많이 나타난다. 뿐만 아니라 정서적 장애에 있어서 도시 아동은 지방 아동보다 먼저 나타나기 시작하여 더 오랫동안 지속되며 가정의 여러 문제와 관련된다는 보고가 있다. 도시 아동이 지방 아동보다 정서적 장애 가능성이 더 높은 이유는 명확치 않으나, 아마도 도시의 긴장과 혼란스러운 삶이 주요 요인이 아닐까 생각된다.

물론 도시에 산다는 것이 부정적 영향만 주는 것은 아니다. 도시의 생활은 아동의 인지발달에는 긍정적 효과를 나타낸다고 지적되고 있다. 예를 들어, 한 연구에 의하면 11세 아동의 지능과 학업성취검사를 하였더니, 대도시의 아동이 소도시나 지방의 아동보다 높았다. 이것은 아마도 도시의 삶이 보다 풍요로운 문화적 환경을 제공하며, 보다 나은 교육적 시설을 제공하기 때문이 아닌가 한다(안영진, 2014 재인용).

CHAPTER 04

자녀의 발달단계에 따른 부모역할

1 영아기

영아기는 출생에서부터 24개월로 보고 있다. 발달단계상 이 시기에는 독특하고 복잡한 변화와 많은 사건이 발생된다. 출생 후 1년까지의 영아(신생아)는 새로운 환경에 대해 적응하려 하고, 계속적인 발달 및 성장 과정을 재개한다(안영진, 2014 재인용).

1) 영아기의 부모역할

(1) 영아기의 부모역할

영아기 부모의 역할은 주로 양육의 역할이다. 양육의 역할은 대부분 부모들이 담당하지만 때로는 다른 사람이 보조하기도 한다. 여기에서는 양육자로서 부모의 역할에 대해서만 살펴본다(안영진, 2014 재인용).

영아와 상호작용하는 방식은 부모들마다 다르며 영아의 특성에 따라서도 다르다. 상호작용이 얼마나 자주 발생하는가 하는 양보다 어떠한 상호작용이 진행되는가 하는 질적인 면이 더 중요하다. 영아는 모든 것을 부모에게 요구하며 전적으로 도움을 받아야만 하고, 부모는 영아의 보호자이며 요구를 만족시키는 제공자로서의 역할을 수행하기 때문에 자신의 대부분의 시간을 아이의 양육에 투자하게 된다.

부모와 영아와의 관계는 부모 자신의 아동기 경험과 부부관계나 건강, 직업의 안정성과 같은 현재의 가정 분위기 그리고 영아의 특성에 의해 영향을 받는다. 정상의 아기들은 환경에 대한 일반적인 반응과 활동수준, 적응력, 생리적 리듬 등이 각기 다르다. 예를 들면, 돌보기 어려운 기질을 가진 영아의 어머니는 영아에게 적게 반응한다. 영아는 깨어 있을 때 소리 내고, 부모와 눈 맞추고, 미소 짓는 행동을 하여 부모와의 상호작용에 이바지한다.

마찬가지로 부모가 어떻게 돌보는가에 따라 영아가 웃기도 하고 울기도 한다. 즉, 부모와 영아의 초기 양육 과정에서 부모와 의사소통하고 신호를 보내고 하는 상호작용은 영아기 동안 형성하는 능력의 발달에 기초가 된다(Bigner, 1979).

(2) 기본적 신뢰감 형성

에릭슨은 생활주기의 단계에 따른 심리사회적 발달을 제시하였다. 각 단계마다 심리사회의 위기를 경험하는데 영아기에는 기본적 신뢰감을 형성한다. 기본적 신뢰감은 돌보아 주는 사람이 아기의 기본적 욕구를 일관성 있고 민감하게 충족시켜 줄 때 그 사람에 대해 갖는 믿음을 말한다. 영아를 양육하는 사람이 영아가 불편함을 느낄 때 그 원인을 빨리 없애 주고 일관성 있는 사랑, 관심, 놀이, 접촉, 자극 등을 통해 아동의 욕구를 충족시켜 주면, 영아는 세상이 안전하고 확실하며 예언할 수 있고 살아갈 만하다는 믿음을 갖게 된다. 반대로 양육하는 사람이 일관성 없이 부적절한 행동으로 영아를 돌보면 영아는 세상에 대해 두려움과 불신감을 갖게 된다. 이러한 신뢰감과 불신감은 영아기에서만 해결될 수 있는 문제가 아니며 각 단계마다 발생하고 해결해야 하는 심리사회적인 문제이다(안영진, 2014 재인용).

신뢰감은 두 가지 방법에 의해 형성될 수 있다. 첫째는 영아를 양육하는 사람이 잘 돌보아 줌으로 해서 양육자에 대한 신뢰감을 형성하는 것이며, 둘째는 영아가 자신의 행동을 예측하고, 예측한 목적을 달성할 수 있는 환경을 조성하여 자신의 능력에 대한 기본적 신뢰감을 형성하는 것이다(Bigner, 1979).

양육자에 대한 신뢰감은 의사소통 과정에서 형성된다. 영아는 우는 행동으로 의사소통한다. 부모는 영아의 우는 소리에서 의사소통하려는 내용을 알아차려야 한다. 예를 들면, 배가 고파서 우는지, 어디가 불편해서 우는지, 졸음이 와서 우는지 등의 표현내용을 알아야 한다. 본질적으로 부모는 영아의 심리사회적 위기를 마음대로 좌우할 수 있다. 말하자면 영아가 신뢰감을 갖느냐 하는 것은 부모의 책임이다.

대부분의 부모는 영아의 울음소리를 듣고 그 소리가 의미하는 바를 알아차린다. 이것은 영아에게 얼마나 관심을 갖고 빨리 반응하는가에 달려 있다.

영아가 울 때 어머니의 반응이 늦은 영아는 빨리 반응한 영아보다 더 오래 운다. 처음 3개월 동안의 상호작용에서 어머니가 영아의 울음에 빠르고 일관성 있게 반응하였는가 하는 것은 그 이후 영아의 울음 양상에 영향을 준다. 더구나 아기가 울 때 그대로 방치하거나 반응을 지연시키지 않으면 영아는 울음이 아닌 다른 의사소통 방식을 배우게 된다. 즉, 아기의 울음에 어머니가 비교적 일관성 있고 빠르게 반응해 준 경험을 한 아기는 어머니와 신호를 주고받는 것을 경험하게 되어 결국에는 효과적인 의사소통 방법을 습득하게 된다.

영아는 환경의 자극에만 반응하는 수동적인 존재가 아니다. 초기 상호작용의 과정에서 자신이 어떻게 행동하면 어떠한 결과가 일어날 것인지를 예측한다. 즉, 양육자에 대한 신뢰감이 형성되면 사물이나 사건을 구체적인 상황에서 해석하고 의미를 부여할 수 있는 예측능력이 발달한다. 예측능력은 자신에 대한 신뢰감을 형성하는 데 중요한 요인이다.

부모는 영아에게 흥미 있고, 자극을 주는 환경을 제공하여 영아가 자기주도적인 활동을 할 수 있게 도와주어야 한다. 그러나 부모의 역할이 환경을 제공하는 것으로 끝나서는 안 된다. 부모는 영아를 가르치는 교사이므로 환경의 제공과 더불어 행동모델로서 영아의 활동에 참여하여야 한다.

민감한 어머니는 영아가 어떤 능력을 갖고 있고 어떤 것에 관심이 있는지를 관찰하고 파악하여, 환경에 친숙해지고 자신의 능력을 시험해 볼 수 있도록 격려한다. 중요한 것은 부모가 영아와 상호작용을 통해 영아의 자기주도성과 독립성을 향상시키도록 하는 것이다(안영진, 2014 재인용).

2 유아기

유아기는 24개월에서 5세 사이를 가리킨다. 이 시기는 모든 발달이 가장 예민하게 이루어지는 시기로 알려져 있다. 이때가 중요한 것은 발달의 여러 측면을 형성하는 기본이 형성되기 때문이다. 이 시기는 인생의 출발점이기 때문에 어느 시기보다도 중요한 가치를 가지고 있으며, 일생 중 지능, 호기심, 창조력이 가장 빨리 발달하고 왕성한 때여서 적절한 교육적 배려가 필요하다. 유아기가 중요한 발달의 출발점이 되는 이유는 다음과 같다(안영진, 2014 재인용).

첫째, 유아는 이 세상에 태어나는 순간부터 배우기 시작한다.

둘째, 성격의 기초나 기본구조는 유아기에 거의 완성된다. 그러므로 유아기에 잘못된 성격의 기초를 갖게 되면 일생 동안 고치기가 매우 어렵다.

셋째, 지능은 만 4세가 되면 이미 어른 지능의 50%, 8세가 되면 약 80% 정도가 발달하게 된다.

넷째, 대인관계와 사회성도 유아기에 그 기초가 이루어진다.

다섯째, 유아의 건강에 대한 부모의 배려와 영양섭취는 성장기, 나아가서는 일생의 기초체력과 건강을 가늠하는 것이다.

위와 같이 유아기는 가장 많은 것을 학습하고 발달할 수 있는 시기이므로, 부모의 역할이 그 어느 때보다 중요한 시기라고 할 수 있다. 특히 유아에게 최초의 사랑의 대상은 어머니이다. 어머니가 유아의 욕구에 예민하게 반응해 주고 충분한 사랑을 주면서 유아와 친밀한 관계를 형성하게 되면, 그 유아는 다른 사람과의 관계도 바람직하게 가질 수 있게 된다. 그러므로 어머니와의 관계의 중요성이 강조된다(안영진, 2014 재인용).

1) 유아기의 부모역할

(1) 유아기의 부모역할

유아는 끊임없이 부모의 관심을 요구하고 부모의 시간과 에너지를 소비한다. 성인은 유아가 그들의 대화를 방해하고, 떠들고, 집 안을 어지럽히고, 예상하지 못한 여러 가지의 엉뚱한 행동과 극단적인 행동 등을 하는 것을 발견한다. 유아는 부모에게 협력하였다가 다시 저항하고 수치심을 보이는가 하면 어느새 공격적으로 된다. 유아의 일관성 없는 행동은 부모가 유아를 훈육하는 데 어려움을 겪게 한다(안영진, 2014 재인용).

자녀교육에 있어서 가장 큰 환경적 요인은 '부모'이며 부모의 양육태도는 유아의 성격형성에 중요한 역할을 한다. 광범위하게 해석하여 양육이란 신체적 접촉, 행동, 온정 등을 통해 정서적 만족을 얻는 심리적 과정이다. 유아의 건강한 발달을 위해서는 부모의 구체적인 행동보다 가정의 정서적 분위기가 더 영향을 준다. 또한 구체적인 훈육 방법의 사용보다 일관성 있는 훈육을 수행해야 한다.

부모의 유아발달에 대한 지식은 자녀를 이해하는 데 매우 유용한데, 그 이유는 인지적인 위로와 이해를 제공해 주기 때문이다. 발달에 대한 지식은 행도의 의미를 밝혀 줄 수 있다. 궁극적으로 유아발달을 이해함으로써 얻는 이득은 부모가 자녀에 대해 보다 현실적인 기대를 할 수 있다는 점이다(안영진, 2014 재인용).

(2) 훈육

유아기의 자기중심성과 풍부한 활동성은 부모, 형제, 자매 혹은 또래집단과의 갈등을 초래한다. 이 시기의 특징은 타인의 요구에 일치하기를 거부하는 유아의 행동을 제한하면서 사회규범을 가르치기 위한 부모의 능동적인 훈육이 시작된다는 것이다. 유아 자신의 능력에 대한 신뢰를 획득할 수 있도록 도와줄 수 있는 훈육이란 유아에게 강압적인 금지를 받았다는 느낌을 주지 않으면서 행동에 제한을 가하는 통제 방법이다(안영진, 2014 재인용).

(3) 자아개념

자아개념은 영아기에 가족과의 관계에서 형성되기 시작한다. 영유아기에 온정적인 사랑을 충분히 받는 것이 나중에 좋은 자아개념을 형성하는 것과 관계가 있다고 하였다.

자아개념은 어린이의 행동에 영향을 주고 행동을 결정하는 요인이다. 긍정적인 자아개념의 발달을 위해 필수적인 조건은 자녀에 대한 부모의 수용, 부모의 민주적 태도 그리고 서로 존중하는 부모-자녀관계 등이다(안영진, 2014 재인용).

(4) 발달단계에 따른 역할

① 자율성(autonomy)의 발달

유아를 보호하는 역할보다 더 어려운 것은 자율성 발달에 효과적으로 대처하는 것이다. 18개월에서 3세 사이의 유아는 부모로부터 독립을 선언하며 심리사회적 발달단계에 따라 자율감 대 수치심과 회의를 경험하는 시기이다(안영진, 2014 재인용).

유아는 말하기 시작하고 걸을 수 있으며 문을 열고 닫을 수 있고, 여러 가지를 새롭게 할 수 있다는 것을 알고 자신감을 갖는다. 부모가 유아의 능력에 맞게 어떤 것을 하도록 유아의 요구를 인정해 주면 유아는 자신의 행동을 통제할 수 있는 능력을 발달시킨다(안영진, 2014 재인용).

② 주도성(sense of initiative)의 발달

유아기의 주도성 발달은 양심의 발달과 관계가 있다. 유아가 다른 사람의 권리를 이해해 주고 옳고 나쁜 것의 차이를 이해하기 시작하면 양심이 발달한다. 만일 유아가 자신의 행동이 위험하고 서투르다고 생각하면 놀이를 그만두거나 주저하게 된다. 그때 죄의식이 발달하며, 그것은 생의 다음 단계들에까지 유지된다.

유아기는 어머니와 아버지의 성 차이를 의식하게 되며, 자기의 동성의 부모와 비슷하게 생겼다는 것을 알게 된다. 이는 동일시 형성에 기초가 된다. 프로이트(Freud)는 이 시기의 유아가 부모나 주위 사람을 동일시하여 비슷하게 되려고 노력하면서 가치, 태도, 행동기준 등을 배우게 된다고 하였다(안영진, 2014 재인용).

(5) 학습환경의 조성

① 자조능력(self-helf skills)

부모가 유아를 위해 학습경험을 제공할 수 있는 첫째 영역은 자조능력을

학습하게 되는 것이다. 걸을 수 있다는 것은 스스로 음식을 먹을 준비가 되었다는 뜻이다. 손으로 음식을 먹을 수 있고, 숟가락을 사용하여 음식을 입으로 가져가려고 노력한다. 유아는 숟가락을 머리나 볼로 가져가기도 한다. 현명한 부모는 유아의 이러한 행동을 보고 혼자 할 수 있는 준비가 됐다는 것을 알아차리고, 비록 유아의 협응력이 독립하려는 그의 요구에 미치지는 못하지만 숟가락을 주고, 스스로 먹는 여러 방법을 사용하도록 한다. 이것이 잘 되면 유아와 같이 식사시간에 상호작용할 수 있다.

유아가 식탁에서 음식을 먹을 정도로 성장하면 점차로 도움을 줄인다. 그러나 부모는 유아가 필요할 때 도움을 줄 수 있도록 항상 관심을 기울여야 한다. 음식이 넘쳤을 때 식탁, 마루, 자신의 옷 등을 깨끗이 할 수 있도록 도움을 주어야 한다(안영진, 2014 재인용).

(6) 부모의 발달적 요구

유아의 주도성이 발달할 때 부모의 생산성이 자동적으로 발달한다. 부모와 유아는 상호 의존적이기 때문에 각각 다른 사람의 발달과 사회화를 자극하는 자원으로 작용한다. 심리사회적 발달단계 중 유아의 성장기간 동안 부모가 해야 할 과업은 개인의 욕구를 충족시키는 것과 다른 구성원과의 상호 교류에 대한 것이다. 그러나 아동의 초기 경험이 중요하다는 사실을 인식하고 있는 부모는 종종 자신의 사적인 요구, 즉 다른 사람과의 사회화를 무시한다(안영진, 2014 재인용).

우리 문화에서는 부모가 자녀의 행동과 발달을 전적으로 책임질 수 있다고 생각하기 때문에 만일 부모가 자녀 중심의 가정을 창조하지 않고 자신의 요구를 희생하지 않으면 적절하지 못한 부모라고 생각한다.

부모와 자녀의 관계는 상호적이다. 부모는 자녀를 위해 가장 좋은 환경을 제공해야 하는 책임을 맡고 있다. 가족구성원들이 각각 권리와 지위를 갖고 있다면 부모들은 어린 자녀의 요구를 위해 자신의 요구를 언제나 희생할 필요는 없다. 부모가 희생할 때, 자녀와의 관계는 좋아지지 않고 오히려 더 나빠진다. 왜냐하면 자녀는 부모에게 전적으로 의존하는 것을 배우며 부모는 자신에게 모든 것을 요구하는 아동에게 적대감을 가질 수도 있기 때문이다.

자녀가 어릴 때 부모역할에 따른 스트레스를 최소화하기 위해서 부모는 자신의 요구와 자녀의 요구 사이에 균형을 유지하여야 한다(안영진, 2014 재인용).

3 아동기

아동기는 아동이 초등학교를 입학해서부터 13세까지를 말한다. 이 시기의 많은 발달적 사건과 변화는 개인행동에 대한 책임과 성숙을 증가시킨다.

아동은 열등감 대 근면성 발달이라는 중요한 심리사회적 과업에 직면한다. 이 시기의 아동들은 사물에 대한 광범위한 호기심을 나타내는 동시에 친숙한 모든 대상에 대해 의문을 제기한다. 유아기 반항적 활동이 반항적 사고로 대치되는 시기이다(안영진, 2014 재인용).

1) 아동기의 부모역할

아동기가 되면 아동은 신체적·심리적으로 의존하던 상태에서 서서히 벗어나기 시작한다. 아동 초기에 많은 행동이 형성되고, 계속해서 부모와 상호작용하기 때문에 초기에 형성된 상호관계가 계속해서 영향을 미친다. 부모-자녀관계가 발달적 특성을 지니고 있지만 상호관계의 형태가 그대로 유지되는 것은 아니다. 그 관계는 가족구성원이 변함에 따라 점차로 변화한다.

아동기는 상호관계가 안전성을 갖는다는 점에서 중요하다. 이 시기에는 인성이 안정적으로 형성되어 성인기와 비슷한 인성을 갖게 된다. 또한 다양한 능력이 급속도로 발달하는 시기이기도 하다(안영진, 2014 재인용).

(1) 아동기의 부모역할

아동기가 되면 아동의 역량과 독립심이 발달하면서 부모를 따르는 것이 점차 줄어들고 또래와의 관계가 깊어진다. 실제로 또래와 동조하고 반사회적인 행동을 하는 것은 초등학교 3학년에서부터 점차 증가하다가 일정 시기 이후로는 줄어드는 경향이 있다.

학교는 아동에게 보상을 주는 곳이기도 하지만 교사와 또래로부터 받는 평가 때문에 불안이 증가하기도 한다. 이러한 상황에서 아동은 무력감, 실패, 친구로부터의 거부를 경험하는 경우가 있기 때문에 이를 극복하기 위한 체계를 발달시켜야 한다. 이 시기에 부모로서의 역할도 아직까지는 필요하다. 이제는 신체적인 양육보다 심리적 형태의 양육이 요구된다.

부모와 자녀 사이의 상호작용이 점차 신체적인 것에서 심리적인 것으로 바뀌어 감에 따라 아동은 다른 사람과의 접촉과 경험이 보다 광범위하게 되어 부모는 격려자 역할을 자주 하게 된다(안영진, 2014 재인용).

(2) 훈육

아동기가 되면 부모 자신의 욕구가 변화함에 따라 훈육의 형태는 점차 바뀌어야 한다. 그럼에도 부모는 계속해서 아동의 행동을 강화하고 영향력 있는 모델로 작용한다. 한편 아동은 초등학교에 입학하면서 다양한 행동과 태도를 취한다. 부모들의 가치관에 대해서 질문하기 시작하고, 또래 아동과 그들이 존경하는 다른 성인의 행동을 더욱 흉내내고 싶어 한다. 이때 부모들이 자녀를 훈육하는 방법이 달라지는데, 이는 바람직한 행동을 유도하기 위해 특권을 철회하는 방법을 자주 사용하게 된다든지 논리적으로 귀결법을 알고 사용한다면 바람직한 행동을 하도록 하는 데 특히 효과적이다. 이렇게 훈육 방법이 달라지는 것은 아동의 발달수준에 적합하고 더 효과적인 방법을 모색하기 때문이다(안영진, 2014 재인용).

권위주장과 사랑의 철회는 사실상 벌이다. 권위주장은 아동의 양심 발달을 저해한다. 사랑을 철회하는 방법은 어른의 영향을 더 쉽게 받아들이며 걱정이 많은 자녀로 만든다(안영진, 2014 재인용).

(3) 근면성의 발달

에릭슨의 심리사회발달이론에서 세 번째 단계인 근면성 대 열등감은 아동기에 해당하며 대략 6~11세경이다. 이 시기 아동은 생산적인 것에 모든 노력을 쏟는다.

“이 시기의 아동은 어떤 것을 생산함으로써 인정받는 것을 배운다”라고 하였다. 반면에 덜 생산적인 그 이전의 수준을 유지하려고 한다. 아직 어리기 때문에 열등감의 공포를 갖고 있어서 행하면서 배우는 기회에 열심히 참가하여 이것을 극복하려고 노력을 한다. 아동은 주변 세계에 대한 지식을 넓힐 뿐만 아니라 신체・근육・지각・기술도 끊임없이 확장해 가고 있다. 이러한 단계에서 아동은 또래를 매우 중요하게 생각하기 시작하고 또래와 관계를 맺고 의사소통하려고 노력한다. 또래에 의해 수용되는 것은 아동의 자아발달에 중요하다.

교사와 부모는 아동에게 다양한 경험에서 성공할 기회를 주는 것이 중요하다. 아동은 근면성을 성취하기 위하여 노력하므로 일 지향적이다. 최선을 다하는 긍정적인 습관을 형성시키기 위하여 가정과 학교에서 관심을 가지고 적절한 수준의 일감을 제고해 주어야 한다. 근면성 형성단계 동안 연역적 추론 능력과 규칙에 의한 놀이와 학습능력이 발달한다. 새로운 단어와 생각을 또래에게서 배우고, 집에서 시도해 본다. 아동은 자신의 가정과 또래의 가정을 비교하기 시작한다. ‘성인들이 매우 영리하지만은 않다’라는 가정이 이 시기에 나타난다. 아동의 이러한 현상을 인지적인 자만이라고 했는데 이것은 아동에게 판단능력이 새롭게 발달하고 성인의 실수를 잡아냈을 때 생긴다. 만약 부모가 아동의 행동을 바보스러운 것으로 여긴다면 열등감이 싹트게 된다(안영진, 2014 재인용).

(4) 긍정적 자아개념 형성

자아개념은 3가지 기본적 차원, 즉 개인이 어떤 집단의 일부로 느끼는 소속감과 가치 있는 사람으로 느끼는 가치감 그리고 일을 성공적으로 할 수 있다고 느끼는 자신감으로 구성되어 있다(Coopersmith, 1967). 아동은 부모, 형제, 자매, 친구, 친척, 교사 등의 의견과 자기 자신에 대한 자신의 평가를 고려하여 자아개념을 형성한다. 이때 부모의 역할은 매우 중요하다. 부모의 양육 형태와 아동의 상호작용의 질적 수준은 아동의 긍정적 자아개념의 개발과 관련되어 있다.

아동이 지각하는 부모와 실제 부모의 태도와 행동의 특성과의 사이에는 차이가 있다. 자아개념이 다양한 상황에서 한 개인의 행동을 결정짓는다는 의미에서 자아개념은 확실히 중요하다. 자아개념과 학업성취와의 관계에 대해서 많은 논의가 있으나, 부모의 수용적 태도는 아동의 자아개념과 학업성적 모두 좋을뿐더러 성취도 높았다. 아동은 외부의 세계를 그대로 반영하기보다는 적극적이며 노력하고 학습하는 존재이기 때문에 아동의 자아존중감은 유전적 기초와 중요한 타인에 의한 평가, 그리고 아동이 외부 세계로부터 받는 피드백을 포함하여 형성된다. 그러나 아동기의 아이는 더 독립적이고 자신에 대한 책임이 증가하기 때문에 자신의 행동을 스스로 평가하고 보상한다. 이때 부모는 아동이 자신의 장점을 확인하도록 하고, 그 약점에 대한 부정적인 평가를 최소화하도록 도와주어야 한다(안영진, 2014 재인용).

(5) 학습환경 형성

아동은 학교에서 구조화된 학습환경을 경험하지만, 아직까지 가정도 중요한 학습의 장이다. 부모는 아동이 자신의 역량을 개발할 수 있도록 가정환경을 구조화하고 학교 밖과 가정 밖의 활동을 적절히 조정하도록 도와주고 격려하여야 한다(안영진, 2014 재인용).

① 가정 외의 사회화 활동

이 시기의 아동은 특히 또래집단에 속하고자 하는 강렬한 욕망을 가지고 있다. 아동기를 거치면서 아동들은 사회성 발달, 도덕적 책임감, 직업적인 흥미, 또는 오락 등을 증진시키는 좀 더 형식적인 집단의 회원이 될 자격을 갖게 된다. 이런 형식적인 집단의 예로는 보이스카웃, 걸스카웃, 종교활동, 캠프 등을 들 수 있다. 이런 단체의 대부분은 아동의 근면성과 또래집단에 참여를 조장하여 가정과 함께 협동적인 사회화 대행기관의 역할을 수행한다. 이런 단체에 의해 행해지는 캠핑 여행, 프로그램 개발 등과 같은 많은 활동들이 있다(안영진, 2014 재인용).

아동이 가정 외 사회화 활동에 참가하는 데는 여러 가지 장점과 단점이 있다. 장점은 아동이 사회화의 중개인인 성인과 동일시하고 관련을 맺으면, 또래 아동과의 상호작용이 연장되고 여러 가지 문화적 배경에 노출되며, 협동정신을 학습할 수 있고, 집단상황에서 신체적·지각적 기술을 개발하고 연습할 수 있고, 규칙 있는 놀이를 통하여 좋은 승자와 패자가 되는 법을 배우며, 놀이를 통하여 에너지를 발산할 수 있다는 것이다.

단점은 많은 부모가 부모의 욕심과 조급한 마음에 사로잡혀 이러한 활동을 계획할 때 "우리 아이가 다른 아이보다 많이 배우고 빨리 배워야 한다"는 증상을 나타낸다는 것이다. 자녀를 다방면에서 뛰어난 아이로 만들고 싶은 욕망에서 어떤 부모는 지나치게 많은 활동에 등록하여 아동이 또래아동과 혹은 부모와의 중요한 상호작용에 참여할 시간도 없게 만든다. 또한 단순히 부모가 그 활동을 즐기기 때문에 혹은 대리만족을 위해 아동에게 참여하도록 강요하는 경우도 있다. 아동이 어떤 활동에 진정으로 흥미가 없다면 그 활동은 아동에게 효과적인 학습경험을 제공하지 않는다(안영진, 2014 재인용).

② 가정 내에서의 학습 활동

아동에게 가치 있는 학습환경을 제공하는 가족 활동으로는 계획하고 구성한 것과 계획하지 않고 즉각적인 것으로 구분할 수 있다. 계획적인 활동은 휴가, 캠핑, 소풍, 외식, 산책, 영화구경, 운동경기 관람, 쇼핑 등을 포함한다. 이러한 활동은 가족들이 공동의 관심을 즐길 수 있는 기회를 제공하고 새로운 경험을 나누게 한다. 계획하지 않고 즉각적으로 하는 활동은 가정에서의 게임, 취미, 독서, 이야기하기 등과 같은 활동을 포함한다. 비계획적이고 비조직적인 휴식시간은 아동에게 학습을 자극할 뿐 아니라 놀이와 상상, 행동에도 영향을 미친다(안영진, 2014 재인용).

(6) 부모의 발달적 요구

부모의 생산성은 자녀가 유아기를 거쳐 아동기에 이르기까지 계속 발달한다. 그러나 타인을 돌봐주고자 하는 욕구와 생산적인 일에 종사하고자 하는 욕구는 다른 방법으로 충족하기 시작한다. 자녀가 학교에 가면 부모는 가정 밖에서 다양한 흥미를 개발하고 특히 어머니는 다시 학업을 계속하거나 직업 밖에서 다양한 흥미를 개발하고 여가활동을 다시 시작한다. 따라서 부모역할과 다른 역할을 병행하여 수행하게 되고 그것은 생산성 발달과도 연관된다. 어머니가 직장을 가지고 있거나 가지지 않았거나 상관없이 어느 경우나 자녀가 아동기에 이르러 신체적인 돌봄의 요구가 감소하면 부모는 자신의 다양한 경험을 통해 자신의 발달적 욕구를 충족시키려고 한다. 그러나 이 시기에 몇 가지 문제점이 있다. 부모의 자녀지도는 신체적인 면이 줄어들고 심리적인 면이 증가하면서 본질적으로 변화한다. 부모는 아동들이 어떤 일에 실패하거나 또래로부터 거부당할 때 느끼는 실망감을 알아차릴 때 아동의 고통보다 부모의 고통이 더 클 수도 있다. 더욱이 자녀의 논리와 추론능력이 발달함에 따라 새로운 훈육기술을 찾아야만 한다. 또한 이 시기의 부모들은 직업에 만족하는가, 좀 더 교육받기를 원하는가, 결혼만족도가 감소하였는가 하는 등의 인생의 방향을 생각할 수 있다.

아동기의 부모-자녀관계의 상호성은 상당히 중요하다. 부모와 자녀 모두 심리·사회적 해결에 결정적인 역할을 하며, 한 가족구성원의 행동이 다른 가족구성원의 행동에 영향을 미친다. 자녀의 근면성과 부모의 생산성을 확고히 다짐으로써의 상호 만족을 얻는다면 청소년기로의 전환을 쉽게 할 수 있다(안영진, 2014 재인용).

4 청소년기

에릭슨은 청소년기를 정체감 대 역할 혼미의 중심적 갈등으로 통합되고 단일한 단계로 약 11세부터 21세까지로 간주하였으나 헐록(Hurlock, 1975)은 이를 청년 전기와 후기의 두 기간으로 나누었다. 청년 전기단계는 사춘기의 시작에서 끝까지의 시기로 대략 17세경인 고등학교 졸업으로 끝난다. 청년 후기단계는 18세 이후부터 3~4년간 계속되는데 두 시기에는 각기 다른 특징을 가지고 있다. 전기단계는 신체적 변화가 급격하고 의미 있는 인지적 성장을 경험하며 동료의 승인에 대해 민감한 반응을 나타내는 특징을 가지고 있는 한편, 후기단계는 가족으로부터 독립하고 개인적 정체감이 발달되는 특징을 갖는다(안영진, 2014 재인용).

홀(Hall)과 프로이트(Freud)는 청소년기를 개인의 생애 중 '질풍노도의 시기'라고 하는 한편, 헐록(Hurlock, 1975)은 발달적 측면에서 다음과 같은 특징을 가지고 있다고 하였다.

첫째, 과도기적 시기이다. 청소년기가 인간 발달에서 아동기와 성인기의 중간 단계로 되었다. 청소년기의 본질을 의존에서 독립으로의 전환기로 본 것은 에릭슨이 이 시기에 자아의식이 설정된다고 함으로써 더욱 강조되었다.

둘째, 변화의 시기이다. 청소년기는 일생에 있어서 큰 변화의 시기이다.

신체부위의 여러 변화에 따른 태도와 행동의 변화는 물론 감정의 충만, 높은 상상력, 부적절감, 지나친 자기중심주의, 가치의 변화 등이 일어난다.

셋째, 공포의 시기이다. 십대의 보호자는 이 시기가 골치 아프고 잠정적인 갈등으로 가득 차 있다고 본다. 그리고 십대들은 성인을 '적' 혹은 잠정적인 '적'으로 보게 된다. 이러한 부모와 십대 간에 나타나는 개인적인 충동이 청소년기를 공포의 시기로 만드는 것이다.

넷째, 비현실적이다. 청소년기는 비현실적인 기대와 열망이 특징적이다. 이런 태도는 또래나 가족구성원들과의 관계에서 볼 수 있다. 십대는 미래에 대한 높은 참여의식으로 주변에 대처하는 자신의 능력과 기술에 대해 꿈꾸고 상상하게 된다. 이런 경향은 자신에 대한 실망과 환멸을 가져온다. 이런 불만스러운 단계는 사회 경험을 통해서 더욱 이성적인 방법으로 사회를 보고 타인과 관계를 맺게 됨에 따라 치유될 수 있다.

개인이 청소년기 동안 접하게 되는 발달과업은 보다 진보된 기술, 능력, 태도를 발달시키는 데에 집중되어 있으며 이러한 발달은 성인기에 대한 준비이기도 하다(안영진, 2014 재인용).

1) 청소년기의 부모역할

(1) 청소년기의 부모역할

청소년기에 발생하는 생물학적·인지적·심리적 변화와 우리 사회의 급격한 변화 때문에 부모와 자녀 사이에 세대차가 있을 것이라는 개념은 일반적으로 널리 퍼져 있다. 이 시기의 자녀들은 발달적 특징으로 행동상의 혼란과 초조감이 생기게 된다. 예민한 사춘기의 청소년의 경우 더욱 그러하다.

사춘기는 아동기에서 청소년기로 전화하는 사이의 시기이며 9~13세의 아동이 이 시기에 해당한다. 이 시기 동안 부모의 역할은 아주 중요하나 한편으로는 혼란스럽고 때때로 불안정하다. 윌리엄과 스미스(Williams & Smith, 1980)는 사춘기 아동의 '밀고 당기는(push-pull)' 특성에 대하여 아동들은 가족으로부터 떨어지려는 의도에서 가족을 밀어내지만 자신들이 새로운 활동을 하고 관계를 맺도록 허락해 주고 위안감을 줄 가족을 여전히 찾는다. 이러한 변화는 부모-자녀관계에 영향을 끼치므로 부모 스스로 부모역할을 조정하는 것이 바람직하다(안영진, 2014 재인용).

(2) 정체감 발달

청소년기는 에릭슨의 발단단계의 다섯 번째 단계인 정체감 대 역할 혼미의 시기이다. 자녀의 초기 정체감이 발달할 때 부모가 성인사회의 가치체계의 표본이 되지만, 자녀는 더이상 부모의 가치체계에 종속되기를 원하지 않는다. 자녀는 이전에는 용납하던 가족의 가치를 의문시하고 심지어는 비웃기까지 한다. 그러나 정체감을 형성해 나가는 과정에 있어서 동일시 대상으로서의 부모는 자녀의 장래 생활에 깊은 영향을 줄 수 있을 것이다.

궁극적으로 보다 중요한 인물로서 성숙한 부모는 자녀의 동일시 대상이 될 수 있다. 부모 자신의 갈등과 좌절을 자녀에게 투사하거나 책임을 전가하는 부모는 자녀의 인성 발달과 적응에 문제를 야기시키게 된다. 부모 자신이 성숙한 개인이어야만 자녀의 존경과 사랑의 대상이 될 수 있다. 자녀는 부모로부터 자신의 성별에 맞는 역할을 배운다.

사회적 환경은 정체감 발달에 영향을 준다. 급격한 사회와 기술의 변화는 전통적 가치에 영향을 주어 청소년들이 어렸을 때 경험한 것과 연계성을 찾게 한다. 이때 청소년들은 삶의 의미와 방향을 찾으려고 노력하며 행동주의, 숭배주의 혹은 다른 행동으로 부모를 당황하게 한다. 이 모든 것이 자기를 정의하는 과정에서 긍정적으로 작용한다. 정체감 형성과제는 부모와 자녀 모두에게 어려운 것이지만 궁극적으로 개인이 의사결정할 수 있는 성인으로 기능하는 데 필수적이다(안영진, 2014 재인용).

(3) 부모-자녀 간의 갈등 해결

부모와 자녀의 갈등은 급격한 사회 변화, 청소년의 성인 자격 불인정, 부모의 지나친 권위 등에 의해 영향을 받는다. 청소년기에 상황적 위기와 발달적 위기가 복합되면 스트레스와 갈등이 더욱 심해진다(안영진, 2014 재인용).

십대 자녀의 문제에 대처하는 첫 번째 단계는 부모 자신이 무엇을 생각하고 있는지 알고 부모의 기준을 명확하게 하는 것으로 부모는 먼저 자신의 생각과 기준을 명확히 해야 한다. 두 번째 단계는 자녀를 이해하고 그들에게 얼마만큼의 안내와 지도가 필요한지 판단하는 것이다. 부모는 자녀가 공공연히 혹은 묵시적으로 표현하는 신호들을 이해하고 이에 반응하는 기술이 필요하다. 세 번째 단계는 자녀가 변화함에 따라 부모도 변화하는 것이다. 자녀의 변화에 민감하게 대처하지 못할 때 부모-자녀 간의 거리감은 더욱 커진다.

마지막으로 부모들은 가능한 한 자녀와 극단적인 의견충돌은 피해야 한다(안영진, 2014 재인용).

(4) 부모의 심리적 변화

청소년기 자녀를 둔 부모가 가장 적응하기 어려운 것은 자녀들이 부모의 기준을 거부하고 또래에게 충성한다는 것을 이해하고 수용해야 하는 점이다.

십대의 자녀를 둔 부모는 자신이 십대의 부모이기에 앞서 스스로가 청소년기에 접어드는 것처럼 중요한 시기를 맞고 있다. 이 시기를 내크먼(Nachman, 1979)은 중년기라고 하였다. 일반적으로 35~45세에 경험하는데, 여성이 남성보다 조금 더 빨리 경험한다. 중년의 변화는 인생의 초기와 말기의 분기점이 된다. 이때는 현재의 자신과 자신이 되기를 원하는 것, 즉 현실과 이상의 차이를 심각하게 돌아볼 수 있는 '마감의 시기(deadline decade)'이며 현실에 몰두하여 이성과의 차이를 감소시키려고 마지막 노력을 하는 시기이다.

성인이 위기를 경험하면 인성에 변화가 온다. 여성은 더욱 자기 주장적이 되며, 남성은 인정이 많아진다. 중요한 것은 부부가 서로 더욱 가까워지게 되고 이전에 가치를 느끼지 못했던 것들에서 새롭게 가치를 깨닫게 된다. 부모들은 자녀가 청소년으로 성장할 때쯤이면 자아계발의 시간을 좀 더 갖게 된다. 이때 부모들은 좀 더 의미 있는 인간관계를 개발할 수 있고, 창조적인 노력을 나타낼 수 있으며, 사회와 문화활동에 참여할 수 있다. 이렇게 되면 부모뿐만 아니라 동시에 십대 자녀에게도 건강한 인생을 이룰 수 있는 기회가 된다. 부모가 자신의 생을 건강한 방법으로 재구성하고 있다는 것을 관찰하게 되면 자녀의 성장도 가정에 의미 있는 영향을 미친다(안영진, 2014 재인용).

CHAPTER 05 부모교육 프로그램

1 민주적 부모교육

1) 민주적 부모교육 이론

사회가 민주화됨에 따라 엄격하고 보수적인 자녀교육의 경향이 아동을 어른들과 동등한 인간으로 대하자는 태도로 변하게 되었고, 이러한 민주적 양육개념을 가정에서 실천하기 위해서는 아동의 자율성에 의한 습관 형성, 개인적인 책임감 등을 기를 수 있는 적절한 방법이 필요하게 되었다(안영진, 2014 재인용).

드라이커스(Dreikurs)의 민주적 부모교육론은 아들러(Adler)의 개인심리학을 부모교육에 적용하며 부모가 자녀들이 자율적으로 사고・행동・가치관・습관・책임감을 형성하도록 도와주어야 하며 부모와 자녀는 동등한 인격 책임을 강조한다. 그는 1939년 시카고에 처음으로 아들러식 부모상담소를 공식적으로 설치하여 부모교육 발전에 크게 공헌하였을 뿐 아니라 가정상담, 교육, 정신요법 등의 발전에도 크게 공헌하였다. 가정을 중요한 사회단위로 보았던 아들러의 이론대로 드라이커스는 가정・학교・사회 등 사람들이 함께 살며 상호작용해야 하는 곳에서는 반드시 갈등이 일어나게 되며 이 갈등은 민주적 방식에 의해서 해결되어야 한다고 보았다. 즉, 부모는 민주적 방식으로 갈등을 해결하기 위해 자녀의 적절한 행동을 이해・격려・

동기화시켜야 한다. 그는 상담센터의 경험을 통해 부모교육과 성인교육에 도움을 주는 『어린이: 도전』이라는 저서를 출간했다.

2) 부모교육의 가정 및 목적

빅토리아 시대의 권위적이고 엄격한 부모는 어린이들에게 권위자로서 설명하고, 말하고 가르치는 입장으로 어린이들은 수동적으로 듣고 복종하는 태도를 취해야 했으며 그렇지 못할 때는 벌을 받아야 했다(안영진, 2014 재인용).

이에 대해 아들러는 개인은 가상의 목적(fictional goals)을 달성하고자 행동하는 창조적인 존재이고 행동을 책임지는 존재이며, 완성을 향해 끊임없이 형성되어 가는 존재로 출생과 동시에 최초로 맺는 가족관계는 가상의 목적을 세우고 달성하려는 사고에 맞는 행동을 하면서 그 행동을 완성시키고자 한다. 이때 아동의 행동을 격려하고 통제·지지·수용해 줄 수 있는 환경-가정환경, 특히 부모-의 유무에 따라 아동의 사회와 완성 여부가 결정될 수 있다. 아동을 사회화시키는 가족구성원 중 가장 중요한 역할을 담당한 사람은 부모로, 부모의 자녀양육은 인간적인 견지에서 자녀와 동등한 관계를 유지하여야 하지만, 질서 있는 자유를 유지하기 위해서 부모의 통제하에 자기 통제를 배우고 자유를 경험해 볼 수 있도록 민주주의적 태도로 양육되어야 한다(안영진, 2014 재인용).

3) 부모교육의 원리

성인과 아동의 관계가 인격적으로 동등한 관계로 이루어져야 한다고 가정하기 때문에 드라이커스의 이론을 '동등성을 찾는 양육이론' 또는 '민주적 전략'이라고 한다. 민주적 부모교육을 위한 기본 가정은 다음과 같다(Dreikurs, Corsini, & Gould, 1974; Dreikurs & Grey, 1968).

첫째, 사회적 존재인 인간은 기본적으로 집단에 속하고자 하는 욕구를 지니고 있으며 욕구를 충족할 수 있는 방법을 끊임없이 찾는다.

둘째, 인간은 목표를 추구하는 유기체로 목적을 갖고 행동하기 때문에 개인의 행동을 이해하려면 그 사람의 목적을 먼저 알아야 할 것이다. 그런데 개인의 행동은 하나의 목적만을 향해 있지 않기 때문에 행동을 보고 목적을 정확히 파악하기 어렵다. 즉, 전체는 부분의 합 이상이라는 형태주의 가정처럼 달성하고자 하는 목표를 향한 태도 외에 다른 태도들이 포함되어 있기 때문에 목표 파악이 어렵다.

셋째, 모든 사람은 동등하다. 아동과 성인은 사회적으로 동등한 존재로 권리를 유지하지만 질서 있는 자유를 유지하는 것이 중요하다.

넷째, 자유에는 책임이 따른다. 제한된 범위 내에서 자유의지에 따라 자유롭게 선택할 수 있으며 선택한 행동은 책임져야 한다.

다섯째, 영아는 시행착오를 거듭하면서 상황을 구분하고 상황에 적합한 행동양식을 배운다. 즉, 주어진 상황에 어떻게 행동하여야 하는지 그 방법을 배운다.

권위적이고 독재적이어서 부모의 명령에 복종하여야 한다는 사고가 지배적인 사회에서의 부모의 양육 방식은 사회가 변화되어 감에 따라 부모역할의 변화도 요구한다. 전근대적 시대의 자녀교육관을 갖고 있는 부모들은 원만한 부모-자녀관계 형성을 위해 다시 교육받아야 한다(안영진, 2014 재인용).

민주적 부모교육의 원리는 다음과 같다.

첫 번째는 생활양식(life style)이다. 유아들은 사회화 과정을 통해 인성, 태도, 신념, 능력 등을 포함하는 생활양식을 형성한다. 4~5세의 유아는 부모에 대한 상대적 열등감을 느껴 가상적 목표를 세우고 이를 위해 어떤 행동을 반복하게 되는데, 이 반복 행동이 생활양식이 된다. 이때 바람직하지 않은 행동을 한다면 부모는 자녀 스스로 이것이 잘못된 행동이라는 것을 스스로 인식할 수 있도록 하여, 자연적 귀결(natural consequences)과 논리적 귀결(logical consequences)을 경험할 수 있도록 해야 한다.

두 번째는 자녀의 잘못된 가상적 행동목표이다. 유아의 잘못된 가상적 행동목표는 관심 끌기(attention), 힘 행사하기(power), 앙갚음(revenge), 무능함 보이기(inadequacy)이다. 이 네 가지는 가족 집단에서 소속감을 획득하고자 하는 잘못된 행동이다. 자녀가 이 정서반응을 이용하여 부모를 조종하고자 할 경우 반응하지 않아야 한다.

세 번째는 창조성이다. 유아는 자신의 욕구를 충족하기 위해 가상적 목표를 창조하고 목표를 달성하기 위하여 행동양식을 창조한다.

네 번째는 행동통제이다. 유아와의 권력투쟁에서 벗어나기 위해 부모가 해야 할 행동통제 방법은 자연적 귀결 방법과 논리적 귀결 방법이다. 자연적 귀결 방법은 자연스러운 상황에서 유아가 자신의 행동으로 인해 보상받는다고 느낄 수 있도록 하는 것이다. 논리적 귀결 방법은 행위의 결과이지만 논리적인 행위와 관련될 때 부과되는 것이다. 유아 행동의 결과에 대한 판단의 준거는 미리 정해 놓은 규칙에 근거한다. 이러한 행동통제 방법은 유아가 스스로 책임감 있는 결정을 하도록 격려하는 것이고, 강요하는 것과는 많은 차이가 있다(안영진, 2014 재인용).

표 5-1 논리적 귀결과 벌의 차이

논리적 귀결	벌
일반적인 사회질서이다.	개인의 권력을 약한 자에게 과시한다.
잘못된 행동과 논리적으로 관계가 있다.	잘못된 행동과 관계있는 경우가 드물다
도덕적 판단을 하지 않는다.	'너는 나쁜 아이야'라는 뜻을 나타낸다.
현재와 미래의 행동에 초점을 둔다.	과거의 행동에 초점을 둔다.
행복한 미래와 관련된다.	위협과 보복에 관련된다.
자유로운 선택을 허용한다.	복종을 요구한다
분노를 최소화한다.	분노를 표현한다.

내재적 동기에 의지한다.	외재적 동기에 의존한다.
사려 깊고 신중하다.	충동적이다.
자신을 소중히 여긴다.	대안이나 선택의 여지가 없다.

부모교육의 목적은 모든 부모에게 적용되는 일반적인 목적과 각각의 부모가 경험하는 문제해결을 위한 구체적인 목적으로 구분할 수 있다. 일반적인 부모교육의 목적은 자녀의 행동에 관한 동기를 이해하고 자녀와 평등한 관계를 형성하여 부모-자녀관계를 효과적으로 유지할 수 있게 하는 것이며, 일반적인 목적을 달성하기 위해 각 가정마다 아동의 문제행동에 따른 구체적인 목적을 세운다. 예를 들면, 자녀들끼리의 싸움으로 속이 상한 부모에게 자녀들끼리의 싸움에 개입하지 않도록 하여 싸움의 횟수를 줄이도록 한다(이재연 외, 1994).

4) 부모교육의 목표

드라이커스에 의하면 인성은 다음과 같은 세 종류의 심리적 목표를 갖는데, 직접적 목표, 중간적 목표, 장기적 목표가 그것이다. 직접적 목표는 그 즉시 상황이 일어나는 순간마다 설정하는 목표이다. 중간적 목표는 심리적·신체적 편안함, 다른 사람을 즐겁게 해 주기, 다른 사람을 조정하기, 다른 사람보다 우세하게 느끼기, 삶의 의미 찾기 등을 추구하는 것이다. 마지막으로 장기목표는 모든 상황에서 주의집중을 받아 중심이 될 수 있도록 목표를 설정하고 그것을 위해 조정하려고 노력하며 항상 좋은 사람이 되려고 하는 것이다. 어린이들은 발달특징상 단기적 안목으로 상황에 즉각적으로 반응하기 때문에 특히 직접적인 목표를 적용한다고 드라이커스는 말한다. 이렇게 직접적·중간적인 목표를 설정하고 수행하는 과정에서 얻은 경험은 장기적 목표를 설정하는 데 바탕이 되며 장기적 목표 역시 직접적 목표를 수행하는 데 영향을 준다(안영진, 2014 재인용).

표 5-2 잘못된 행동의 목표

자녀의 잘못된 생각	목표 행동	부모의 느낌과 반응	부모의 행동에 대한 자녀의 반응	부모를 위한 대안
내가 관심을 끌때에만 나는 소속감을 느낀다	관심 끌기	느낌: 귀찮다. 반응: 관심을 보이고 달래려고 한다.	일시적으로 잘못된 행동을 중단한다. 후에 같은 행동을 다시 재개하거나 다른 방법으로 방해한다.	가능한 한 잘못된 행동을 무시한다. 고의적으로 관심을 얻으려하지 않을 때 긍정적인 행동에 대해 관심을 보인다. 공연히 시중을 들어주지 않는다(부모가 벌주거나 보상하거나 달래고 시중드는 것은 지나친 관심이다).
내가 모든 것을 마음대로 할 수 있고 누구도 나를 지배하지 못할 때만 소속감을 느낀다.	힘 행사하기	느낌: 흥분한다. (마치 자신의 권위가 위협된 것과 같이) 반응: 싸우거나 포기한다.	적극적이거나 수동적이며, 공격적이고 그 행동이 심해진다. 또는 반항적인 순종을 한다.	갈등에서 한걸음 물러선다. 자녀에게 도움을 청하거나 협동하게 함으로써 힘을 건설적으로 어떻게 사용하는지 가르쳐준다(부모가 자녀와 싸우거나 양보하면 자녀는 더욱 힘을 행사하고 싶어한다).
내가 상처받은 만큼 다른 사람도 아프게 해야 소속감을 느낀다. 나는 사랑받지 못하고 있다.	앙갚음	느낌: 깊이 상처 받는다. 반응: 보복하려는 경향을 보인다.	더욱 심하게 잘못된 행동을 함으로써 복수심을 나타내거나, 다른 무기를 선택한다.	감정을 상하게 하지 말아야 한다. 벌을 주지 말고 앙갚음을 하지 않는다. 신뢰적인 관계를 형성한다. 사랑받고 있다는 것을 확신시킨다.
다른 사람이 나에게 아무것도 기대하지 않게 함으로써 만족감을 느낀다. 나는 무능력하고 무기력하다.	무능함 보이기	느낌: 절망감, 포기, 무력해진다. 반응: 어떤 일도 할 수 없다고 인정하려는 경향을 보인다.	어떤 것에든지 수동적으로 반응하거나 거의 반응하지 않는다. 어떠한 향상도 보이지 않는다.	절대로 어린이를 비난하지 않는다. 어떠한 긍정적인 시도라도 격려해야 하며 조그만 일일지라도 관심을 보인다. 무엇보다도 동정하거나 포기하지 않아야 한다.

어린이들은 부모와 생활하는 동안에 삶의 형태를 형성시키기 때문에 부모는 어린이가 잘못된 목표를 형성하지 말도록 해야 하며 혹시 어린이의 목표가 삐뚤어졌을 때는 바로잡도록 도와줌으로써 부모-자녀관계를 민주적 관계로 유지하도록 해야 한다(안영진, 2014 재인용).

표 5-3 긍정적 행동의 목표

자녀의 신념	목표	행동	긍정적 목표 격려 방법
나는 유익한 행동을 함으로써 소속된다.	관심 참여 공헌	돕기 자원해서 하기	어린이로 하여금 남에게 도움을 주도록하여 그 가치를 인식하도록 한다.
나는 스스로 결정할 수 있고 나의 행동에 책임을 질 수 있다.	힘 자율성 행동에 대한 책임	자기훈련 자신의 일을 스스로 하기 지략이 풍부하게 된다.	어린이가 의사결정을 하도록 격려한다. 어린이로 하여금 긍정적이고, 또한 부정적인 결과를 모두 경험하게 한다. 어린이에 대한 신뢰를 표현한다.
나는 협동하는 것이 재미있다.	정의 공평	상한 마음에 대해 친절로써 베푼다. 좌절케 하는 비난은 하지 않는다.	어린이의 협동에 대해 부모가 높이 평가하고 있음을 알게 한다.
나는 갈등에서 물러설 수 있다.	갈등상황에서 물러섬 싸우기의 거절 다른 사람의 의견 수용	어린이가 화내는 것을 무시한다. 자신의 행동을 결정하기 위해 힘을 사용하지 않는다.	성숙하게 행동하려는 어린이의 노력을 인정한다.

(1) 잘못된 행동의 목표

우리가 알지 못한다 해도 모든 행동의 뒷면에는 숨겨진 목표가 있다. 어린이들이 행동목표를 잘못 설정하여 문제 행동을 일으키게 될 때는 그 행동들이 설정한 행동 목표는 무엇이며, 그러한 행동에 부모로서 어떻게 반응해야 하는가를 파악하는 것이 바람직하다. 어린이들이 사용하는 잘못된 행동의 목표는 다음의 네 가지가 있다(안영진, 2014 재인용).

① 관심 끌기

모든 어린이는 관심을 끌고 싶어 한다. 어린이는 좋은 방법으로 주의를 모으려 하지만, 만일 그러한 방법으로 관심을 얻지 못할 때는 나쁜 방법으로라도 관심을 끌려고 한다. 어린이는 자신이 관심을 얻을 때만 소속될 수 있다고 생각하기 때문에 무시되기보다는 부정적인 행동을 해서라도 관심을 얻으려고 한다. 자신이 가정에 심리적으로 소속되지 못하고 의미 있는 공헌도 못한다고 결정한 어린이들은 다른 사람으로부터 주의집중이나 서비스를 받아야만 안전한 위치를 차지할 수 있다고 결론짓는다. 이러한 잘못된 해석으로 인해 어린이들은 부모로부터 끊임없는 주의집중을 받거나 서비스를 받으려고 부단히 애쓰게 된다. 능동적인 태도로, 때로는 수동적인 태도로 노력하며, 효과 있는 방법을 쓸 때도 있고 효과 없는 방법을 쓰기도 하며 다른 사람들이 자신을 위해 바쁘게 행동해 주도록 만들기 위해 방해를 하기도 한다. 어린이들은 부모 또는 타인의 주의집중을 받기 위해 대개는 좋은 방법을 쓰려고 하지만, 결과가 나쁘다고 하더라도 그 방법을 써야만 주의집중을 받을 수 있다고 생각하면 다른 사람의 기분을 상하게 하거나, 손해를 보더라도 그 방법을 채택하고 사용한다.

예 미영이는 식사준비에 바쁜 엄마에게 동화책을 읽어달라고 계속 징징 우는 소리를 하며 조른다. 그래도 엄마의 주의를 받지 못하자 미영이는 곤히 자는 동생에게 다가가 동생을 깨워 울린다. 놀라 뛰어온 엄마의 관심을 얻게 되자 미영이는 그제서야 만족한다.

② 힘 행사하기

어린이는 항상 우세한 입장에 있기를 원하기 때문에 자신이 우두머리가 되었을 때만 스스로 가치 있다고 느낀다. 어린이가 끊임없이 주의집중을 받으려고 간청하거나 요구할 때 어른들이 들어주지 않거나 어린이 스스로 알아서 행동하도록 내버려두게 되면 어린이는 다시 두 번째 단계의 행동목표를 설정하게 된다. 이 두 번째 단계의 행동목표는 자기가 하고 싶은 대로 해버리는 것이다. 즉, 자신의 힘을 최대로 활용하거나 반항하는 것이다. 어린이는 이렇게 해야만 자신의 위치를 유지할 수 있다고 잘못 판단하기 때문에 무엇을 하라고 하면 안 하고, 하지 말라고 하면 해버리는 행동들을 하게 된다. 그러한 행동의 내면에는 “나는 절대 항복 안 할 거야. 나에게 이래라 저래라 하지 말아요. 내가 내 마음의 주인이야”, “나는 내가 원하는 것은 무엇이든 다 할 수 있어. 그래도 날 막지 못할걸” 하는 뜻이 포함되어 있다. 이것을 '거절증'의 표현으로 보기도 한다. 대부분의 어른들을 어린이들과의 힘 대결에 어떻게 반응해야 하는지를 모르는 게 보통이다. 대개는 어린이들의 고집을 꺾으려고 안간힘을 쓰기 때문에 갈등이 더 심화될 수 있다. 어린이가 부모의 말에 순종하지 않을 때 부모는 흥분하고 화를 낸다. 그러나 힘 행사하기를 하려는 어린이를 다룰 때 부모는 결코 화내지 말아야 한다. 또한 주도권을 누가 잡느냐에도 초연해야 한다. 만일 이에 대항하여 억누르려고 한다면 어린이로 하여금 힘의 가치를 실감하게 하여 더욱더 힘 행사하기를 하게 만든다.

예 기저귀 떼기 훈련을 하고 있는 민수에게 엄마는 자꾸 어린이용 변기에 앉히며 용변을 보라고 한다. 그러나 민수는 변기에 앉으면 절대로 용변을 보지 않고 힘 행사하기를 한다.

③ 앙갚음

앙갚음 하려는 어린이는 자신이 사랑스럽지 못하다고 생각하고 또 실제로 그렇게 믿는다. 즉, 자신도 상처를 받았으므로 또 그만큼 다른 사람도 상처를 줄 수 있다고 생각한다. 이런 어린이는 잔인하고 밉게 행동함으로써 자신의 위치를 찾으려 한다. 주의집중 받는 일이 잘 안 되고 힘을 행사하는 목표도 성취되지 않으면 어린이들은 복수 혹은 복수하려는 목표를 세우게 된다. 다른 사람들에 의해 심리적 상처를 받은 만큼 상처를 주어야 자신이 집단에 속하게 되고 중요한 인물로 인정받을 수 있다고 잘못 판단하여 세우는 목표이다. 이 행동목표는 네 종류의 잘못된 행동목표 중 제일 심술궂은 목표이다. 복수 또는 보복의 행동은 다른 사람들의 마음을 아프게 하기 때문에 미움을 사게 된다. 복수심을 가진 어린이를 도우려면 부모는 보복하지 말아야 한다. 그만큼 부모들은 선의를 보여주면서 침착하게 부모-자녀 관계를 개선해야 한다.

예 휴일 아침에 친구들이 놀러왔을 때 심한 장난을 치다가 엄마에게 꾸중을 들은 영일이는 친구들이 돌아간 후에도 엄마에게 꾸중 들은 사실에 화가 안 풀렸다. 마침 시장에 간 엄마가 돌아왔을 때, 한참 동안 문을 안 열어 줘서 엄마를 애태우고 화나게 하고 나서야 앙갚음을 했다고 생각했다.

④ 무능함 보이기

무력하게 행동하는 어린이는 극도로 좌절된 어린이이다. 앞의 세 가지 행동목표가 제대로 효과를 거두지 못하게 되면 어린이들은 실제로 또는 가상적인 무능력을 보이게 된다. 실망하며 쉽게 포기하고, 사회적 상호관계나 책임을 피해 퇴행함으로써 자신의 위치를 확보하려고 한다. 어린이는 성공하려는 희망을 갖기는커녕 아예 포기하기 때문에 다른 사람이 자기에게 기대하지 못하게 한다. 이처럼 스스로의 무능함이나 부적절함을 느끼고 있는 어린이는 자신이 해낼 수 없는 것 이상으로 모든 것을 포기한다. 이런 어린이를 돕기 위해서는 우선 비난하지 말아야 한다. 대신 어린이의 특기나 장점에 관심을 집중시켜야 하고 나아지려고 노력할 때 많은 격려를 해 준다(안영진, 2014 재인용).

예 수영이는 숙제를 항상 스스로 하지 못하고 엄마가 도와주어야만 할 수 있다. 엄마가 외출 후에 늦게 돌아와도 숙제는 시작도 않고 있기 일쑤이다.

드라이커스에 의하면 어려서부터 자신이 가치 있고 가정에서 중요한 위치를 차지하고 있다는 확신을 가지고 있는 어린이들은 네 가지의 잘못된 행동목표를 설정하고 애써 자신의 위치를 찾으려고 노력하지 않는다. 가정이라는 집단 속에서 소속감・안정감・수용된다는 느낌을 받는 한 어린이들은 상황이 요구하는 데 따라 자연스럽게 행동을 하게 마련이다. 그러나 주위 사람들의 태도에 실망하고 자신의 위치가 불안하다고 느끼며 자신이 해낼 능력이 모자란다고 생각하면 위의 네 가지 행동목표 중 두 가지 이상의 전략을 사용하게 된다. 어린이들이 문제행동을 일으킬 때는, 게으르고 공격적이고 성숙되지 못했다는 등의 설명을 붙이며 단정지을 것이 아니라 그 행동의 목적은 무엇이며 네 가지 전략 중 어떤 형태를 쓰고 있는가를 파악하며 도와주어야 한다. 부정적 행동을 하는 자녀를 둔 가정은 어린이들도 힘들지만 부모들도 매우 힘들어 한다. 이런 가정에서는 부모와 어린이 모두 자신의 존재를 인식시키려 애쓰고 소속감, 안정감, 자기존중성을 획득하려고 서로 투쟁한다. 이러한 악순환적인 상호관계를 변화시키려면 부모와 자녀 모두의 행동에 변화가 있어야 한다. 그러나 어린이의 행동이 먼저 변화하기를 기다리기보다는 부모가 솔선성을 갖고 변화를 시도하는 것이 더욱 효과적이다(안영진, 2014 재인용).

(2) 논리적 귀결

그릇된 행동의 목표를 변경시킬 수 있는 한 방법은 자기 행동에 대한 논리적 귀결을 경험하게 하는 것이다. 드라이커스의 접근 방식은 민주적 평등주의 원칙에 근거한 것이기 때문에 가족구성원 모두에게 동등성이 부여되어야 한다는 것을 강조한다. 아버지, 어머니, 자녀들이 모두 동등한 권리를 행사하려면 가족구성원들의 행동을 주관하는 규칙을 개개인이 이해하고 따라야 한다. 예를 들어, 저녁식사를 여러 번 차려야 하는 일은 어머니에게는 매우 불공평한 일이다. 만일 어린이가 저녁시간에 떼를 쓰고 먹지 않았다면 가정의 민주적 규칙을 어긴 것이므로 그날 저녁은 자연히 못 먹게 되는 논리적 귀결을 경험하게 되는 것이다. 소리 지르거나 야단치는 일 없이 논리적 귀결을 경험하게 해 주면 어린이들은 자신의 행동을 조절할 수 있고 행동에 대해 책임을 지는 것을 빨리 배울 수 있게 된다. 논리적 귀결을 경험하는 동안 어린이들은 스스로 그릇된 행동목표 및 전략을 수정해야 할 필요성을 느끼게 된다. 자녀를 훈육할 때 논리적 귀결은 보상과 벌이 포함하지 못하는 것을 포함하는 장점을 갖는다. 즉, 어린이 스스로가 어떤 행동이 적절한가를 결정하기 때문에 부모가 아닌 어린이가 자신의 행동에 책임을 지게 되고, 부모의 바람에 따르도록 강요당하는 대신 자연적·사회적 사건의 질서로부터 스스로 배우게 되는 것이다. 배가 고파도 먹지 않는 어린이는 배고픔을 경험하게 되고 장갑을 끼지 않겠다고 고집하는 어린이는 손 시려움을 경험하게 된다. 이것이 자연적 귀결이다. 한편, 논리적 귀결은 어린이로 하여금 사회적인 질서로부터 현실을 배우게 하는 것이다. 즉, 어린이는 자기의 잘못된 행동에 대해 논리적으로 따라오는 결과가 있다는 것을 알게 된다. 결과는 자기 행동에 대한 논리적 타당성에 기인된다는 것을 아는 것이다(안영진, 2014 재인용).

(3) 논리적 귀결과 벌의 차이

논리적 귀결과 벌은 둘 다 훈육의 방법이면서 중요한 차이가 있다. 첫째, 벌은 부모의 권위적 힘의 표현이다. 그러나 논리적 귀결은 상호권리와 존중을 인정하는 것이다. 둘째, 벌은 임의적이며 상황에 대한 논리와는 거의 무관하다. 그러나 논리적 귀결은 어린이의 행동과 논리적인 연관이 있다. 셋째, 벌은 개인적인 것이며, 도덕적 판단이 내포되어 있다. 반면 논리적 귀결은 일반적이고 어떤 개인적인 도덕 판단이 개입되지 않는다. 넷째, 벌은 과거의 행동에 관심을 두지만 논리적 귀결은 현재와 미래의 행동에 관심을 둔다. 다섯째, 벌은 상대방을 경멸하고 사랑의 유대관계를 위협하며 인격을 하락시키는 것이다. 그러나 논리적 결과는 부드럽고 친절하며 선의를 보인다. 여섯째, 벌은 순종을 강요하고 논리적 결과는 선택의 여지가 없다. 이상과 같이 벌주는 태도는 어린이 스스로 내린 잘못된 결정에 대해서 논리적인 귀결을 경험할 수 있는 기회를 방해하게 되는 것이다(안영진, 2014 재인용).

5) 부모교육의 방법

드라이커스의 부모교육이론은 부모연구회 및 가정상담소에서의 경험에 근거하여 전개되었다. 아들러 학파는 아들러 이론에 근거한 아동양육 개념을 부모들이 모여 연구·토의하는 부모연구회와 부모, 아동, 교사들을 위해 상담해 주는 일을 통해 부모교육을 실시하였다. 그러나 이는 일반인을 대상으로 한 것이 아니라 연구모임과 같은 비공식적인 것이었다. 그러다가 1939년 시카고의 아브라함 링컨 센터에 처음으로 부모상담소를 공식적으로 설치하여 부모교육 발전에 크게 공헌하였을 뿐 아니라 가정상담, 교육, 정신요법 등의 발전에도 크게 공헌하였다. 드라이커스와 부모교육은 교육은 부모연구회(Parent Study Groups)를 통해 이루어졌는데, 부모연구회는 8~12명으로 구성되었고 부부가 함께 참여하는 것을 이상적으로 보았다. 보통 8~12주간 매주 1회 2시간씩 실시되며 개인의 문제를 토의하고 드라이커스의 양육원칙을 다루기도 한다. 부모연구회의 인도자는 전문가로서의 역할보다는 중개자, 촉진자, 안내자의 기능을 한다(안영진, 2014 재인용).

2 인본주의 부모교육

1) 인본주의 이론

지노트(Ginott)는 정신의학적 이론과 부모교육을 연결시켜 부모와 자녀간의 의사소통 기술을 증진시키려고 하였다. 아동의 문제행동은 정서적 요인 때문이고 정서장애아가 되는 원인은 부모가 자녀를 효율적으로 양육하는 방식을 모르기 때문이라고 보고 부모교육이 필요함을 강조하였다. 치료방법의 일부로 부모교육과 집단지도를 생각하고 있으며, 특히 부모교육은 부모와 아동이 서로 긍정적 상호작용을 경험하도록 기회를 제공한다. 지노트는 문제아의 부모들은 자녀양육에 대한 경험 부족, 정보 부족, 좋지 않은 양육태도를 가진 사람들로 부모들은 자녀양육에 대해 신뢰감, 자기존중성을 갖지 못하고 분노·좌절·실패감을 맛보게 된다는 것이다. 그러므로 이들에게 필요한 양육태도를 배우게 하는 것이 중요하다(안영진, 2014 재인용).

이스라엘의 초등학교 교사로 재직하던 지노트는 사범대학에서의 이론교

육이 실제 교실교육과 거의 무관하다는 사실에 좌절을 느끼고 교사를 그만둔 후 미국으로 이주하게 된다. 거기서 임상심리를 전공하면서 놀이요법의 권위자 액슬라인(Axline, 딥스의 저자)과 슬라브슨(Slavson)에게 배우며 영향을 받았다. 임상교사로 여러 해 동안 활동하면서 부모들에게 인성 중심보다 문제 중심으로 지도하고 학생들과의 경험을 통해 습득한 지식과 기술을 부모들에게 가르칠 수 있다는 확신을 갖게 되었다. 그가 학교 교사로서, 아동심리치료자로서, 부모상담가 및 교육자로서, 임상교사로서 다양한 경험을 하였기 때문에 부모의 문제 또는 학교교육과 아동심리의 문제를 해결하기 위하여 성인과 아동 사이의 상호작용과 갈등을 이해하게 된 것이며 임상적 방법을 부모교육에 응용하게 된 것이다(이재연 외, 1994).

액슬라인(Axline)의 놀이요법이론이 인본주의 심리학(humanistic psychology)이고, 지노트의 양육이론이 아동을 인간적으로 대우해서 의사소통하는 것을 강조한 것에 근거하여 비그너(Bigner, 1985)는 인본주의 전략(humanistic strategy)이라고 부른다(안영진, 2014 재인용).

2) 부모교육의 가정 및 목적

지노트의 부모교육 이론은 자녀를 이해하고 자녀의 행동에 대해 민감하고 적절하게 반응하기 위해서는 자녀를 있는 그대로 받아들여(accept as she / he is)야 한다. 그래야 자신의 감정을 표현하고 싶은 마음이 일어나도록 하여 자녀와 효과적인 대화를 증진하고 상담자, 치료자로서의 기술을 익혀서 문제를 해결할 수 있도록 해야 한다. 부모는 자녀를 대할 때 아동중심적인 사고로 자녀를 이해하면서 자녀를 양육하되 객관적인 태도로 문제를 해결해 나가면, 자녀의 잘못된 행동을 할 때도 행동에 초점을 두고 긍정적인 의사소통을 하게 된다. 따라서 자녀는 부모를 신뢰하게 될 뿐 아니라 부모에게 긍정적인 반응을 보이게 된다(안영진, 2014 재인용).

즉, 지노트는 부모는 자녀의 입장에서 사고하고 느낌이나 생각을 대화하면서 문제가 일어났을 때 그 문제에 정서적으로 반응하지 않고 객관적인 입장에서 문제를 처리할 수 있는 습관을 부모가 갖게 될 때 부모-자녀관계는 더욱 원만해진다고 하였다(박화윤 외, 2006).

3) 부모교육의 원리

지노트의 부모교육 원리는 그의 저서 『Between Parent and Child』(1965)와 『Between Parent and Teenager』(1969)에 제시되어 있는 양육지침이다. 지노트는 자녀의 문제행동에 대해 필요한 것은 자녀와 대화하는 기술과 자녀를 다루는 기술을 개발하는 것으로 보고 부모의 개입 기술은 부모의 정서 상태 판단을 통해 정서적 문제를 발견하고 부모의 가치관, 태도, 정서장애들의 심리 상태를 변화시키는 부모 중심의 개입방법을 강조하였다. 부모와 자녀 사이의 상호작용과 대화를 촉진시키기 위한 핵심내용은 다음과 같다(안영진, 2014 재인용).

(1) 자녀와의 대화기술

대화는 아동의 인격을 존중하는 태도를 가지고 해야 하며 기술이 필요하다. 자녀들이 비위에 거슬리는 행동을 할 때 그 행동을 중심으로 이야기해야 하지 아동의 인성이나 성격 등을 비난해서 인신공격을 하지 말아야 한다. 또한 "나는 네가 한 행동에 대해서 화가 나고 신경이 거슬려 있어"와 같이 원인에 대한 얘기를 함으로써 아동들이 감정의 표현을 어떻게 하는가를 배우도록 할 수 있고 비슷한 상황에서 어떻게 반응하는가도 알게 한다. 사건·상황 자체에 반응하기보다는 아동의 이야기나 행동의 의미를 파악함으로써 아동은 부모가 자기 행동의 동기를 이해한다고 느끼게 되고 더 많은 얘기를 하게 될 것이다. 사건이나 상황 자체에 반응하기보다 그 이야기가 의미하는 바를 파악하여 반응하여야 한다. 즉, 아동의 감정을 알고 반응하게 되면 아동으로 하여금 부모가 이해하고 있다는 느낌을 갖게 하여 좀 더 많은 이야기를 이끌어 낼 수 있다.

(2) 칭찬과 긍정적 강화

칭찬이나 긍정적 강화를 과용하지 말자. 칭찬이나 긍정적 강화를 할 때는 인신적·도덕적인 평가어를 쓸 것이 아니라 아동들이 실제로 노력한 정도만큼, 성취한 정도와 행동에 알맞은 칭찬을 하여야 한다. 행동 자체에 대한 칭찬이 아니라 인성에 대한 표현을 할 때 역효과를 가져올 수 있다.

(3) 부모의 감정을 조심스럽게 표현

어른들도 화나는 느낌을 가질 권리가 있으므로 아동들과 생활하는 동안에 어른들을 화나게끔 하는 아동들이 있을 때 어른들은 아동의 행동에 대해 언급하되 인성을 공격하지 않으면서 자신의 감정 상태를 언어로 표현하여 본보기를 보여준다. 예를 들어, "네가 여동생에게 그렇게 불쾌한 행동을 할 때 난 그것을 좋아하지 않는다"라고 표현하는 것이다.

(4) 부모의 잘못된 의사소통

체벌은 부모-아동 간의 의사소통에 효과가 없을 뿐 아니라 어린이에게 해를 준다. 부모가 자녀를 때린다는 사실은 어린이에게 힘 있는 사람이나 큰 사람은 힘없는 사람이나 어린 사람을 때릴 수 있다는 인식을 유도하는 것이다. 그러므로 아동의 문제행동에 대해 토의하는 것이 바람직하다. 위협, 뇌물공세, 빈정대는 말 등 부모가 자녀에게 쓰는 말들은 바람직하지 못한 상호작용 형태로 아이들을 좌절시킨다. 뇌물은 단기간의 행동 변화만을 일으키게 되고 비평은 아이의 기분만 상하게 할 뿐 잘못에 대한 개념은 얻지 못한다.

(5) 자녀와 눈높이 맞추기

부모와 자녀 사이의 신체적 크기에 차이가 적을 때 의사소통은 더 효과적으로 이루어진다. 어른들이 키를 낮추거나 한 다리를 구부리고 아동의 눈을 마주보며 이야기하는 것이 좋은 방법이다. 무릎 위에 어린이를 앉히거나 마루 위에 같이 앉거나 한 후 의사소통을 하는 것도 효과적이다.

(6) 책임감 형성 돕기

아동은 성장하여 감에 따라 자기 행동에 대한 책임을 질 수 있게 되므로 여러 가지 중에 한 가지를 자신이 선택해서 끝까지 해 볼 수 있는 기회를 주도록 한다. 예를 들어, "파랑색바지 입을래? 빨강색 바지 입을래?" 하고 물어 본다. 아동들은 자신이 이해할 수 있는 한계가 합리적으로 주어질 때 책임감과 좋은 버릇을 기를 수 있다. 해서 좋고 바람직한 일에 대한 판단이 서게 되는 것이다. "하지마" 라는 명령은 하면 안 되는 행동을 규정해 주긴 하지만 어떤 행동을 해야 하는지에 대한 지침을 마련해 주지 않는다. 동생을 때리려는 아들에게 "만일 무언가를 때려야만 한다면 소파를 대신 때리려무나", "동생에게 네가 정말 화났다는 걸 말로 이야기 하렴" 하는 것을 예로 들 수 있다.

4) 부모교육 과정 단계

지노트의 부모교육 프로그램의 진행은 이론보다 실제를 중심으로 진행되며 성공적인 부모교육 과정은 이야기하기 단계(recitation phase), 감수성 향상 단계(sensitization phase), 개념 형성 단계(concept formation phase), 기술 습득 단계(skill learning phase)로 구분하였다. 지노트의 인본주의 부모교육 프로그램의 4단계는 다음과 같다(Ginott 1965, 1969, 1972; Origal, 1980).

(1) 자세히 이야기하기 단계(recitation phase)

부모들은 아동들과 생활하면서 부딪히는 모든 문제와 어려움을 털어놓을 수 있다. 지도자는 부모가 지도자를 신뢰하고 안전하게 느끼도록 하며 아동 중심으로 사건을 진행하도록 유도한다. 이런 과정을 통해 부모들은 서로 연민의 정을 갖게 되고 공통된 또는 다른 경험을 하게 된다. 이 단계에서는 자녀양육상 일어나는 문제들이 자기 혼자만 가지고 있는 문제가 아님을 깨닫고 공감대를 형성하는 단계이다. 참여한 부모들이 모두 이야기했다고 판단되고 문제를 해결하려는 노력이 보일 때 다음 단계로 진행한다(안영진, 2014 재인용).

(2) 감수성 향상 단계(sensitization)

각자의 불평을 늘어놓다 보면 부모들은 어떻게 그런 행동을 고칠 수 있는지 질문하게 되는데, 이때 지도자는 부모들이 문제행동을 보이는 아동의 감정에 관심의 초점을 두고 감정을 이입하도록 유도한다. 아동의 행동이 의미하는 감정적인 메시지에 감정이입을 시킴으로써 "왜 아동의 행동이 나쁜가?", "부모는 왜 자녀의 행동을 변화시킬 수 없는가?" 등의 의문을 제기하도록 유도한다. 아동의 감정은 어떠했는가를 생각해 보면 문제행동 때문에 일어난 미움보다는 아동에 대한 연민과 애정을 느끼게 되고 "왜" 아동들이 그런 행동을 하게 되었는지를 이해하게 된다.

감수성을 높이기 위해 우선 그룹 리더는 부모-자녀의 관계가 어려울 때 아동이 어떻게 느낄까에 초점을 둔 후 부모들이 일상생활을 해 나가며 겪는 정서적 경험과 관련시켜서 도움이 되는 반응과 도움이 되지 않는 반응을 평가하도록 한다.

부모들은 공감적 수용이 얼마나 가치 있는가를 인식하게 된다. 그러면 다시 부모들이 자녀들을 무시할 때, 나무랄 때, 깔볼 때 아동의 감정적 반응이 어떨 것인가에 대해 토의한다(이원영, 1993). 부모들은 감수성을 향상시킬 수 있는 역할놀이를 실시한다.

(3) 개념 형성 단계(concept formation phase)

감수성이 향상되고 나면 자녀 행동을 다루는 데 실패한 원인을 파악해 보고 실제 적용해 보도록 한다. 즉, 부모로서 아동의 문제를 다루는 데 왜 실패했는지 파악하고 또 어린이의 심리발달에 대한 이론을 실제에 적용해 보도록 하는 단계이다. 사람은 좋은 감정과 나쁜 감정이 양립하는 것이 자연스러운 정상적인 일이라는 것, 아동의 수준에 맞는 기대를 해야 한다는 것, 아동이 느끼는 분노, 좌절 등의 감정은 건설적으로 표현되어 나오도록 도와주어야 한다는 것 등의 이론들을 실제와 연관시켜 개념화할 수 있는 경험을 하게 된다. 왜 지금까지 자신의 양육 방식이 실패하였는지를 평가해 보고 보다 나은 부모로서의 역할을 생각해 보게 된다. 이 단계에서 부모들은 감정과 행동의 차이를 인식하게 하고 표현하는 것은 건강한 발달이라는 사실을 부모들이 깨닫도록 하여 수용기술을 개발하게 한다(안영진, 2014 재인용).

(4) 기술 습득 단계(skill learning phase)

부모들이 각각 안고 있는 문제를 해결하는 데 적합한 양육기술을 발견하여 적용해 보는 단계이다. 당면하고 있는 문제를 처리할 수 있는 새로운 방법을 서로 생각·토의한 후 집에 돌아가 적용해 보게 한다. 부모들은 자녀의 행동에 적절한 감정 묘사와 반응을 나타내도록 하며 분노와 감정을 표현한다. 적절한 감정표현은 아동에게 중요한 경험 모델이 되기 때문이다. 그 후에 방법이 성공했는지 실패했는지 그 효과를 다시 토의하며, 새로운 양육기술에 대한 지식과 기술을 몸에 익힌다. 자녀를 둔 부모는 아무리 유능할지라도 자녀의 행동에 속상할 때가 많은데, 부모들이 이러한 느낌을 느끼게 될 때 이러한 감정을 받아들이거나 표현할 수 있어야 한다고 보았다.

지노트의 부모교육은 '부모상담모임(Guidance Group for Parents)'을 통해서 이루어진다. 집단 구성은 대개 10~20명으로 1주에 1회 90분씩 15주 과정이며 회원들은 자신의 느낌을 표현할 수 있는 기회를 갖게 된다. 회원들 앞에는 어린이의 이름이 쓰여진 카드가 놓여 있는데, 이는 토의의 중심이 어린이임을 상기시키기 위해서이다. 지도자는 상담기술과 통찰력을 갖고 있으며 부모가 죄책감과 불안, 방어 등을 감소시킬 수 있는 공감의 분위기를 형성하여 아동양육 방법의 어려움과 문제를 부모들이 솔직하게 표현하도록 이끌어 나가야 한다. 지도자는 부모가 역할기술을 배우는 모델이 되므로 효과적으로 기능하여 부모의 자존심과 자신감을 향상시켜야 한다.

타보르미나(Tavormina, 1975)는 IQ 59 미만의 지체부자유아 부모들을 대상으로 지노트의 접근법과 행동주의 접근을 비교한 결과 행동주의 전략이 더 효과적인 것으로 나타났는데, 이는 연구대상 아동들이 자조능력훈련을 필요로 하기 때문에 당연한 결과라고 보고 있다.

또한 코웬(Cowen)과 연구진(Cowen, Geston, Origel, & Wilson, 1979)은 지노트의 전략이 정서장애아의 부모들에게 효과적임을 지지하고 있다. 특히 문제아동의 부모에 관한 연구에서는 지노트 전략의 효율성을 긍정적으로 평가하였다(안영진, 2014 재인용).

격려하기의 방법을 살펴보면 다음과 같다.
첫째, 유아의 마음을 있는 그대로 읽어 주는 방법,
둘째, "너를 믿어" 하는 신뢰의 말로 격려하는 방법,
셋째, 자신이 가진 강점과 가치를 일깨워 격려하는 방법

3 효율적 부모교육(P.E.T.)

1) 효율적 부모교육의 이론

시카고대학에서 임상심리학 박사학위를 받고 모교에서 교수로 재직하던 고든(Thomas Gordon)은 정서적 · 지적으로 문제가 있는 어린이들을 치료하려고 애써 오는 동안 자신이 배운 정신의학적 지식이 맞지 않음을 발견하

였다. 예를 들어, "자, 네 문제가 무엇인지 이야기해 보겠니?" 하면 아동들은 "전 문제가 없어요", "얘기할 게 없어요"라고 대답하곤 하였다고 한다. 아동들은 부모에게 문제가 있고 부모들은 아동에게 문제가 있다고 서로 미루는 것을 발견하고 아동들의 정서적 문제는 정신의학적 문제로 다루어질 것이 아니라 부모-자녀 간의 인간관계상 문제가 생긴 것으로 보아야 하고 부모들을 교육시킴으로써 관계를 개선시킬 수 있다고 여겼다(이원영, 1993).

행동주의 심리학적 보상-벌을 주는 양육 방법도 효과적이지 못하다고 생각한 고든은 부모의 효율성 훈련(Parent Effectiveness Training, P.E.T.)의 이론을 정리하고 부모교육을 실제로 행하게 되었다(안영진, 2014 재인용).

뉴욕 타임즈가 '전국적인 운동'이라고 평가할 만큼 P.E.T. 부모교육 프로그램은 전국적인 조직으로서 600,000명 이상의 부모들이 참여한 것으로 나타났으며 강사진만도 15,000명에 이르고 있다(Gordon, 1975). 1962년에서 1970년에 이르기까지 캘리포니아 주의 패사디나(Pasadena) 지역 17명의 부모들을 대상으로 시험연구를 거친 것이다. 9년간 P.E.T. 교육을 받은 부모들이 이 기회를 보다 많은 부모들이 가질 수 있도록 할 것을 제안하였기 때문에 고든은 부모의 효율성 훈련협회(Parent Effectiveness Training Associates)를 창설하게 되었고, 전문적인 훈련 프로그램을 실시하게 되었다. 고든의 부모교육이론은 정신분석, 아동심리 및 발달에 관련된 여러 이론들을 종합한 후 실제 인간관계에 적용하도록 일반화한 것이다. P.E.T.는 두 사람 간의 인간관계에서 일어나고 있는 많은 일을 설명해 주는 상호작용적 관계이론에 근거를 두고 있다. 고든 자신은 P.E.T. 프로그램은 '민주적 인간관계 모형'이라고 이름 짓고 있다(안영진, 2014 재인용).

2) 부모교육의 가정 및 목적

부모와 자녀의 관계는 애정과 존경에 바탕을 둔 따뜻하고 절친한 관계여야 한다는 데 동의하는 고든은 부모의 역할이 생산적이고 협동적이며 책임감 있는 시민을 길러내는 것이라고 보았다. 이러한 시민을 길러내려면 효율적인 인간관계를 유지하는 것이 더 중요한데, 부모-자녀 간의 원만한 의사소통수준에 따라 효율적 인간관계의 여부가 결정된다. 부모-자녀관계에 갈등이 생기는 경우 "세대차가 있다"든지 "불가사의 십대"라는 말로 표현하기도 하지만, 이는 대부분의 부모들이 명령·지시, 경고·위협, 훈화·설교, 판단·비판, 동정·충고 등의 언어적 표현을 하기 때문에 의사소통이 효율적으로 이루어지지 못하기 때문이다(안영진, 2014 재인용).

부모-자녀 간의 의사소통이 장애를 받는 요인으로는, 첫째, 과거의 자녀 양육방법 사용이다. 문명화된 사회구조와는 달리 오늘날의 부모들은 자녀 양육법 및 가정 문제를 다룰 때 자신의 부모, 조부모, 선조들이 사용하던 방법을 그대로 쓰고 있다. 20세기에 들어와 심리학, 아동발달학, 행동과학들의 연구에서 부모-자녀관계에 새로운 지식을 발견하기는 했으나 부모들에게 실질적인 영향을 주지 못했었기 때문에 자녀의 양육 방법 및 태도에는 변화가 없었다.

둘째, 이중적 부모역할의 양립성이다. 부모-자녀관계에서 부모들은 개인으로서의 자신과 부모로서의 자신에 이중적 역할 개념을 가지고 있다. 개인으로서의 자신은 부족하고 실수를 저지르기도 하며 완전하지 못한 사람이라는 것은 인식하지만 자녀를 기르는 부모로서는 무엇이든지 잘 아는 사람으로 보여야 하며 행동은 완전해야 한다고 무의식적으로 기대하는 경향이 있기 때문에 부모-자녀 사이에 갈등·좌절이 생길 수 있으며 언어소통이 막히게 된다.

셋째, 성인 중심적 인간관을 들 수 있다. 성인 대 성인의 관계는 동등한 것으로 보는 반면, 성인 대 어린이의 관계는 수직적으로 보기 때문에 부모들은 미성숙된 아동의 장래를 위해서는 비평이나 체벌이 필요하다는 생각을 하는 것이 보통이다. 아동은 발달적인 면에서는 미성숙할 수 있으나 인간적인 면에서는 동등한 인간으로 대해야 한다. 또 아동들이 어떻게 행동하는가는 부모-자녀관계가 어떤가에 따라 결정된다는 것을 인식하고 수직적 관계성을 개선하도록 노력하여야 한다.

부모효율성 훈련의 목적은 첫째, 부모 자신은 신이 아니라 한 인간임을 깨닫고 자각하도록 한다. 즉, 개인으로서의 부모와 인간으로서의 부모가 동일한 인물임을 깨닫게 한다. 둘째, 부모들은 자신들의 감정을 솔직하게 표현하는 기술을 습득한다(안영진, 2014 재인용).

아동은 부모와 자녀가 상호 존중하고 사랑을 바탕으로 하는 따뜻하고 친밀한 관계를 발달시킬 수 있다는 사실을 확신할 수 있게 되면 세대 간의 차이로 인한 갈등이 존재하지 않게 된다(안영진, 2014 재인용).

3) 부모교육의 원리

부모와 자녀의 관계는 상호작용에 의해 결정되는 것이기 때문에 자녀양육도 양면적으로 고려되어야 한다. 이는 드라이커스나 지노트가 원만한 부모-자녀관계를 위해서 부모의 입장이 바뀌어야 할 것을 강조하는 것과는 대조적이다(안영진, 2014 재인용).

(1) 수용성의 수준 파악하기

먼저 자녀의 행동을 보는 부모의 견해에는 차이가 있다. 같은 종류의 행동도 어떤 부모는 문제로 보고 어떤 부모는 정상적 행동으로 여긴다. 또한 자녀행동을 수용하는 수준은 부모의 기분, 집안사정, 주위사정, 사회분위기에 따라 항상 변화하게 마련이며, 자녀의 출생순위와도 관계가 있다. 먼저 자녀양육을 할 때 부모는 자신의 수용성 수준이 어느 정도인가를 파악할 필요가 있다(안영진, 2014 재인용).

표 5-4 문제소유와 수용영역

↑ 수용영역 ↓	자녀의 문제	부모가 수용할 수 있는 행동이나 자녀에게 문제있음을 나타내는 것들
	문제없는 영역	부모가 수용할 수 있는 행동이면서 동시에 자녀에게도 문제가 되지 않는 것
↑ 비수용영역 ↓	부모의 문제	부모가 수용할 수 없는 자녀의 행동들

(2) 문제의 소유자 파악하기

자녀와의 관계에서 자녀의 말이나 행동을 보고 들으면서 부모는 수용이나 비수용 태도 중 하나를 선택하게 될 것이다. 만일 부모가 어떤 행동에 대해 거부감정을 갖는다면 이것은 바로 부모의 문제이다. 반면에 부모가 수용할 수 있는 자녀의 어떤 행동들은 자녀들이 문제를 가졌다는 것을 의미할 수도 있다. 예를 들면, 친구가 하나도 없다든지, 얼굴이 못생겨서 속상해한다든지, 화가 나서 자신의 머리를 쥐어박는 다든지 하는 것은 수용역역에 포함된다. 이런 행동들은 부모에겐 문제가 안 되지만 자녀 자신에게는 수용할 수 없는 부분이다. 이것이 바로 '자녀의 문제'에 속하는 것이다. 즉, 부모는 어린이의 행동을 수용할 수 있지만 어린이 자신이 문제를 갖고 있기 때문에 좌절과 갈등을 느끼는 경우이다. 자녀를 양육하는 부모들이 어려움을 더 많이 느끼는 것은 어린이의 문제까지 부모의 문제로 받아들여 모두 해결하고자 하기 때문이다. 어린이는 어른이 생각하는 것보다 자신의 문제를 현명하게 처리할 능력이 있고 또 장래에 부딪칠 문제에 대비하여 어려서부터 자신의 문제해결을 하는 경험을 해야 한다. 그리고 마지막으로 부모가 수용할 수 있으면서 자녀들도 문제를 가지고 있다고 볼 수 없다면 '문제없는 영역'에 속한다. P.E.T.의 목적은 부모들이 효과적으로 자녀들과의 관계에서 문제없는 영역을 증대시키도록 해 주는 것이다(안영진, 2014 재인용).

표 5-5 문제에 따른 해결 방법

<table>
<tr><td rowspan="4">↑
수용영역
↓</td><td>자녀의 문제</td><td>반영적 경청</td></tr>
<tr><td>↓ ↓</td><td>↓ ↓</td></tr>
<tr><td>문제없는 영역</td><td>↑ ↑</td></tr>
<tr><td>↑ ↑</td><td>↑ ↑</td></tr>
<tr><td>↑
비수용영역
↓</td><td>부모의 문제</td><td>나-전달법(자녀수정)
환경 재구성, 자기수정</td></tr>
</table>

자녀들이 문제를 가졌을 때와 부모들이 문제를 가졌을 경우 다루는 방법에는 차이가 있다. 따라서 일단 문제의 소유자가 누구인지를 파악한 뒤에는 다음과 같은 방법을 사용한다(안영진, 2014 재인용).

(3) 상호 성장을 돕는 경청기술들

자녀에게 문제가 있을 경우 돕는 방법이다. 일상생활에서 자녀들이 여러 가지 문제에 부딪쳤을 때 자녀를 도울 수 있는 기술이 필요한데, 부모가 자녀의 문제를 도울 수 있는 최선의 방법은 자녀들의 말을 잘 들어주는 것이다. 고든은 잘 듣는다는 것을 다음과 같은 네 가지의 기본적인 경청기술로 설명한다(안영진, 2014 재인용).

① 소극적인 경청 혹은 침묵

부모가 계속 말을 많이 하게 되면 자녀는 자신의 문제를 이야기할 기회를 갖지 못한다. 말없이 들어주는 태도는 "네 느낌이 어떤지 안다", "이건 네 문제니 네가 책임지고 결정할 수 있을 걸로 믿는다" 라는 메시지를 전달하게 된다.

② 인식반응 보이기

자녀들은 시종일관 듣기만 하는 부모에게는 자신의 행동이나 문제가 수용되지 않는다고 이해한다. 열심히 듣고 있다는 것을 알리는 언어적 · 비언어적 신호를 보내서 표현할 필요가 있다. 고개를 끄덕인다든지, 앞으로 몸을 구부려 수그리고 듣는다든지, 미소를 짓거나 얼굴을 찡그리면서 듣는 등 몸으로 표현하는 것은 비언어적이며, "아아", "음", "그래서 어땠는데" 등은 언어적 표현이다. 이러한 인식반응을 보이면 자는 부모가 자신의 문제를 진지하게 듣고 있다는 생각을 하게 된다.

③ 계속 말하게 격려하기

자녀들은 때때로 자신의 감정과 문제를 부모에게 말할 때 격려 받을 필요가 있다. 즉, 더 계속해서 말하게끔 격려를 해 주어야 한다. "그것에 대해 좀 더 듣고 싶구나", "그것에 대해 뭔가 느끼고 있는 것 같다", "그 문제에 대한 네 생각이 참 흥미롭구나"와 같은 말은 계속해서 말하도록 격려한다. 판단하고 비판하지 않으면서 문제를 자녀와 함께 걱정하고 싶다는 뜻만을 전달해야 한다.

④ 반영적 경청

자녀의 이야기를 들은 후 부모는 어린이로 하여금 자기가 이야기한 것과 이야기하지 않은 이면에 숨은 감정을 다 안다는 것을 주지시켜야 한다. 부모는 반영적으로 들어줌으로써 자녀가 당황하고 있는 문제에 대해 이해하고, 이를 통해 생각하도록 도와줄 수 있다. 즉, 부모는 자녀가 문제를 해결하도록 돕기 위하여 그들의 감정을 정리하고 반영하게 해줄 수 있다.

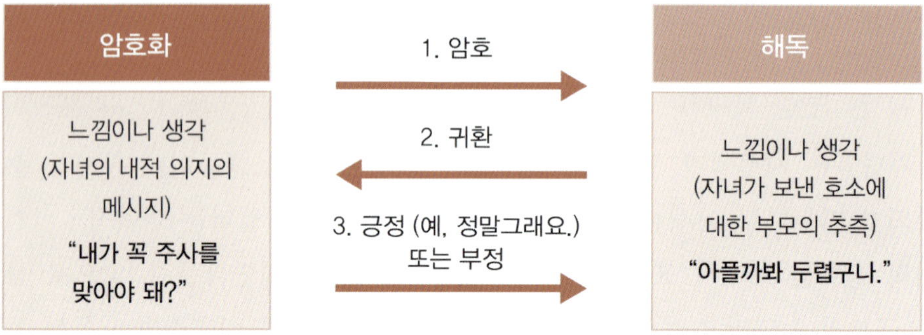

그림 5-1 **반영적 경청의 과정**

예 자녀: 우리 선생님이 너무 불공평했어. 이제 나는 선생님한테 인정받기는 글렀어.
부모: 너는 화가 나고 실망해서 포기했구나.

이와 같이 반영적 경청은 자녀가 느끼고 의미하는 것을 파악하는 것이다. 부모가 숨은 의미를 집어줌으로써 자녀로 하여금 이해되고 수용되고 있다는 것을 느끼게 하는 것이다. 부모는 자녀가 보낸 메시지의 의미를 새로운 표현으로 되돌려 보냄으로써 자녀로 하여금 자신을 좀 더 분명하게 볼 수 있게 되는 일종의 거울역할을 한다.

한편 인간의 의사소통은 폐쇄적 반응과 개방적 반응의 관점에서 기술될 수 있다. 폐쇄적 반응이란 듣는 이가 잘 듣지 않고 들은 말에 대해서 이해도 못하는 것을 의미한다. 이는 의사소통을 단절시키는 경향이 있다. 반대로 개방적 반응이란 듣는 이가 다른 사람이 말한 것을 잘 듣고, 단어 뒤에 숨은 감정을 분명히 지적함으로써 말하는 이의 말에 반응하는 것을 말한다(안영진, 2014 재인용).

예 • 자녀: 나는 다시는 그 애와 놀지 않을 거야.
부모 1: 잊어버려. 그 애는 그런 뜻으로 한 말이 아닐거야.(폐쇄적 반응)
부모 2: 너는 그 애에게 정말 화가 났구나.(개방적 반응)

• 자녀: 나는 오늘 학교 가기 싫어.
부모 1: 누구나 학교에 가야 한단다. 그래야 하는 법이야.(폐쇄적 반응)
부모 2: 민수가 너를 괴롭힐까 봐 두려워하고 있구나.(개방적 반응)

반영적 경청은 어린이의 감정과 의미를 반영하는 개방적인 반응을 의미한다. 여기에는 다양한 감정에 대응하는 민감성과 그것을 표현하는 능력이 요구된다. 이것은 옳고 그름을 평가하지는 않는 것이다.

(4) 부모 입장 알리기

자녀의 행동으로 인하여 부모가 좌절, 갈등을 느끼면 부모가 문제를 소유하게 되는데, 이를 효과적으로 자녀에게 전달할 필요가 있다. 자녀에게 영향을 미치려면 부모는 자녀에게 부모의 느낌, 의사 및 의도가 이해되도록 하면서 의견을 교환할 수 있어야 한다. 자녀에게 이야기할 때 '너-전달법(You-message)'과 '나-전달법(I-message)'에 대해 생각해 볼 필요가 있다.

'너-전달법'이란 어린이를 탓하고 비난하는 것이다. 또한 어린이에게 잘못이 있다고 말하는 것이며 말로 공격하는 것이다. "너는 왜 그렇게 행동하니?", "너는 조용히 못하겠니?" 등의 '너'로 시작하는 비효과적인 메시지를 말한다.

반면에 '나-전달법'은 단순히 어린이의 행동에 대한 부모의 느낌을 말하는 것이다. 여기서는 부모 자신이 중심이 된다. 부모의 느낌을 말하는 것이며 어린이를 탓하지 않는다. 예를 들어, "네가 너무 떠들면 엄마는 전화 소리가 잘 안 들려서 엄마 친구와 대화를 할 수가 없단다" 같은 것이다. 이와 같이 나-전달법은 부모가 자녀를 양육하는 과정에서 자녀의 행동이 부모에게 문제가 될 때 부모가 느끼는 감정과 경험을 표현하는 부모 자신의 의사소통 방법이다. 이 방법을 활용하게 되면 부모 자신이 스스로를 더 잘 이해하게 되고 자녀에게 부모를 더 잘 알릴 수 있도록 도와주며 결국은 자녀에게 부모의 마음을 개방할 수 있게 한다. 자녀를 비난하지 않고 부모의 솔직한 마음과 감정을 나타내므로 자녀들은 방어적이지 않고 스스로 책임감을 가지게 된다(안영진, 2014 재인용).

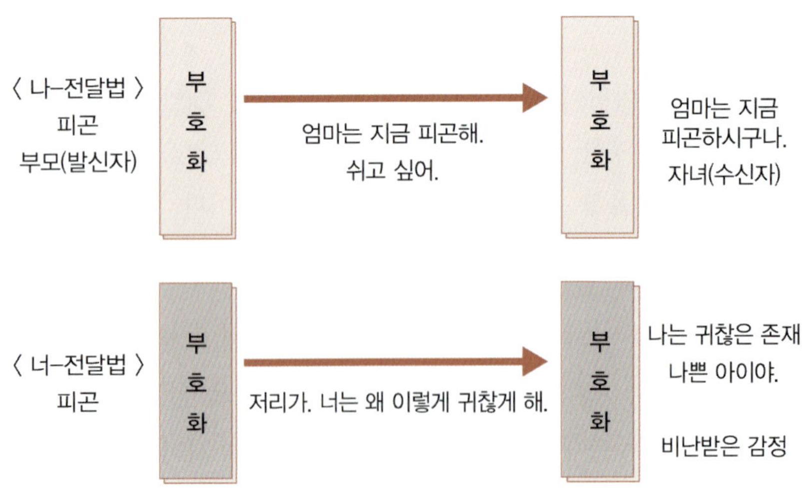

그림 5-2 '나-전달법'과 '너-전달법'

행동 그 자체보다는 행동의 결과에 중심을 두고 있는 나-전달법은 일반적으로 다음의 세 부분으로 나뉜다(안영진, 2014 재인용).

① 행동

부모에게 방해가 되는 행동을 말한다. "네가 ~ 하면 (행동서술)"으로 표현한다. "네가 학교가 끝나고 전화도 없이 안 돌아오면……"과 같은 것이다. 수용할 수 없는 자녀의 행동에 대하여 비난이나 비평없는 단순한 행동서술이다.

② 느낌

행동의 결과 때문에 생긴 부모의 느낌을 말한다. "나는 ~ 라고 느낀다(행동서술)"로 표현한다. "너에게 무슨 일이 생겼나 걱정이 된다"와 같은 것이다. 자녀의 행동이 부모에게 어떤 영향을 끼치고 있는가의 구체적 영향을 간결히 서술한다.

표 5-6 효과적인 대화를 위한 의사결정

상황	누구의 문제인가	반영적 경청	나-전달법
성적표의 점수가 나빠서 자녀가 울고 있다.	자녀	너는 너의 점수를 보고 실망했구나. 또 내가 너를 어떻게 생각할지 걱정하나 보구나.	
자녀가 약속대로 집 안 청소를 돕지 않는다.	부모		네가 약속을 지키지 않아서 나는 참 실망했어. 왜냐하면 나 혼자 일을 해야 되기 때문이야.
자녀가 시험 전날 잠을 이룰 수가 없다.	자녀	시험 때문에 꽤 걱정이 되나 보구나. 또 잘 해낼 자신이 없구나.	
손님이 집에 오셨다. 자녀는 어머니와 손님을 계속 방해한다.	부모		네가 방해하면 우리는 이야기를 나눌 수가 없단다.
자녀가 달리기 경주에 져서 풀이 죽어 있다.	자녀	너는 네가 져서 정말 실망했구나.	

③ 결과

결과에 대해 어떻게 느끼고 있는가를 말한다. “왜냐하면(결과서술)”, “나는 네가 어디 있는지 몰랐기 때문이다”라고 표현한다. 자녀의 행동이나 그 행동이 미칠 구체적인 영향에 대해 부모의 감정이나 느낌이 어떤가를 서술한다. 이와 같이 말할 때 ‘왜냐하면’을 강조한다. 그러면 자녀는 ‘부모의 느낌은 행동 자체가 아니고 행동으로 인한 결과와 관계 있다’는 것을 알게 된다.

(5) 민주적 방법

앞서 말한 나-전달법을 사용해서도 자녀가 자신의 문제를 수정하지 않는 경우 부모-자녀 간의 갈등은 계속 남게 되고, 이때 부모는 다음의 세 가지 방법을 쓰게 된다. 첫째는 권위적인 방법으로서 부모가 자신의 권위를 사용하여 위협하고 경고함으로써 자녀를 복종하게 하는 것이다. 둘째는 부모가 자녀에게 무기력하게 되어 자녀가 원하는 대로 끌려가는 것으로 지나치게 허용적인 부모들이 많이 경험하는 사례이다(안영진, 2014 재인용).

위의 두 가지 방법은 모두가 바람직하지 못하기 때문에 고든은 다음의 세 번째 방법을 제안하였다. 이것은 부모-자녀가 서로의 욕구를 만족시킬 수 있으며, 어느 쪽도 지는 사람이 없이 양쪽 모두 이기게 되는 무패의 방법이다. 즉, 부모-자녀가 앉아서 객관적인 태도로 사실과 문제들을 토의하면서 문제해결을 해나가는 방법이다. 이러한 민주적 방법은 양자의 힘이 동등할 때 행사될 수 있는 것으로 부모가 자녀의 인격을 존중할 때 사용될 수 있다. 이렇게 비권위적인 방법을 사용하여 문제해결을 하게 되면 자녀는 자신이 한 결정에 대해 책임을 질 수 있게 된다(안영진, 2014 재인용).

4) 부모교육의 방법

P.E.T. 프로그램은 고든이 조직한 협회에서 운영하고 있으며 교육은 강사교육과 부모를 대상으로 하는 일반교육으로 나뉜다. 강사는 목회자, 학교상담자, 가정문제 전문가, 학교 심리학자, 유치원 교사, 부모교육 전문가,

청소년 전문가 등 인간관계를 다루는 분야의 전공자와 그 외 프로그램에 관심 있는 사람들이 참여하여 훈련을 받은 후 강사 자격증을 취득하는 과정을 밟는다. 훈련받은 강사는 자신의 지역사회에서 모임을 조직하여 P.E.T. 프로그램을 실시한다. 교육 자료는 고든의 저서 『P.E.T.』를 사용하고 한 학급은 10명 정도이다. 여기서 강사가 제시하는 시범에 따라 역할놀이를 하면서 자녀양육의 기술을 익힌다. 부모들은 프로그램을 통하여 실제적인 기술을 익히고 가정에서 자신감을 갖고 적용해 보면서 당면하는 문제들을 훈련하게 된다(안영진, 2014 재인용).

5) 부모교육의 과정 변화 및 현황

부모 효율성 훈련(P.E.T.)으로 알려진 고든의 부모교육 프로그램은 고든이 수십년 동안 심리치료의 하나로 개발한 인간관계훈련 프로그램을 부모들에게 교육하고 그 효과를 종합하여 제시한 것이다(안영진, 2014 재인용).

이 프로그램은 P.E.T.협회에서 실시하고 참여하는 부모들의 수업료를 가지고 재정을 이끌고 있다. 교육은 이론과 실습교육으로 구성되는데 강사로서의 자질은 부모들에게서 받은 평가로 판단하며 교육받은 후에 자격증을 받는다. 강사로서 훈련을 받으면 자신이 있는 지역사회에서 집단을 조직하여 프로그램을 교육한다. P.E.T. 그룹은 한 학급당 10명 정도로 구성되고 부모교육훈련 프로그램이 실시되던 초기에 고든은 교재만 읽고 훈련 과정에서 전문가의 지도에 의해 새로운 실습도 하지 않고 다른 부모들과 상호작용하는 훈련에 참여하지 않는다면 부모의 효율성 프로그램이 효과를 볼 수 없다 하여 교재 없이 교육을 실시하였으나 1975년 '부모 효율성 훈련'을 발표함으로써 현재는 고든의 P.E.T.가 주된 교재가 되었다(안영진, 2014 재인용).

부모교육은 집단으로 훈련을 하는 것이 더 효과적인데 이는 집단에서 이론교육을 통해 배우고 다른 부모들의 자녀양육 문제를 듣고 자신들의 자녀양육 방법을 배울 수도 있기 때문이다. 교육받은 기술을 가정에서 자녀에게 사용하여 보고 자신이 경험한 것을 발표하고 다른 사람의 경험을 경청하면서 기술을 활용하는 방법을 이해하게 된다. 부모 효율성 프로그램에 참여한 부모들에게 어떤 효과가 있는지를 연구한 결과 고든의 '부모 효율성 훈련의 실행'에서 보면 대부분이 자녀와 부모 자신에 대한 통찰력이 향상되었고, 부모역할에 자신감을 갖고 자아존중감이 향상되었으며, 자녀를 수용하고 신뢰하며, 자녀의 행동에 대한 이해심이 증가하여 부모-자녀관계에서 갈등이 적게 발생하였다. 자녀양육태도와 행동이 향상·개선되었으며 진보적 교육 방법의 사용이 증가하였다. 자녀들의 경우 지진아로 인식되었던 아동들이 학교에서 중간 정도의 성적을 얻었으며 분열적인 행동이 줄어들었고 자아존중감이 향상된 것으로 나타났다(Gordon, 1976). 그러나 P.E.T.는 부모-자녀관계를 기술적인 것으로 설명하는 경향이 있으며 부모를 비난하고 부정적으로 판단하여 가족의 역동성을 무시하고 부모-자녀관계만에 초점을 두었다는 비판을 받고 있다. 그러나 자녀와의 관계에서 발생하는 어떤 문제를 다루는 데 효과적이라는 점은 부인할 수 없다. 고든은 부모에게 자신의 태도와 감정을 전달하는 방법을 교육하였으며 교육 과정에서 자녀양육에 수반되는 태도를 획득하고 기술을 배울 수 있다고 확신하였다. 그러나 이 프로그램은 자기적인 효과가 적다는 점과 방법론적인 요인 때문에 결과를 일반화시키는 데 어려움이 있다는 것을 시사한다(Rinn & Markle, 1977).

고든의 P.E.T.가 출판되자 학교행정가들을 교사와 학생들과의 관계에도 적용될 수 있는 훈련 프로그램의 실시를 요청해서 '교사 효율성 훈련(Teachers Effectiveness Training, TET)'을 출판하였고 P.E.T. 운동의 확산으로 조직체의 감독자, 관리자 및 중역을 위한 훈련 프로그램인 '지도자 효율성 훈련(Leader Effectiveness Training, LET)'을 펴냈다. 또한 청소년들이 민주적인 인간관계의 원 리를 활용할 수 있게 되면 미래에 보다 나은 부모, 교사, 지도자들이 될 것이라는 생각에서 '청소년 효율성 훈련(Youth Effectiveness Training, YET)'을 개발하였다. 청소년 효율성 훈련은 중·고등학교에서는 물론 소년·소녀 클럽, YMCA, YWCA, 보이스카웃, 걸스카웃 등의 청소년 기관에서 훈련되도록 개발되었다(Gordon, 1975).

4 적극적 부모교육(A.P.T.)

1) 적극적 부모교육의 이론

폽킨(Michael H. Popkin)의 적극적 부모역할 훈련(Active Parenting Today, A.P.T.) 프로그램은 정신과 의사인 아들러와 드라이커스의 이론과 로저스(Carl Rogers)와 카크허프(Robert Carkhuff)와 고든의 의사소통 기법을 포함시켰으며, 지노트와 앨리스(Albert Allis)와 에릭슨의 연구결과들을 활용하여 1990년대를 살아가는 아이들에게 맞는 부모교육 프로그램으로 구성하고자 한 것이다. 적극적 부모역할 훈련에서는 부모역할의 여러 모델을 비디오로 제작하여 부모들에게 보여주기도 한다. 이 비디오에는 서양인, 흑인, 동양인 등 여러 인종이 등장하고 정상가정, 한부모가정, 혼합가정 등 여러 형태의 가정이 등장한다. 이는 인종과 문화를 초월하여 각 가정에서 공통으로 일어나는 문제들을 다룸으로써 세계 속의 민주시민적인 자질을 길러 주고 가족화목 활동과 생활인의 기술을 가르쳐 주고자 하고 있다(안영진, 2014 재인용).

2) 부모교육의 가정 및 목적

적극적 부모교육은 현대사회에서의 부모역할에 대한 두 가지 신념에 기초를 두고 있다. 첫째, 자녀교육을 잘한다는 것은 매우 중요한 일이다. 둘째, 자녀교육을 잘한다는 것은 매우 어렵다는 것이다. 대부분의 부모는 자녀지도에서 일관성이 없고 자기의 부모들이 과거에 사용했던 지도 방법 중의 몇 가지 방법을 사용해 보거나 또는 정반대의 지도 방법을 사용해 보기도 하고 자기 친구의 방법을 모방해 보거나 책이나 잡지에 나온 기사 내용을 혼용해 보기도 한다. 부모의 양육 방법에 저항하는 자녀를 둔 부모들은 자녀와의 힘겨루기를 하느라고 힘들어 한다. 가족은 상호 지지와 만족의 원천이기보다 가족 상호 간의 에너지를 고갈시키는 좌절감의 원천이 되기도 한다(안영진, 2014 재인용).

적극적 부모역할 훈련이 가지고 있는 기본 철학 중의 하나는 가족 내에서 지도적 역할을 할 사람은 자녀들이 아니라 부모라는 관점이다. 현대사회는 적극적인 인간을 요구하며 자녀들은 현대사회에서 생존하는 데 필요한 기본적인 자질인 용기, 책임감, 협동심과 자존감을 길러야 하고 부모들은 보다 나은 부모가 되기 위해서 적극적으로 부모교육을 받을 필요가 있다는 것이다. 적극적 부모교육에서는 자녀들이 자신이 살고 있는 사회 안에서 생존하고 번영하도록 보호하고 준비해 주는 것을 목적으로 하고 있다. 세월이 흘러도 자녀교육의 목적은 변화하지 않는 것이며 다만 우리가 살고 있는 사회가 무섭게 변화하고 있기 때문에 부모는 자녀를 변화하는 사회의 위험한 상황으로부터 보호해 주고 자녀들이 독립적인 인간이 되도록 도와주고 준비해 주어야 한다고 본다(안영진, 2014 재인용).

3) 부모교육의 원리 및 과정 단계

(1) 용기와 자존감 불어넣기

자기존중감은 자신이 능력 있고 사랑스러운 인간으로서 성공하게 될 것이라는 신념에서 온다. 자신이 성공할 수 있다는 신념을 가지게 될 때 사람들은 위험을 감수할 용기를 지니게 된다. 반면에 자신을 대수롭지 않게 여기고, 자신을 마음에 들어 하지 않고, 자신이 사랑받을 수 없으며 능력이 없다고 느낄 때 자존감은 떨어지며 절망과 두려움을 낳는다. 자녀들의 자존감과 용기를 구축하기 위하여 자녀의 기를 꺾는 부모의 일상적인 행동과 기를 살리는 방법을 알아야 한다. 부모가 자녀의 기를 꺾는 행동에는 부정적인 기대감, 실수를 지적하기, 완벽주의, 과잉보호 등이 있다. 반면에 자녀의 자신감을 키워주고 기를 살리는 방법으로는 책임감을 부여하기, 자녀의 견해나 충고를 구하기, 부모가 끼어들어 개입하고 싶은 충동을 물리치기 등이 있다(안영진, 2014 재인용).

(2) 자녀를 이해하기

자녀들이 미래에 살아갈 사회에서 생존하고 번영할 수 있도록 하기 위해서 준비시키고 보호하기 위해서는 네 가지의 행동목적이 자녀의 행동을 지배한다는 것을 이해해야 한다(안영진, 2014 재인용).

① **접촉**: 인간은 기본적으로 소속의 욕구를 지니고 있기 때문에 자녀들은 신체적·정서적으로 누군가와 접촉하기를 원한다. 이 접촉을 위해서 자녀들은 행동하며 가정, 학교뿐만 아니라 자녀들이 소속된 모든 단체들은 아동들에게 접촉과 소속의 욕구를 충족시킬 수 있는 기회를 준다.

② **힘**: 인간은 자신이 환경에 영향을 미치고 환경을 통제할 수 있는 힘을 가지기를 원한다.

③ **보호**: 사람이 사회 속에서 살아남고 번영하기 위해서는 자기 자신과 가족들을 보호하고 보호받기를 원한다.

④ **물러서기**: 자녀가 접촉을 추구하는 것만큼 때로는 물러나서 재충전하고 자신 만의 시간을 갖기를 원한다.

자녀들은 이러한 목적을 달성하기 위한 방식으로 기여하기, 독립심 발휘하기, 주장하기, 용서하기 등의 긍정적인 접근 방식을 취할 수도 있고 부당한 관심끌기, 반항, 복수, 부당한 회피 등의 부정적인 접근 방식을 취하기도 한다(안영진, 2014 재인용).

(3) 책임감 발전시키기

책임감이란 행동을 선택하고 그 선택의 결과를 수용하는 과정이다. 이런 과정을 경험하기 위해서는 우선 선택의 기회가 주어져야 한다. 선택의 자유를 주는 것은 책임감을 길러 주기 위한 기본적인 조건이다. 적극적 부모교육에서는 책임감을 길러 줄 수 있는 방법으로 다음과 같은 것을 들고 있다(안영진, 2014 재인용).

① 정중한 요청: 애야! 엄마를 좀 도와주겠니? 간식을 다 먹고 난 후에 접시를 싱크대에 좀 가져다 놓으렴. 고맙다. 네가 엄마를 많이 도와주는구나.
② 나-전달법: 자녀의 행동에 대해 부모가 어떻게 느끼는지를 말한다. 네가 식탁 위의 접시를 치우지 않고 두니까 내가 힘들구나.
③ 자연적인 결과: 아침밥을 먹지 않으면 배고픔을 경험한다.
④ 논리적인 결과: 간식을 먹은 후 접시를 부엌에 가져다 놓지 않았을 때 다음부터는 거실이나 자기 방에서 간식을 먹지 못하도록 한다.

(4) 협동심 구하기

협동이란 두 사람 이상이 공동의 목표를 향해서 상호 지지적인 방식으로 함께 일하는 것이다. 사회 속에서 타인과 협동하는 것과 한 팀에 소속될 수 있는 마음을 배우는 아동은 지나친 경쟁에 노출된 아동보다 성공할 수 있는 가능성이 훨씬 크다고 본다(안영진, 2014 재인용).

자녀와의 적극적인 의사소통을 통해서 문제가 해결되면 자녀들은 협동을 통해서 문제를 해결할 때 좋은 해결책을 찾을 수 있다고 느끼게 될 것이다. 또한 자녀는 협동을 중요하게 생각하게 되고 부모-자녀 간의 관계는 돈독해진다. 자녀와의 적극적인 의사소통을 도와주는 방법으로는 다음과 같은 것을 들고 있다(안영진, 2014 재인용).

① 의사소통의 걸림돌 피하기: 의사소통의 걸림돌이란 잘못된 대화 방법으로 인하여 상대방의 자존심에 상처를 입히게 되고 끝내는 의사소통이 단절되는 것을 말한다. 의사소통의 걸림돌이 되는 대화 방법에는 명령하기, 충고하기, 회유하기, 심문하기, 관심돌리기, 심리분석하기, 빈정대기, 도덕적 판단하기, 도사노릇하기 등이 있다.

② 혼합 메시지 전달 안 하기: 부모의 메시지는 언어적 표현, 표정, 몸짓을 통해서 전달된다. 이때 이 세 가지 통로를 통해서 전달되는 메시지가 똑같을 때 의사소통이 분명하고 강력해진다. 혼합 메시지란 말로 표현하는 내용과 어조나 표정, 몸짓 등이 서로 다른 느낌을 담고 있는 경우를 말한다. 혼합 메시지는 자녀에게 혼란을 주게 된다. 예를 들면, "나 화 안 났어. 네가 원하는 대로 해도 좋다"라고 말하면서 표정과 목소리는 화가 나 있는 경우 "내가 최선책이라고 생각하는 대로 하지 않으면 나는 화를 낼 것이다"라는 메시지를 전하게 된다. 이런 식의 혼합 메시지는 대화를 단절시키고 자녀 자신이 진정으로 서야 할 곳을 찾는 일을 어렵게 만든다.

③ 적극적인 의사소통: 적극적인 의사소통이란 자녀가 무엇을 느끼고 있는가를 듣기 위해서 자녀의 말과 어조, 표정 등에 세심한 주의를 기울여 듣는 일련의 대화기술을 말한다.

- 적극적으로 듣기: 부모의 말을 최소한으로 줄인다.
  주의를 집중한다.
  당신이 듣고 있다는 것을 확신시킨다.
  공감하면서 듣는다.
  감정에 귀 기울인다.

- 감정과 이야기 내용을 연결시킨다: 네 이야기를 듣자하니 수민이가 오늘 오지 않아서 네 기분이 좋지 않은 것 같구나.

- 대안을 찾아보고 결과를 평가한다: 그 일에 대해서 네가 할 수 있는 일은 뭐니? 그 밖에도 어떤 일을 할 수 있을까? 네가 그렇게 한다면 무슨 일이 벌어지리라고 생각하니?
- 추후 지도한다: 그래 어떻게 되었니?

(5) 민주사회에서의 적극적 부모

① 언론의 자유를 허용하기: 가족 간의 의사결정에 자녀의 발언권을 허용한다.

② 가족모임 갖기: 가족의 일상생활과 관련된 일을 결정하고 의견을 나누기 위해 가족모임을 갖는다.

5 행동수정 부모교육

1) 행동수정이론

1940년대 이후 정신분석이론, 사회심리학, 인본주의 심리학에 근거한 부모교육이론들이 다양화된 이후에도 행동수정이론(behavior modification)은 특히 미국의 부모들에게 계속 영향을 주게 된 것이다. 특히 스키너(Skinner)가 웰덴 투에서 가족과 사회체계를 유도하는 방법으로 행동수정 원리를 사용한 때부터 부모교육에 관한 행동관리론이 개발되었다(안영진, 2014 재인용).

2) 부모교육의 가정 및 목적

행동수정이론은 부모가 자녀에게 모델 역할을 하므로 자녀는 부모를 보고 모방하여 학습하기 때문에 자녀의 행동이란 학습된 결과라고 볼 수 있으므로 아동에게 문제행동이 생겼을 경우에는 먼저 근본적인 해결 방법으로 부모의 행동, 즉 환경과의 상호작용을 어떻게 변화시킬 것인지를 분석하는 것이다. 행동주의이론은 부모-자녀관계에서 부모는 자녀의 행동을 지도·관리하고 발달시키는 반면, 자신을 조절할 수 있는 기술을 습득하는 데 초점을 두며 자녀를 교사의 입장에서 지도하는 역할을 담당해야 한다는 점을 강조한다. 또한 부모의 질 높은 행동이나 양육기술이 자녀를 변화시키지만, 부모 자신들도 스스로 교육에 참여하고 양육정보나 기술을 습득함으로 인해 변한다고 본다. 행동주의 심리학에서의 부모-자녀관계란 자극과 반응을 주면서 자녀의 행동을 조형해 나가는 관계이다(안영진, 2014 재인용).

왓슨(Watson, 1928)은 '자녀란 그들 부모가 원하는 대로 만들어지는 한 덩어리의 찰흙'이라고 말할 만큼 자녀를 양육에 의해 훈련되고 만들어지는 존재로 여겼기 때문에 부모들이 원하는 대로 자녀를 성장시킬 수 있다고 보았다.

부모교육에 있어서 행동이란 적합한 훈련에 의해 획득되는 것이라고 보았다. 여기서 행동수정이론의 일반적인 목적은 다음과 같다.

첫째, 행동을 관찰하는 기술과 평가하는 능력을 훈련한다.

둘째, 행동관리이론의 기본적인 원리를 훈련한다.

셋째, 자신의 자녀에게 행동수정의 원리를 적용하여 행동의 변화를 경험하게 한다(안영진, 2014 재인용).

행동수정이론을 적용한 부모교육의 목적은 유아의 행동을 평가하고 진단하기 위한 것이다. 즉, 아동의 행동을 지도하고 발달시키고, 통제할 수 있는 기술을 익히고 향상시키는 데 중점을 두고 있으며, 부모들은 아동행동을 변화시키는 지도자로서의 역할을 하게 된다. 또한 유아의 환경에서 가장 중요하고 영향을 주는 부모들로 하여금 자녀들의 문제행동을 변화시킬 책임이 그들에게 있다는 것을 받아들이도록 하는 것이다. 부모의 향상된 기술은 일관성 있는 태도를 유지하게 하고 과잉행동을 보이거나 반응을 보이지 않거나 하는 잘못된 행동을 변화시키는 데 도움이 된다(안영진, 2014 재인용).

3) 부모교육의 원리

행동수정의 중요한 원칙의 하나는 관찰과 측정이 가능한 행동만을 대상으로 한다는 것이다. 따라서 자녀양육을 위해서도 부모는 객관적인 관찰을 하고, 목표행동을 과학적으로 설정하는 일, 정확한 기록 등의 행동수정의 원리를 적용해야 한다(안영진, 2014 재인용).

(1) 목표행동

부모가 자녀에게 길러주고 싶은 행동이 있거나 또는 반대로 문제가 되는 행동을 수정하여 변화되기를 바라는 행동이 있을 때는 먼저 그 목표가 되는 행동을 설정하고, 그에 대한 조작적 정의를 내려야 한다. 사람마다 생각이 다르므로 같은 용어라도 다른 행동을 의미할 수 있기 때문이다. 이때 행동은 '언제, 어디서, 어떻게, 무엇을' 하였는지에 관한 관찰이 가능하고 측정이 가능한 구체적인 행동으로써 표현되어 있어야 한다. 이렇게 정의된 단위행동을 목표행동이라고 부른다. 자녀에게 좋은 모델을 보여주거나 문제행동을 수정하려 할 때도 목표행동이 분명하지 않으면 효과를 거둘 수 없다. 예를 들면 "우리 아이는 부모 말을 잘 안 들어요"라고 한다면 부모 말을 잘 듣지 않은 모호한 행동 정의는 전체 행동이라고 할 수 있고, 이런 전체 행동 속에는 작은 단위행동들이 포함된다. 예를 들어, '정리 정돈하지 않는 행동, 동생과 사이좋게 놀지 않는 행동, 식사시간에 장난하는 행동' 등이 포함된다. 이런 하나의 행동을 단위행동이라고 부른다(안영진, 2014 재인용).

목표행동이 정의된 후에는 그 행동들이 어린이가 조절할 수 있는 행동인지 아니면 환경적 자극에 의해 일어나는지를 파악해야 한다. 협동하며 잘 논다든가, 인사를 잘 한다든가 소리를 지르는 일 등은 어린이의 조정권 안에 속하지만 땀을 흘린다든가, 숨쉬기, 침 흘리기 등은 대부분 환경적 자극에 의해 이루어진다. 이처럼 목표행동이 어린이 자신이 조정할 수 있는 것인지 또는 부모 등 환경적 자극에 의해 수정될 수 있는 것인지 또는 두 가지 다 작용하는 것인지를 알아야만 목표행동을 원하는 방향으로 이끌어 갈 수 있다(안영진, 2014 재인용).

모든 목표행동을 한꺼번에 수정할 수 없으므로 우선순위로 목표행동을 선정하여 하나씩 수정해 나가도록 계획해야 한다. 이때 발생빈도가 높은 행동은 관찰이 쉽게 일어나고 수정할 수 있는 가능성도 높다(안영진, 2014 재인용).

(2) 기록하기

부모가 자녀의 행동을 수정하거나 변화시키고자 하는 목표행동이 설정되면 그 행동과 관련하여 자료를 수집하는데, 제일 효과적인 방법은 기록하는 것이다. 이러한 관찰을 통해 수집된 자료는 자녀의 행동에서 가장 결핍된 것, 과잉된 것, 유지되어야 하는 것 등을 평가하는 기준을 결정하는 데 도움을 준다. 기록은 행동의 발생빈도, 지속시간, 발생하는 강도 등을 발견하게 해 준다. 일반적으로 부모들이 쉽게 할 수 있는 기록은 관찰기록 중 사건중심기록으로 사건을 일으키는 행동들을 모두 누적 기록하는 것이다(안영진, 2014 재인용).

(3) 행동분석

관찰된 행동을 기록하고 난 뒤 이러한 자료를 가지고 어린이의 행동을 분석하는 일을 하게 된다. 행동을 분석하는 일은 행동을 유발시키는 선행자극과 행동 그 자체 그리고 행동 뒤에 오는 후속자극을 찾아내는 과정으로 **그림 5-3**과 같은 과정을 찾아내는 것이다(안영진, 2014 재인용).

목표행동이 주로 언제, 어디서, 자주 일어나는지 또한 그 행동이 일어날 때 주위에서 어떤 일들이 벌어지고 있는지, 그 행동이 일어난 다음 후속자극으로 강화자극은 어떤 것이었는지 등의 행동이 일어난 상황을 세밀하게 분석하는 일이 중요하다. 이와 같이 어린이의 생활환경 안에서 행동을 유발하는 선행자극과 행동을 증감시키는 강화의 역할을 할 수 있는 후속자극이 무엇인지 알게 되면 행동을 변화시킬 수 있는 수정의 계획이 쉽게 이루어질 수 있다(안영진, 2014 재인용).

선행자극 (antecedent)	→	행동 (behavior)	→	후속자극 (consequences)
'식별자극' '행동단서' (엄마가 동생하고만 놀아주고 안아준다)	→	'목표행동' '문제행동' (동생을 때리거나 발로 찬다)	→	'강화' '벌' (엄마가 야단을 치거나 때려준다 또는 달랜다)

그림 5-3 행동분석의 3가지 요소

출처: Peter, Neisworth & Yawkey(1989); 정갑순 역(1996).

(4) 강화와 벌 사용하기

목표행동이 명확해지고 이에 대한 객관적인 자료가 수집되면 행동주의원칙들을 적용할 수 있다. 즉, 지속시키고 싶은 행동은 더 자주 일어나도록 강화해 주고 소멸시키고자 하는 행동은 일종의 벌을 사용하여 감소시키면 된다. 강화에는 정적 강화와 부적 강화가 있다. 정적 강화는 어린이의 바람직한 행동을 더욱 증가시키고자 할 때 칭찬이나 미소, 원하는 물건을 주어 그 행동을 더하게 하는 방법이다. 부적 강화는 어린이가 싫어하는 대상물을 줄여 주거나 없애 줌으로써 강화하는 방법이다. 예를 들어, 바람직한 행동을 했을 때 화장실 청소를 면해 준다거나, 받아쓰기에서 백점을 받을 때 쓰기를 면해 준다거나 하는 경우이다. 한편 강화물에는 여러 가지가 있다. 아이스크림, 초콜릿, 사탕 같은 음식이나 장난감과 같은 물질적 강화물이 있고 칭찬이나 미소, 쓰다듬어주기 같은 사회적 강화물도 있다. 또한 스티커, 토큰 등을 모아서 보상을 받을 수 있는 토큰 강화도 있다. 벌은 행동을 감소시키기 위해 사용하는 후속자극이다. 즉, 벌은 어떤 바람직하지 않은 행동이 일어난 후 곧 어떤 사건을 주어서 그 행동을 약화시키는 것이다. 즉, 꾸짖음, 체벌, 싫어하는 일 시키기, 특권 철회 등이 그것이다(안영진, 2014 재인용).

4) 부모교육의 방법

자녀양육에 행동수정원리를 적용시키려는 프로그램이 여러 종류 개발되었다. 이 이론을 따르는 부모교육의 형태는 강의 중심적이고 주입식으로 이루어지는 경향이 있다. 왜냐하면 부모가 행동수정의 원칙들을 잘 알아야 할 필요성이 있기 때문이다. 워크북 활동, 짧은 퀴즈, 행동주의원칙을 적용하여서 느낀 경험을 토론하기 등으로 이루어졌다. 행동주의원리에 근거한 많은 양육서가 출판되어 부모들이 스스로 공부하고 적용하게끔 되어 있다. 그 예를 소개하면 다음과 같다(안영진, 2014 재인용).

(1) READ

이 프로그램은 베커와 연구진(Baker et al., 1973)이 정신박약아의 부모들을 위해 개발한 것으로 전문가의 개입을 최소화하여 부모가 자녀에게 행동수정 기술을 적용할 수 있게 고안되었다. 정신지체 아동의 자조력, 사회성, 언어기술을 증진시키는 것이 목적이다.

(2) 부모는 교사이다(Parents Are Teachers)

베커(Baker, 1971)가 행동주의원칙에 근거하여 쓴 것으로 자녀의 행동 변화를 계획하고 체계적으로 수행하도록 훈련하는 프로그램이다. 일상생활에서 부모들이 당면하는 어린이의 행동들을 어떻게 강화 또는 벌을 주는지를 체계적으로 밝히고 있어서 부모들이 부담 없이 관심을 갖고 적용할 수 있다.

(3) 반응적 부모훈련 프로그램(Responsive Parenting Program)

홀(Hall, 1976)이 개발한 프로그램으로 '예방정신건강 훈련 프로그램'이다. 이 프로그램은 부모들의 요구에 부응하면서 부족한 전문 인력을 충당하고 정신건강을 예방, 치료하여 부모-자녀 간의 관계가 효율적으로 이루어지도록 돕는 것이 목적이다.

(4) 어린이에 대한 애정을 위하여(For Love of Children)

어린이를 사랑하기 위한 방법을 소개한 이 책은 메킨타이어(McIntire, 1970)가 유아 및 청소년을 둔 부모를 위해 쓴 책이다. 이 책의 구성은 '계획된 부모 되기'에서 정상적인 아동발달과 관련된 행동원칙을 다루고 있으며, '변화를 위한 청사진'에서 일반적인 문제행동의 다양성과 십대 문제를 다루는 행동수정의 원리와 적용을 다루었고, 마지막으로 성공적인 가정생활의 주된 지지 방법으로서의 강화에 대해 강조하고 있다.

(5) 어린이와 함께 살기(Living with Child)

패터슨(Patterson)과 귤론(Gulion)이 1971년 부모들에게 행동주의 원칙을 적용한 양육방식을 가르치기 위해 쓴 책이다.

(6) 자녀관리(Child Management)

스미스 부부(Smith & Smith, 1966)가 개발한 것으로 부모들이 건전한 학습 환경을 만들어낼 수 있도록 행동수정의 기술을 훈련시키는 프로그램이다. 이 프로그램에서는 조건 반사를 일으키는 우발적인 사건들을 분석해 내고 부모들이 자녀의 반응에 일관성을 갖고 반응할 수 있는 능력을 개발해 내며 부모들 자신이 좋은 모델이 될 수 있도록 돕는다.

이와 같이 행동수정이론은 부모들이 자녀와 상호작용하면서 부모의 좋은 모델을 제시하고 객관적인 관찰과 목표행동 설정, 기록, 행동분석, 강화와 벌의 방법과 원리를 적용하게 하는 것이다(안영진, 2014 재인용).

6 상호교류 부모교육

1) 상호교류분석 부모교육의 이론

인간관계에서의 상호교류원리에 관심을 둔 번(Berne)은 심리분석에 관한 이론을 부모교육에 적용하여 상호교류분석이론을 정립했다. 번은 캐나다에서 태어나 맥길 대학에서 의학공부를 하여 의사자격증을 받은 뒤 미국의 예일 대학에서 정신과 의사로 일했다. 그는 처음에는 프로이트학파를 따르는 정신분석가가 되고자 했으나 후에 에릭슨의 영향을 받았고, 사회적 인간관계에 대한 자신의 관심분야를 가지고 사회적 상호작용 및 인간의 성격에 대하여 본격적으로 연구하였다. 그 결과 교류분석이론의 핵심이 되고 있는 부모 자아상태와 성인 자아상태 그리고 어린이 자아상태에 관한 '심리치료에서의 자아상태'라는 논문을 발표하였다. 이후 『사람들이 구사하는 게임(Games People Play)』, (1964), 『나는 옳다, 당신도 옳다(I am OK. You are OK)』 같은 책을 발표하여 자신의 이론을 일반 대중에게 널리 알리게 되었다. 이로 인해 상호교류분석이론은 부모-자녀관계에도 많은 영향을 끼치게 되었다.

2) 상호교류분석에서의 인간관계이론

번에 의하면 모든 인간에게는 자극을 받고자 하는 자극욕구(stimulus hunger)와 사회적 상호작용을 통해서 인정을 받고자 하는 인정욕구(recognition hunger)가 있다고 한다. 자극의 욕구는 '인간을 인식하는 기본단위'로 상호교류분석이론에서 '스트로크(stroke: 쓰다듬기)'하고 부르는 것을 통하여 이루어진다. 스트로크란 쓰다듬기란 뜻으로 신체적 접촉을 원하는 아기를 안아주고 입맞춤해 주는 것 같은 행위를 말하는 것이다. 번은 이러한 스트로크를 보다 확대된 개념으로 사용하여 "상대방의 존재를 인정하는 데 사용되는 모든 행동"을 뜻한다고 정의했다. 따라서 스트로크는 인간의 사회적 상호작용의 기본단위가 되며 언어, 표정, 몸짓 등 다양한 언어적·비언어적 방법으로 표현된다. 이러한 스트로크를 교환하는 동안 상호교류가 이루어지는 것이다. 어려서부터 스트로크를 긍정적으로 받아온 자녀는 자신을 중요한 가치 있는 사람으로 여기게 될 것이고, 그렇지 않은 경우는 열등감이나 부적절감 등을 느끼게 될 것이다. 한편 인정에 대한 욕구는 자극에 대한 욕구가 확대되어 상징적인 언어를 통하여 충족되게 되는 것이다. 어린이는 성장하면서 점차 신체접촉은 줄어들고 언어적인 인정으로 대치된다. 즉, 접촉과 자극에 대한 욕구는 남아 있으면서 이런 욕구를 충족시킬 수단은 신체적 쓰다듬기에서 언어적 쓰다듬기로 바뀌게 되는 것이다. 번에 의하면 부모-자녀, 부부관계 등의 인간관계에서 스트로크가 어떻게 이루어지는가에 따라 기본적인 삶의 자세는 다음의 네 가지로 표현된다(안영진, 2014 재인용).

(1) 나는 옳다-너도 옳다(자기긍정 – 타인긍정)

이런 삶의 자세를 가진 사람은 정신위생상 건강하며 자기 자신과 다른 사람과의 관계를 편안하게 느끼고 만족해한다. 모든 느낌과 인식이 'OK'로 인식되기 때문에 승리하는 위치에 있으며, 계속 활동하고 성장하려는 동기를 갖게 된다. 즉, 나는 OK이고 그 문제에 대해서 무엇인가 할 수가 있으며, 당신도 OK로 나와 협력하여 문제해결을 도모할 수가 있다는 것이다.

(2) 나는 옳지 않다-너는 옳다(자기부정 – 타인긍정)

이런 사람은 다른 사람과 비교하여 자신을 열등하게 느끼거나 부적절하다고 느낀다. 반면 다른 사람은 모두 자기보다 잘나고 똑똑하다고 생각한다. 그래서 자아감은 다른 사람이 'OK' 해 줄 때만 생기기 때문에 좌절하고 스스로를 무가치한 사람이라고 생각하는 삶의 유형이다.

예를 들어, 자신은 농구가 서툴러서 슛을 잘 하지 못하여 OK가 아니라고 느끼고 다른 사람들은 모두 아주 멋지다고 생각하여 그들로부터 멀어지게 될 것이라고 생각하는 것이다.

(3) 나는 옳다-너는 옳지 않다(자기긍정-타인부정)

이런 생활 자세를 갖는 사람은 다른 사람을 무가치하고 부적절하다고 보려고 한다. 다른 사람에 대해 믿지 못하고 불안해하고 다른 사람 위에 군림하려고 한다. 쉽게 분노하고 타인을 무시하며 경멸하는 태도를 보인다. 이러한 태도는 다른 사람으로부터 멀어져 나가는 것이다. 그래서 "제거해버려", "너는 거추장스럽다" 등을 말한다.

(4) 나는 옳지 않다-너도 옳지 않다(자기부정-타인부정)

이런 사람은 인간관계가 대단히 부정적이어서 아무도 믿지 못하게 된다. 심지어는 자기 자신도 믿지 못하고 자신은 결코 성공할 수 없다고 느끼며 실패할 것이라 생각한다. 이런 사람에게 있어서 삶은 냉혹하고 무가치한 것이다. 이런 사람은 어떻게도 해 보려고 하지 않는다. 그리고 누구도 문제를 해결할 수 없다고 굳게 믿고 있어서 아무것도 하지 않는다(안영진, 2014 재인용).

3) 인성의 구조

각 개인의 인성은 세 종류의 자아상태로 이루어져 있다. 교류분석의 창시자인 번에 의하면 언제나 인간은 이 세 가지 인격의 어느 부분에서 행동하고 있는데 이러한 자아상태란 현실에 대한 정의, 정보처리 그리고 외부세계에 대한 반응들로 조직된다. 다시 말해서 자아상태란 한 개인이 의식적으로 깨달을 수 있고 눈으로 볼 수 있는 행동적인 것들, 가치, 느낌의 총체라고 할 수 있다. 여기에는 부모 자아상태(parent ego state), 성인 자아상태(adult ego state), 어린이 자아상태(child ego state) 등의 세 가지가 있다(안영진, 2014 재인용).

(1) 어린이 자아상태(child ego)

어린이 자아상태는 인간으로 하여금 자신이 누구인가를 알게 하기 때문에 인간 심리의 가장 핵심적인 것으로 경험된다. 각 사람의 어린이 자아는 사람들의 삶에서 가장 중요한 정서적 사건들뿐 아니라 영아기의 경험까지도 모두 기록한다. 이처럼 어른이 갖고 있는 어린이 자아상태는 그들이 어렸을 때 느끼던 감정이나 행동들을 그대로 느낄 수 있게 한다.

어린이의 자아는 천성적 어린이 자아상태(natural ego state)와 개조된 어린이 자아상태(adapted ego state)로 나뉜다. 천성적 어린이 자아상태는 자신의 감정을 좋은 것이든 싫은 것이든 자발적이고 자연스럽게 표현하는 매력적인 면을 보여준다. 그러나 반면에 개조된 자아상태는 자신이 느끼거나 생각하는 것을 그대로 표현하기보다는 부모가 자신에게 원하는 것이 무엇인가를 파악하여 그에 맞추어 표현하려 하기 때문에 자연스럽지 못하다. 즉, 부모의 뜻에 따라 자아상태가 개조된 것이다. 이러한 개조된 어린이의 자아상태가 정도를 넘으면 정서 장애를 일으키거나 문제를 일으킬 수 있다(안영진, 2014 재인용).

(2) 성인 자아상태(adult ego)

성인 자아는 자료를 수집하고 그것을 처리하며 논리적인 법칙을 따라 판단하고 외부 세상을 다루는 데 필요한 가능성들을 계산하는 능력이다. 또한 성인 자아상태는 외부 세계를 관찰하고 예측하는 기능을 가진 컴퓨터와 같은 무감각기관으로 간주되기도 한다.

상호교류분석이론에서 말하는 성인이란 발달연령이나 생활연령에 의해 구분되는 성인은 아니다. 따라서 이러한 성인 자아상태는 생의 처음 단계인 영아기에도 작동하며 어린이가 발달하고 성숙하면서 추상적인 판단을 하는 단계까지 성장하는 것이다(안영진, 2014 재인용).

(3) 부모 자아상태(parentego)

부모 자아상태는 각 사람의 삶에 영향을 미친 의미 있는 타인들의 행동이 심적으로 내면화하여 기록된 것으로 이런 기록이 개개인의 성격의 일부분으로 된 것이다. 부모 자아상태를 통하여 각 개인은 자기가 속해 있는 사

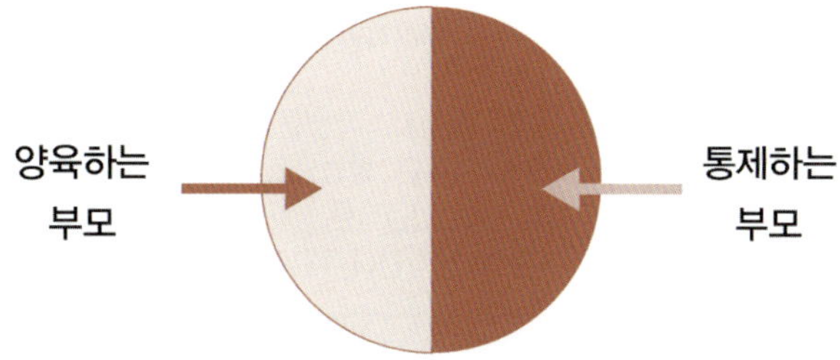

그림 5-4 부모 자아 상태의 두 수준

회의 예의, 전통, 가치, 중요한 것이 무엇이고 해야 할 일과 하지 말아야 할 일, 규칙 등을 배우게 되는데 이런 것들은 자신이 속한 사회에 적응하기 쉽게 한다(안영진, 2014 재인용).

부모 자아상태는 부모의 자녀양육 기능과 태도에 따라서 양육적 부모(nurturing parent) 자아와 통제적 부모(controlling parent) 자아로 구분된다.

양육적 부모 자아상태는 스트로크의 경험을 많이 주는 반면 통제적 부모는 행동, 말하는 것 등을 주의 깊게 보면서 판단하고 안내한다. 양육적 부모 자아상태가 잘 발달하는 것은 건전한 인성을 유지하게 되는 데 필수적이다. 통제적 부모 자아상태가 강한 사람은 지나치게 간섭하고 지배적이 되어 어린이 자아상태가 개조되는 데 영향을 준다. 이렇듯 어린이 자신의 천성적 자아상태가 이루어지도록 양육받지 못하고 부모의 기대대로만 행동하도록 키워진 어린이는 자신의 정체감을 갖지 못하고 수동적으로 끌려가는 생활을 하게 된다(안영진, 2014 재인용).

표 5-7 어버이, 어른, 어린이 자아상태

	어버이	어른	어린이
신체적·언어적 단서	신체적인 것		
	찡그린 이마, 오므린 입술, 지적하는 손가락, 머리 가로젓기, 무서운 표정, 발로 툭툭차기, 엉덩이에 손 얹기, 팔짱끼기, 손 비틀어 꺾기, 혀차기, 한숨쉬기, 남의 머리 가볍게 치기	어른의 표정은 순진한 것	눈물, 입술경련, 토라짐, 성깔부림, 고함 침, 흐느낌, 눈을 내리깜, 보챔, 환희, 웃음, 말할 기회를 얻기 위해 손을 듬, 손톱 물어뜯기, 조롱하는 몸짓, 몸부림 침, 낄낄 웃음

	언어적인 것		
	이번만 하고 그만 둘 것이다. 죽어도 할 수 없다. 항상……. 결코……. ~해야만 한다. 어리석은……. 버릇없는……. 착한 애야…….	언제, 어디서, 무엇을, 누가, 얼마나, 어떤 방법으로, 비교적……. 있음직한, 가능하나, 객관적, 생각건대, 내 견해로는	어린애 말투, 바란다, 원한다, 난 몰라, 나 갈테다, 무관심이다, 내가 자라면, 보다 더 큰…… 가장 큰

(4) 세 가지 자아상태의 작용

어떤 새로운 것이 자신의 의식 속에 들어가면 언제나 자아상태를 작용시키는 것이 가능해진다. 예를 들면, 푹 잠들어 있을 때 갑자기 부엌에서 접시 깨는 소리가 나고 말다툼이 시작되어 눈을 뜨게 되면 자아상태를 작용시키기 시작할 것이다. 우선 어린이 자아상태가 잠을 방해 받는 것에 대해 화를 내고, 다음으로 어른 자아상태가 작용하기 시작해서 그 소리를 냉정히 받아들여 그것이 중요한지 아닌지, 주목 할만한 가치가 있는지 없는지를 결정하게 될 것이다. 그리고 부모 자아상태가 관련 되면 아마도 부모가 똑같은 상황에서 행동했던 것처럼 행동하게 될 것이다. 그것은 비판적인 것이든가 혹은 양육적·보호적인 것이든 그중의 하나가 될 것이다(안영진, 2014 재인용).

(5) 상호교류의 유형

번에 의하면 상호교류는 두 사람 간의 스트로크의 교환이다. 상호교류는 사회적 자극을 받고자 하는 욕구를 채우려는 노력의 과정과 상대방이 응답하는 형태로 구성된다. 만일 한 사람이 다른 사람에게 말을 걸면 상대방은 이에 대해 여러 가지 반응을 할 것이다. 번에 의하면 사회적 자극이란 일종의 애정에 대한 욕구로서 인정을 받거나 주의집중을 받음으로써 만족된다고 한다. 이와 같이 사람들은 긍정적 스트로크를 원하지만 스트로크가 전혀 없는 상황보다는 부정적 스트로크라도 받고자 한다. 한 사람이 다른 사람과 교류를 할 때는 그 사람은 다양한 자아상태를 사용하게 되는데 사람들 간의 상호교류의 형태는 다음의 세 가지가 있다(안영진, 2014 재인용).

① 보완적 상호교류(complementary transaction)

보완적 상호교류는 자극과 반응의 방향인 의사소통이 평행을 이루며 단지 두 자아상태 안에서만 상호교류하는 관계이다. 예를 들어, 어머니가 "너는 오늘 몇 시에 학원에 가니?"라고 물으면 자녀는 "6시에 가요"라고 대답한다. 이와 같이 부모, 성인, 어린이 자아상태에서 의사소통이 평행하거나 상호보완적으로 이루어져서 부드럽게 대화가 되는 것을 보완적 상호교류라고 한다(안영진, 2014 재인용).

그림 5-5에서 보듯이 이런 상호교류에서는 양자 간에 심리적 갈등이 없기 때문에 원만한 의사소통이 이루어진다. 부모-부모 자아상태 간의 상호작용, 문제를 객관적으로 해결하려고 노력하는 성인-성인 자아상태, 함께 즐기거나 노는 어린이-어린이 자아상태, 한편은 의존하고 한편은 징계하는 양육과 징계의 어린이-부모 자아상태 등 여러 가지 일상적인 대화에서 이루어질 수 있다(안영진, 2014 재인용).

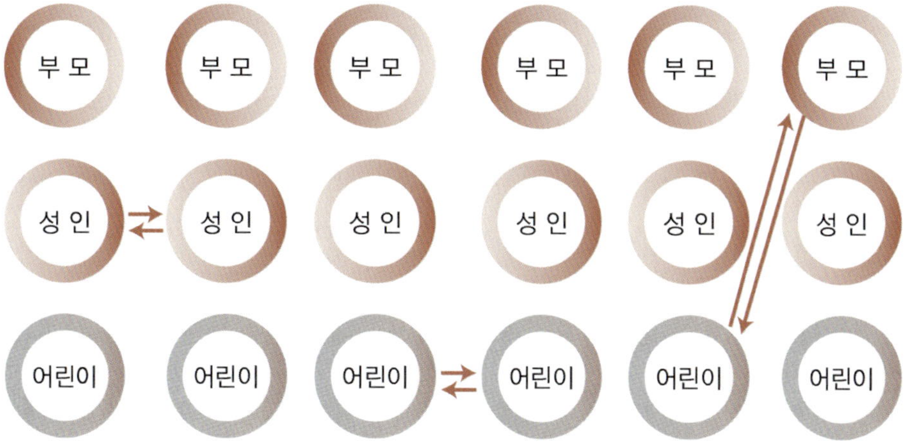

그림 5-5 보완적 상호교류

② 교차적 상호교류(crossed transaction)

교차적 상호교류는 한 사람이 두 가지 자아상태로 대화를 하여 교류가 교차되는 것이다. 예를 들어, "엄마, 내 책가방이 어디 있어요?"라고 묻는 자녀에게 "책상 위에 있다"라고 대답을 하면 정보를 원하는 사람에게 객관적인 정보제공을 하는 것이므로 문제해결이 이루어지고 따라서 성인-성인의 자아관계가 형성된다. 그러나 "왜 너는 항상 물건을 아무데나 놓고 다니니? 귀찮게"라고 대답했다면 성인 자아상태로 상호작용하기를 원하는 자녀에게 부모 자아상태에서 꾸지람을 하게 되는 것이고 교차적 상호교류가 일어나는 것이다. 어떤 관계에서 문제가 생기는 때는 보완적 상호교류가 일어나지 못하고 교차적 상호교류가 생기는 때이다. 만일 교차적 상호교류가 두 사람 관계에서 빈번하게 일어나거나 상호교류를 할 때마다 교차되면 두 사람 간의 관계가 심각하다는 것을 뜻하며 정신과 의사의 도움을 받아야 할 때도 있다. 이러한 의사전달법은 대화가 계속 진행되는 것을 잘라버리고 처음의 주제를 잃어버리고 마음이 뒤범벅이 되어 혼란 속에 빠지게 한다(안영진, 2014 재인용).

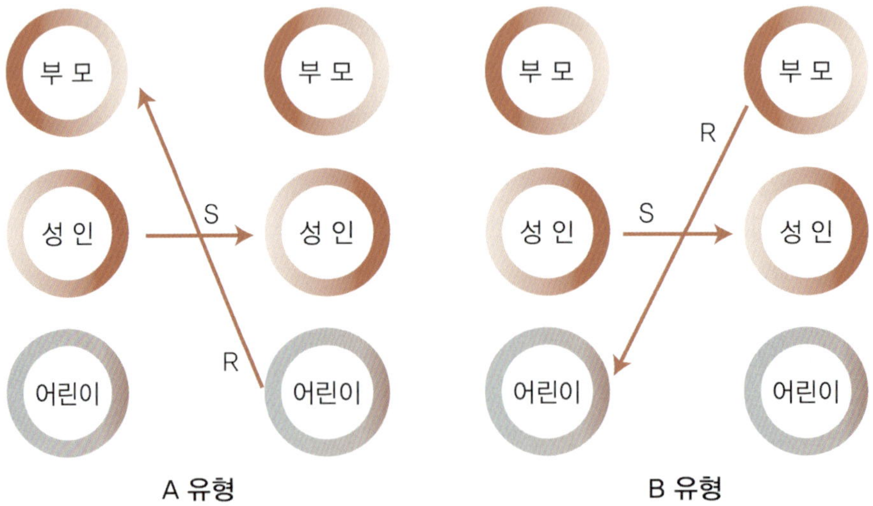

그림 5-6 교차적 상호교류

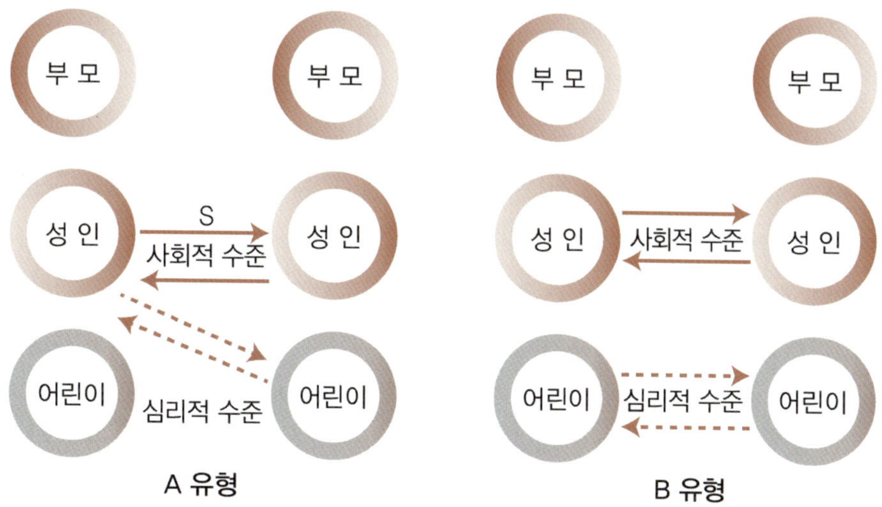

그림 5-7 잠재적 상호교류

③ 잠재적 상호교류(ulterior transaction)

잠재적 상호교류는 전달하고자 하는 메시지가 심리적으로 숨겨져 있는 것이다. 즉, 명백한 메시지는 있으나 그 메시지가 심리적으로 숨겨져서, 겉으로 드러나고 있는 사회적 수준과 숨겨진 심리적 수준이 다르게 일어나는 것을 말한다(안영진, 2014 재인용).

그림 5-7에서처럼 사회적 수준은 성인 대 성인 자아상태 간에 이루어지지만 심리적으로는 상대방의 부모 자아상태 혹은 어린이 자아상태를 대상으로 이루어진다. 대개는 사회적 수준의 메시지는 대화를 통해 언어에 의해 전달되지만, 숨겨진 심리적 수준의 메시지는 어떤 말 속에 함축되어 있기도 하고 목소리나 억양이나 몸짓을 통해서도 나타난다. 잠재적 상호교류는 각진 상호교류(angular ulterior transaction)와 이중적 상호교류(duplex ulterior transaction)로 나뉜다. 각진 상호교류는 그림 5-7에서처럼 두 사람 간에 세 종류의 자아상태가 관여하는 경우이다. 예를 들어, 노련한 세일즈맨 같은 사람들은 다음과 같은 각진 상호교류를 사용한다. “이 물건이 저것보다 더 좋습니다. 그런데 당신 사정으로는 구입하기 어려우실 겁니다”, “바로 그

물건을 사겠어요", 상호교류수준에서 세일즈맨은 객관적인 정보를 제공하고 객관적으로 판단할 것을 기대하는 것 같지만 심리적 수준에서는 그 주부의 어린이 자아상태를 자극하고 있다. 이때 주부는 자신의 재정적 사정은 고려하지 않고 자신이 재정적 능력이 있음을 보여주기 위해 물건을 구입했다면 세일즈맨의 각진 상호교류가 성공한 것이다. 이때 잠재적 상호교류가 보완적으로 이루어졌다. 만일 주부가 그 마음을 알고 화를 내며 물건을 사지 않는다면 세일즈맨의 각진 잠재적 상호교류는 성공하지 못하고 교차적 상호교류가 일어난다. 한편 이중적 상호교류란 다음의 예에서 찾아볼 수 있다. 즉, 두 사람 사이의 대화에서 네 종류의 자아상태가 관여하여 일어난다. "오셔서 헛간을 보세요"라고 말한 목동의 청에 여자가 "나는 어릴 때부터 헛간을 좋아했답니다"라고 대답한다면 이는 사회적 수준에서는 헛간에 대한 객관적 정보를 나눈 것 같으나 심리적 수준에서는 어린이 자아상태에서 이루어진 대화이다(안영진, 2014 재인용).

(6) 게임

번이 말하는 게임이란 보통 우리가 말하는 여가선용상의 즐거움이나 재미를 주는 활동을 의미하지 않는다. 상호교류분석에서 말하는 게임이란 두 사람 혹은 그 이상의 사람의 집단에서 사람들에게 일어나는 심리적 상호교류의 상태를 말한다. 인간의 의사소통에는 늘 보이지 않는 함정이 있는데 이것은 잠재적 상호교류에 의해 일어난다. 이런 잠재적 상호교류를 번은 게임이라고 하였고, 이것은 의식적으로도 무의식적으로도 일어난다고 하였다. 게임의 종류는 다양하며 주정꾼, 빚쟁이, 부부싸움, 파괴, 성적 관계 등도 모두 게임으로 이루어진다. 게임은 세대에서 세대로 옮겨 전달되며 지금 각 개인이 쓰고 있는 게임은 부모세대로부터 물려받은 것이고 앞으로 자식이나 다음 대에 그대로 전달될 것이다. 따라서 어린이를 양육한다는 것은 그들에게 어떤 게임을 해야 하는지를 가르치는 것과 같다. 상호교류 심리학에서 뜻하는 정신분석은 그 사람이 인간관계를 맺을 때 사용하는 게임을 분석하여보다 친밀한 관계를 갖도록 돕는 것이다. 번에 의하면 가장 이상적인 인간관계란 게임을 하지 않으면서 서로 친밀감을 느낄 수 있는 관계이다(안영진, 2014 재인용).

4) 부모교육의 현황

상호교류분석은 인간관계의 이해를 위해 응용되었으며 부모-자녀관계에 광범위하게 적용되어 오지는 않았다. 이 이론은 의사소통을 용이하게 하기 위해 다른 사람과의 상호작용을 분석하는 방법을 제공하며 타인과의 상호작용에서 각 개인의 자아 상태에 각각 자극과 반응이 생기도록 하는 데 목적이 있다(안영진, 2014 재인용).

TA부모교육 프로그램에선 자기 성장과 가족관계의 의사소통에 도움을 주는 접근 방법을 사용한다. 표준화된 교육 과정 없이 프로그램을 실시할 때 지도자 훈련을 받은 프로그램 지도자가 며칠 동안 워크숍이나 여러 주 동안 부모모임 형태의 교육 과정을 조직하고 계획하여 이끌어 간다. 부모 자신의 위치와 문제를 평가하는 것과 자녀의 건전한 성장을 도울 수 있는 양육 방법을 제공하는 것 등이다. 인성 구조의 분석, 인간관계의 교류분석, 게임의 분석, 생활자세의 분석 순서로 적용한다. 발달적 접근으로 아동이 성장과 발달을 강조하여 각 단계에서 경험하여야 하며 또한 경험하게 되는 발달과제에 따른 세부사항을 제공한다(안영진, 2014 재인용).

TA에서 사용하는 어휘들이 창의적이고 매력적이라는 평가가 있는 반면(Harris, 1969) 이해하기 힘들고 부자연스럽다고 비판한다(Corey, 1982). 부모교육 전략을 TA의 효율성을 구체적으로 평가하여 제시한 연구로 탐(Thamm, 1972)은 423명의 고등학생을 대상으로 가정의 사회적 변인과 생활자세와의 관계를 조사한 결과 높은 사회적 배경을 지닌 아동은 자기부정-

타인긍정의 생활자세를 갖고 있으며 가족과 친하지 못하고 의심이 많았다. 사회수준이 낮은 배경의 아동들은 자기긍정-타인부정의 생활자세를 갖고 있으며 지성적이고 개방적이었으나 결손가정의 자녀들이 많았다. 자기부정-타인부정의 생활자세를 가진 아동은 아버지의 교육수준이 높고 어머니의 교육수준은 낮았다. 자기긍정-타인긍정의 생활자세를 가진 아동의 부모는 교육수준이 높았으며 가정의 분위기가 평화로웠다(안영진, 2014 재인용).

번스타인(Bernstein, 1973)은 지위지향적 가정에서 자란 아동은 아무나 권위에 기계적으로 반응하고 서로 상호작용이 적으므로 자연히 인지발달의 기회가 제한되고 부정적인 생활자세를 갖게 된다고 하였다. 인성 지향적인 가정에서 성장한 아동은 인지능력이 촉진되고 긍정적인 생활자세를 갖는 것으로 나타났다(안영진, 2014 재인용).

7 STEP 프로그램

STEP(Systematic Training for Effective Parenting) 프로그램은 딘크메이어(Dinkmeyer)와 멕케이(Mackay, 1976)가 개발한 것으로 드라이커스(Dreikurs)의 민주적 양육이론과 고든의 부모 효율성 훈련이론 중 장점만을 골라서 체계화하여 훌륭한 부모가 되고자 하는 성인을 위하여 고안된 프로그램이다. 이것은 주교재를 한 주에 한 장씩 읽으며 9주 동안 자녀양육 문제를 토의하고 경험담을 나눌 수 있게 꾸며져 있다(안영진, 2014 재인용).

1) STEP 프로그램의 이론

딘크메이어와 멕케이에 의하면 우리 사회가 전통적 사회로 지속되었다면 오늘날처럼 부모-자녀 사이에 갈등이란 존재하지 않고 아내는 남편에게,

자녀는 부모에게 순종하는 위계질서가 잘 지켜졌을 것이라고 한다. 그러나 사회는 끊임없이 변하기 때문에 부모-자녀관계에 갈등이 생긴다. 민주사회의 발달은 사람들 사이의 민주적 관계를 강조하기에 이르렀으며, 특히 여성과 어린이에게 부여된 동등권은 자기 권리를 주장하려는 생각을 심어 주게 되었다. 변화하는 사회는 전통적 사회와는 다른 자녀 훈육의 방법을 필요로 하게 된다. 그것은 곧 민주사회의 움직임에 적합한 민주적 자녀 훈육 방법인 것이다. STEP에서는 자녀의 행동에 대한 제한을 좀 더 줄이는 방법을 추천하고 있다. 즉, 부모와 자녀는 사회적으로 평등하다는 것이다. 이때의 평등이란 인간의 가치와 존엄성에 있어서의 평등을 말 한다. 민주사회는 사회가 규정한 제한 안에서 모든 사람이 존중되고 스스로 결정할 자격이 있는 것이다(안영진, 2014 재인용).

2) STEP 프로그램의 원리

STEP에서 말하는 자녀양육의 원리는 다음과 같다(안영진, 2014 재인용).

(1) 부모와 자녀는 사회적으로 평등한 관계이다

민주사회는 모든 개인에게 책임 있는 행동을 요구한다. 책임 있는 성인을 키워내기 위해서는 가정에서 먼저 책임 있는 어린이로 자라야 한다. 민주적 자녀양육이란 평등과 상호존중이 바탕이 되어야 한다.

(2) 자녀의 행동을 이해한다

성인들은 인간행동에 대한 이해가 부족하다. 부모는 자녀의 잘못된 행동이 어떤 연령이나 단계 때문이 아니라 모든 행동에는 사회적인 목적이 있다는 것을 이해해야 한다.

(3) 자녀의 잘못된 행동에는 그 이유(목표)가 있다

자녀들이 잘못된 행동을 통해 어떤 것을 성취하려고 하는가, 즉 그 행동의 목표가 무엇인가를 알아야 한다. 따라서 자녀의 행동 자체보다는 잘못된 행동의 결과를 관찰하도록 부모가 자기훈련을 하라는 것이다.

(4) 부모-자녀를 위한 긍정적 관계의 기본 요소를 알아야 한다

① 상호존중의 태도를 유지한다. 즉, 부모는 자녀를 존중하는 태도를 보이고 부정적인 말을 삼간다. 그리고 말을 할 때는 친숙한 분위기에서 이야기를 나눈다.

② 즐거운 시간을 갖는다. 매일 잠깐이라도 부모도 즐기고 아이도 즐길 수 있는 시간을 갖는다. 잠자리에 들기 전 시간은 함께 즐기는 데 좋은 시간이다.

③ 자녀를 격려한다. 자녀가 스스로를 '능력 있다'라고 느끼게 끊임없이 격려한다.

④ 자녀에게 사랑을 표시한다. 말로만이 아니라 실제 행동을 통해서 안아주고 쓰다듬어주고 토닥거려주는 등의 표현을 해 주어야 안정감을 느끼고 사랑받고 있음을 느낄 수 있다.

3) 부모교육의 방법

STEP 프로그램은 유아교육기관이나 부모회에서 9주 동안 체계적인 부모교육 프로그램을 하게 되어 있다. 9주 동안 각 장을 끝내고 그 장에 대한 내용, 문제, 질문 사항을 실천하도록 제시한다. 그리고 자녀양육문제에 대해 토의하거나 각 장에서 추천하는 내용을 실천한 후 이것에 대해 경험담을 나누어 보도록 하고 있다. 이 프로그램에서 훈련받은 부모는 '훈련된 부모교사'가 되어 원한다면 다른 부모집단을 훈련할 수 있다는 특징이 있다(안영진, 2014 재인용).

CHAPTER 06

특별한 관심이 필요한 자녀와 부모역할

1 외둥이 자녀의 특성과 부모역할

외둥이(the only child)란 아동의 성(性)에 관계없이 한 가정 내에 한 명의 자녀를 말한다. 최근에는 가족의 소규모화, 저출산 현상 등으로 인해 핵가족 형태 중에서 가장 작은 개념인 외둥이가족이 증가하였다.

1) 외둥이 자녀의 특성

부모의 관심을 자녀에게 집중시킬 수 있으며, 부모-자녀의 애정적 관계를 통해 심리적 안정감을 형성할 수 있다. 자녀의 욕구불만이 적고 비교적 본인의 개성을 발달시키고 자율성을 기르는 데 많은 기회를 가질 수 있다. 사회적 경험이 소집단에서 이루어져 집단적인 가정생활을 경험하지 못하므로 타협이나 양보, 사랑과 경쟁을 적절히 대처하는 태도가 부족할 수 있다. 함께 생활하는 성인의 폭이 좁고 전통적인 문화나 가치관의 전수가 어려워 친족 간의 유대감이 약할 수 있다.

2) 외둥이 자녀를 위한 부모역할

부모는 조부모 및 친족 간의 잦은 만남을 주선하여 자녀가 전통문화의 가치를 전수 받고 세대 간의 이해를 도모할 수 있도록 한다.

집단생활에서 조화를 경험하고 습득할 수 있는 환경을 제공해 주도록 노력한다. 또래와의 상호 갈등을 겪으면서 다른 사람을 이해하고 도울 수 있는, 원만한 대인관계를 위한 폭 넓은 또래와의 사회적 경험을 키울 수 있도록 친구들과 어울리는 기회를 많이 만들어야 한다.

외둥이 자녀는 부모에게 의존하는 경우가 많으므로 독립심을 키울 수 있도록 건강한 틀을 제공하고, 자율성과 함께 그 한계를 분명하게 알려주어 자녀와 부모 간의 신뢰 있는 관계를 형성할 수 있도록 해야 한다.

2 쌍둥이 자녀의 특성과 부모역할

국내에서 지난 7년간 쌍둥이 출산율이 34.5% 늘어난 것으로 나타났다. 다태아 출생은 계속 증가 추세라고 하는데, 이는 인공수정 및 체외수정(시험관 아기) 등의 보조 생식술이 도입된 시점과 맞물리기도 한다. 결혼과 출산 연령이 늦어지면서 시험관시술 같은 인공수정이 늘었기 때문이다.

1) 쌍둥이 자녀의 특성

보통 쌍둥이들은 출생할 때 대개 미숙아로 태어난다. 이는 모체의 한계 때문인데 자궁 내에 1명의 태아와 1명분의 영양을 공급하게 되어 있으나 2인이 모체에서 성장하기 때문이다. 어머니가 아무리 영양공급에 신경쓴다고 해도 한계가 있으며, 체내에 2명의 아기가 완전하게 성장한다면 그 부피와 무게 때문에 모체에도 영향이 있다. 때문에 출산 후 영양적으로 신경을 많이 써야 한다. 쌍둥이는 모든 환경이 서로가 비슷하기 때문에 둘이 같은 시기에 병에 걸리기 쉬우며 이는 부모의 체력적 정서적 스트레스로 이어질 수 있다. 또한 경제적으로 많은 부담을 느낄 수 있고, 평생의 라이벌이자 동반자로 함께하는 것이 자녀 서로에게 스트레스가 될 수도 득이 될 수도 있다.

2) 쌍둥이 자녀를 위한 부모역할

부모는 쌍둥이 각각의 특성을 잘 이해해야 한다. 유전적 동질성이 높다하더라도 서로 다른 인격체로써 각자의 개성과 특성을 존중하는 것이 무엇보다 중요하다.

일정 시기가 지나면 서열을 정리해 양육하는 것이 효과적이며, 성별에 치우거나 한쪽에 치우진 애정은 다른 아이는 낮은 자존감과 소외감을 느낀다. 이는 쌍둥이 부모에게만 해당하는 것은 아니지만 공평한 태도를 유지해야 한다.

같은 또래의 자녀라는 특성은 다른 친구를 사귐에 있어 다소 소극적일 수 있다. 서로 너무 의존하지 않도록 다양한 경험을 제공하고 사회성을 기를 수 있도록 돕는다.

쌍둥이 자녀의 발달 상태가 각각 다를 수 있기 때문에 부모는 발달 과정에서의 차이에 대해 너무 개의치 않는다. 당연히 키, 체중, 언어, 성격 등 차이를 보일 수 있다.

서로에 대한 남다른 친밀감을 존중해 주는 동시에 각자가 독립심을 갖고 개성 있는 혼자로 성장할 수 있도록 지원한다.

3 장애 자녀의 특성과 부모역할

자녀가 장애를 가지고 태어나거나 장애아동으로 진단 받은 경우 부모들은 여러 경로의 스트레스를 겪게 되고, 현실과 생활 전반에 걸쳐 많은 도전과 책임감으로 인해 어려움을 겪는다(김향지, 2001).

1) 장애의 개념 및 현황

우리나라 개정된 「장애인복지법」 제2조에서는 장애인의 정의를 "신체적·정신적 결함으로 인하여 장기간에 걸쳐 일상생활 또는 사회생활에 상당한 제약을 받는 자로서 대통령령이 정하는 장애의 종류 및 기준에 해당하는 자"로 규정하면서 장애 종류는 신체적 장애와 정신적 장애로 구분하여 정의하고 있다.

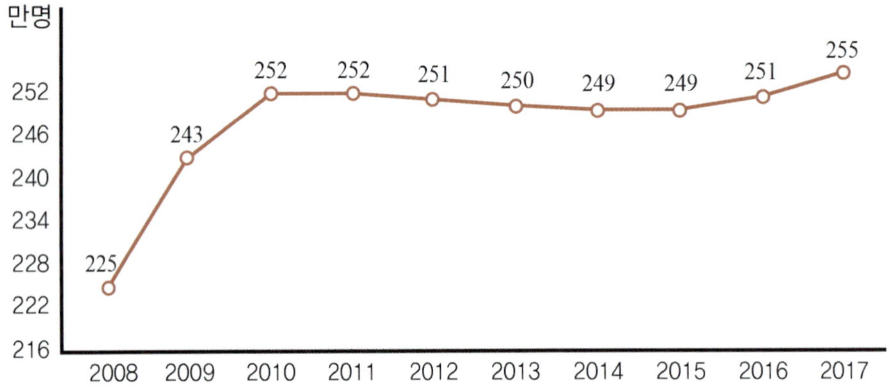

그림 6-1 등록장애인수

출처: KOSIS(2017). 장애인현황. 보건복지부.

2) 장애 자녀를 위한 부모역할

부모는 자녀에 대한 전문가의 진단결과를 빨리 수용해야 적절한 조치와 양육방법을 강구할 수 있다. 장애아가 태어난 것은 누구의 잘못도 아니다. 모든 가정에서 일어날 수 있는 가능성임을 깨닫고 인내심을 가지고 장애아의 발달을 지켜봐야 한다.

부모가 장애아가 지닌 능력 이상의 것을 강요하는 것은 자녀가 실패감과 좌절감을 느낄 수 있으니 장애아 교육은 정상아로 만드는 교육이 아닌 것을 인식해야 한다. 자녀만의 특별한 능력과 특기를 살려 능력을 계발하는데 초점을 두어야 한다.

모든 가족구성원은 장애 자녀를 일관성 있게 대해야 한다. 엄격한 아버지와 관대한 어머니는 장애 자녀에게 혼란을 줄 수 있다. 또한 모든 구성원이 관심과 사랑을 갖고 있음을 적극적으로 표현해 주어야 한다.

4 ADHD 자녀의 특성과 부모역할

1) ADHD의 개념 및 현황

정신장애의 진단 및 통계편람 제4판(Diagnostic and Statistical Manual of Mental Disorders, forth edition, DSM-IV)의 의학적인 진단기준에 따르면, 주의력 결핍·과잉 행동 장애(Attention Deficit Hyperactivity Disorder, ADHD)는 당면한 과제에 주의를 기울이거나 주의를 지속함에 있어서 제한된 능력을 보이며(부주의, inattention), 어떤 일을 심사숙고하여 조직적으로 처리하지 못하거나 목적 없이 행동하며(충동성, impulsivity), 활동의 양이 같은 연령대의 또래나 주어진 과제에 비해 과도함(과잉행동, hyperactivity)을 특성으로 하는 장애이다(서주은, 2005). 즉, 주의력결핍, 과잉행동 및 충동성을 특징으로 하며, 소아기에 발병하는 정신과적 질환이다(American Psychiatric Association(APA), 2000). APA(2000)에 따르면 부주의, 충동성, 과잉행동 중 두 가지 이상의 행동이 포함된 특성이 7세 이전에 6개월 이상 보일 경우 주의력 결핍·과잉 행동 장애로 진단한다. 이러한 주의력 결핍·과잉 행동 장애는 세 가지로 분류될 수 있는데, 그 세 가지는 과잉행동-충동성이 우세한 유형, 부주의가 우세한 유형 그리고 부주의, 충동성, 과잉행동 모두가 우세한 유형이다.

영유아에게 ADHD 특징이 나타나는 원인은 복합적이지만, 특히 유전적인 이유가 가장 큰 것으로 나타났다(Faraone at el., 2003). ADHD 영유아들은 학업 수행과 사회적 관계 형성에 어려움을 경험할 가능성이 높으며, 성장하면서도 그 영향이 지속될 가능성이 높은 것으로 나타났다(Biederman, 2005). 그리고 불안장애, 기분장애, 반항장애, 품행장애, 학습장애 등 공존질환을 보여 영유아에게 매우 큰 부정적 영향을 미친다(Pliszka, 1998).

현재 현황을 보면 유병률은 연구자의 연구방법 및 지역적 특성에 따라 5~10% 정도로 다양하게 보고되고 있으며, 여러 지역에서 행한 연구들을 종합하여 메타분석한 결과에 의하면 5.29%로 보고되고 있다(양영희 외 2008, 재인용). 그리고 한국에서는 일반 아동의 6.5~13.25%가 ADHD 질환을 가지고 있다고 보고되고 있다(양영희 외 2008, 재인용).

2) ADHD 자녀를 위한 부모역할

ADHD 자녀를 둔 부모의 양육과 관련된 스트레스가 매우 높고 우울 증상이 빈번하게 나타나는 것으로 보고되고 있다(최소영, 2007). 또한 부모로서의 적절한 역할 수행의 어려움, 무기력감, 부부 갈등, 낮은 자존감, 역기능적 가족관계, 사회적 고립감, 우울감 등을 경험한다(이신영, 1998). 이러한 특성은 부모의 특성이라기보다는 ADHD 자녀의 증상에 기인한 이차적인 것일 가능성이 크다(구희정, 2004; 이신영, 1998; 하은혜 · 오경자, 1992). 따라서 부모는 먼저 자신의 스트레스와 우울 증상을 최소화할 수 있는 방법을 찾아야 하며, 주변 사람들과 지역사회에 도움을 요청할 필요가 있다. 부모가 정신적으로 건강할 때 상호작용을 통해 ADHD 영유아에게 긍정적인 영향을 미칠 수 있기 때문이다.

부모는 ADHD 자녀의 치료를 위해 네 가지 방식을 시도할 수 있다. 먼저 약물치료가 있는데 ADHD 영유아에 대한 치료적 접근 중 가장 널리 사용하고 있는 방법은 중추신경각성제를 사용한 약물치료이다(Pelham, 1989;

Whalen, 1989).

중추신경각성제를 사용한 약물치료는 ADHD의 원인을 중추신경계의 각성 수준이 낮은 것에서 기인한 신경학적 결함으로 가정하고 중추신경각성제를 이용하여 주의집중력을 촉진하는 것을 주목적으로 하고 있다.

두 번째는 인지행동 놀이치료이다. 인지행동 놀이치료란 인지행동치료에 전통적인 놀이치료를 통합한 방법으로 훈련된 치료사가 심리적 문제를 가진 내담자를 돕기 위해 체계적으로 놀이의 치료적 힘을 적용하는 대인관계 과정 치료법이라고 할 수 있다(Schaefer, 1993).

세 번째는 부모가 훈련을 통하여 ADHD 영유아의 행동을 수정하는 행동수정 기법이다. 행동수정 기법은 ADHD 영유아의 학업 수행을 향상하는 데 약물치료보다 더 효과적인 것으로 보고되고 있다(Pollard, Ward, & Barkley, 1983).

마지막으로 세 가지 방법을 병합하여 치료하는 병합치료법이다. 이론적으로 ADHD 영유아에게 두 가지 다른 치료적 개입은 치료적 효과가 뛰어나며, 한 가지 치료가 특정 영역에 영향을 미친다면, 다른 치료적 개입은 다른 영역에 긍정적인 영향을 미칠 수 있는 것으로 나타났다(Hinshaw, 1994).

결과적으로 ADHD 자녀를 둔 부모는 자신 스스로 정신을 건강하게 할 수 있도록 노력해야 하며, 약물치료와 인지행동 놀이치료, 행동수정 기법, 병합치료 등을 통해 자녀가 ADHD를 이겨낼 수 있도록 도와야 한다.

CHAPTER 07

교사–부모관계의 이해와 적용

일부 부모들은 자신의 스트레스나 성격 때문에 교사에게 아주 적대적인 태도를 보이거나 냉담한 태도를 보이기도 한다. 그러나 그러한 경우 이외에도 현장의 교사들은 부모와의 관계 형성에 어려움을 갖는다고 이야기한다. 교사와 부모 간의 부적절한 관계 형성은 유아를 위한 교육을 수행하는 데 있어서 어려움이 있을 수 있음을 의미한다.

그렇기에 부모교육을 수행하기 위해서 양육 시 부모에게 나타날 수 있는 제반 문제 상황과 부모의 발달 과정에 대해서 교사-부모관계에서 발생할 수 있는 갈등 처리 및 대처 방안을 인식할 필요가 있다. 따라서 이 장에서는 이와 관련된 사항들의 설명과 더불어 그 적용 방안에 대하여 다루고 있다(안영진, 2014 재인용).

1 부모의 좌절과 죄의식에 대한 대처 방안

최소한의 부모의 스트레스도 유아에게는 많은 영향을 미칠 수 있다. 특히 부모들은 과업을 쉽게 해결하지 못하게 됨으로써 스트레스를 받았을 때 자녀에게 긍정적인 언어사용과 행동이 나타나지 않고 화를 잘 내고 비판적이게 된다. 그렇기에 교사는 부모의 좌절과 죄의식을 처리하는 방안을 인식할 필요가 있다(안영진, 2014 재인용).

1) 부모의 스트레스 다루기

『부모의 스트레스(Parent Burnout)』에서 프로카치니와 키에파버(Procaccini & Kiefaber, 1998)는 정신쇠약 혹은 스트레스를 "장기간 높게 혹은 낮게 인지된 개인적인 성장과 자율성의 결합에서 기인한 신체적·정서적·정신적 고갈로 가는 하향세"로 정의한다. 프로카치니와 키에파버(1998)는 부모역할에 대한 스트레스를 5단계로 구분지어 설명했다(안영진, 2014 재인용).

① 1단계 "열성과 성심을 다하는(gung-ho)" 단계에서 부모들은 굉장한 에너지와 높은 기대로 자녀양육을 시작한다. 자녀가 부모의 기대에 미치지 못하거나 실패하게 되면, ② 2단계인 "회의(doubts)" 단계로 이동한다. 부모 자신의 능력과 양육가치관에 대해 자문한다. 긍정적인 느낌을 받지 못하여 분노가 나타나게 된다. 두 가지 갈림길에서 한 가지를 선택할 수 있는 ③ 3단계 "전환(transition)" 단계로 이동한다. 자녀에 대한 기대를 바꾸고 부모로서 좌절감을 감소시키는 방법을 발견하여 새로운 단계로 이동한다. 만약 변화하지 않고 계속된 좌절 속에서 회의를 느낀다면 ④ 4단계 "멀리 떨어지는(pulling away)" 단계로 이동한다. 계속적으로 자녀의 양육에 대해 화가 난다면 ⑤ 5단계 "만성적 각성(chronic disenchantment)" 단계로 이동한다.

2) 유아 양육에 대한 부정적 태도를 긍정적 태도로 전환하기

열정적이고 헌신적인 부모들도 신체적·정신적인 체력을 소모하게 됨으로써 양육에 대한 부정적 태도를 형성할 수 있다. 부정적 태도를 지닌 부모의 태도를 서서히 변화시키면서 긍정적인 태도로 전환할 수 있도록 해야 한다. 브룩(Brook, 1994)이 구성한 부모교육 프로그램은 부정적 태도로 인해 소진된 정신 및 신체적 체력을 도모시키기 위한 요소를 포함하고 있다(안영진, 2014 재인용).

① 책에서 자녀와 양육 기술에 관한 정보 수집
② 지지를 위한 다른 중요한 것과의 연계
③ 작은 모임의 구성원 되기
④ 목적 지향적인 활동에의 참여
⑤ 지적 성취를 위한 지도
⑥ 신용 이용
⑦ 인생의 의미를 부여해 줄 수 있는 신체적 · 정신적 신념 개발
⑧ 스스로에게 유익한 활동 유지

위의 8개의 구성 요소는 부모의 심신 쇠약의 완충작용을 할 수 있도록 도움을 준다. 양육기술과 부모의 스트레스를 감소시키는 기술을 훈련받은 부모는 양육기술만 가진 부모보다 효과적으로 자녀를 양육하는 것이 관찰되었다(안영진, 2014 재인용).

3) Radl의 자기-혐오감 다루기와 확신성 회복하기

어머니이며 작가인 라들(Radl)은 자기-혐오감을 다루고 자존감과 확신성을 회복시키는 과정을 제시하였다(Brook, 1994). 자신감을 회복하기 위해서는 과거의 부모 자신의 모든 잘못을 스스로 용서해야 하며 그 방법을 다음과 같이 제시하였다(안영진, 2014 재인용).

① 죄책감을 느끼는 모든 것을 의식적으로 회상한다.
② 자신에게 “나는 너를 용서한다”라고 말한다.
③ ‘부모의 죄의식 목록’을 기록하고 스스로 통제할 수 있는 것과 없는 것을 분류한다. 스스로 통제 가능한 것을 해결할 수 있도록 노력한다.
④ 부모의 장점들을 목록화한다. 스스로를 긍정적으로 생각하며 자녀들을 사랑하고, 이해하기 위해 노력한다.

2 부모양육 행동의 특성

교사는 양육의 일반적 목적을 인지할 때, 보다 더 효율적인 교사-부모관계를 형성할 수 있다. 자녀를 양육할 때 부모들이 보이는 행동 특성을 지노트(Ginott, 1964), 고든(Gordon, 1975), 브릭스와 브룩(Briggs & Brook, 1994), 드라이커스와 브룩(Dreikurs & Brook, 1994) 등과 행동주의 이론가와 같은 전문가는 다음과 같이 제시한다(안영진, 2014 재인용).

1) 시범

부모는 자녀에게 발달하기 원하는 특정한 모델을 제공한다. 영아기 때는 부모가 생활 속에서 미소 짓고, 웃고, 말하는 정서적인 반응을 보여주는 것이 필요하다. 유아를 다루는 데 있어 따뜻함과 행복함이 공존하고, 존중과 존경을 표현하여 유아의 요구에 항상 같은 반응으로 응답하고 부드럽게 대하는 부모의 태도는 자녀의 삶에 긍정적 영향을 미치게 된다. 유아의 눈을 통해서 부모 자신의 행동을 돌아보며 유아를 위해서 모델링을 하고 있는지, 부모 자신의 만족도에 의해서 모델링을 하고 있는지를 파악하며 적절한 모델을 제공해야 한다.

2) 신뢰

부모는 자녀가 유아교육기관, 주변 환경 속에서 사회적 요구에 잘 대처할 것이라는 확신을 가질 필요가 있다. 자녀가 스스로 문제에 직면하고 스스로 해결책을 찾는다. 부모의 믿음은 유아의 주체성 있는 행동에 영향을 주게 된다.

3) 사랑과 훈육

무조건적인 사랑이 효율적인 부모의 의무가 아니라 부모에게 편안함을 주는 방법으로 사랑이 표현되고, 유아에게 도움을 주는 방향으로 사랑을 표현해야 한다. 양육하는 것 자체가 사랑의 한 형태임을 지각해야 한다.

4) 존중

효율적인 부모는 인간으로서 자녀를 존경한다. 유아는 부모에게 유아가 개인적인 요구를 할 수 있으며 호불호를 선택할 수 있는 인간임을 깨닫고, 정중하게 이야기하고 상호작용해 주길 원한다.

5) 의사소통

부모-자녀 간에 가족의 규칙과 서로의 생각을 공유하고, 놀이 활동 등을 계획하고 토론할 때 효과적인 의사소통이 이루어지게 된다.

6) 정직

정직은 가능한 한 정확한 얼굴과 표정, 목소리 높낮이가 일관성 있게 연결되어 감정을 표현하는 것을 의미한다. 부모와 자녀 모두 정직하기 위해 노력해야 한다. 부모가 정직하게 감정을 표현하지 않을 경우 부모의 언행이 일치되지 않은 것을 목격한 자녀는 부모의 언어에 담긴 메시지를 혼동하게 된다.

7) 긍정적 진술

자녀를 지칭하는 부정적인 용어는 피하는 것이 좋다. 대신에 부모가 변화되길 원하는 행동에 대해서는 가능할 때마다 긍정적인 용어로 변화하여 말해야 한다. 예를 들어, “나는 철수가 엄마가 원하는 것을 해 주고, 엄마를 도와주었으면 좋겠어"와 같은 기대되는 행동을 긍정적으로 진술할 때 보다 효율적인 양육이 수행된다.

8) 시간, 관심, 배려

유아는 자신의 생각과 경험을 이야기하며 부모와 함께 지내는 시간을 필요로 한다. 부모는 자녀를 위해 시간을 할애하여 유아의 이야기에 귀를 기울여야 한다.

3 교사-부모의 갈등 해결

전문가로서의 교사는 상황과 관계없이 부모와 효율적인 관계를 지속해야 할 책임이 있다. 일반적으로 교사는 부모와 불편한 관계를 해결하기 위하여 부모와 교사 양쪽 입장에 대하여 정확하게 분석을 먼저 해야 한다. 갈등 상황에 대한 사실을 주의 깊게 분석해 보면 공통점을 찾을 수 있다. 여기에서는 교사가 접할 수 있는 부모의 바람직하지 않은 태도나 행동 및 기타 상황에 대하여 설명되어 있다(안영진, 2014 재인용).

1) 적대적 태도 다루기

(1) 위장된 적대감의 이해

모든 적대적인 표현이 진심에서 우러나오는 적대감이 아니라는 점을 인식할 필요가 있다. 부모가 자녀에 대한 관심이 클 경우 목소리가 화난 것처럼 표현될 수 있다. 자기 주장에 익숙하지 않은 사람, 자기 주장이 지나치게 강한 사람은 공격적으로 표현하기도 한다. 또한 자녀가 발달적 결함이나 문제를 가지고 있음을 부모가 알게 되었을 때 느끼는 슬픔을 위장하기 위하여 방어적 반응 중 하나로 적대감을 나타내는 경우가 있다. 따라서 교사는 적대적으로 받아들이기에 앞서서 부모의 정서적 입장에 대해 생각해 보아야 한다. 다음은 부모의 화를 완화시켜 효과적인 대화를 이끌어 갈 수 있는 교사의 태도를 알아보고자 한다.

① 화를 다루기 위해서 교사는 침착한 태도를 유지해야 한다. 부모의 강한 정서에 휘말려 들지 않도록 노력해야 한다. 부모의 목소리가 커지고 강해지는 데 반하여 교사는 부드럽고, 천천히 이야기할 수 있어야 하며, 개방적이고 긍정적인 신체 언어를 유지하도록 한다.
② 교사는 부모의 입장에서 상황을 받아들이고 부모의 정서적 반응을 이해하도록 노력해야 한다. 감정의 통제를 잃지 않고 부모를 무비판적으로 지지하는 것이 아주 중요하다.
③ 교사는 방어적이거나 논쟁적이지 않아야 한다. 교사가 감정적으로 부모의 감정에 반응하면 오히려 폭발적인 상황을 만들게 된다. 비합리적인 행동을 계속하는 사람을 무한정 포용하는 것은 한계가 있지만 교사는 기본적으로 인내하고 이해하려는 노력을 기울여야 한다.

(2) 화를 인정하고 수용하기

화를 내고 있는 부모의 견해를 반영해 주면 부모도 교사가 진실한 마음으로 부모의 감정을 이해하려고 노력한다는 것을 깨닫게 될 것이다(안영진, 2014 재인용).

> 제가 민수의 행동에 대해 이야기를 드려서 기분이 좋지 않으시군요.

부모에게 언어적으로 표현해 주어야 한다. 교사는 부모가 전하고자 하는 메시지를 정확하게 파악함으로써 교사가 자녀에게 구체적인 관심을 가지고 있음을 부모에게 설명하여 직접 느끼게 해야 한다.

교사: 제가 민수에 대해 모르는 것도 많아요. 어머님께서 제가 민수를 이해할 수 있도록 계속 도와주셨으면 해요. 민수의 어떤 점을 알면 도움이 될까요?

교사는 부모 반응에 대하여 공감적인 이해를 바탕으로 대화를 이끌어 나가야 한다.

(3) 사실에 근거하기

서로 다른 견해에 대하여 이야기할 때, 공격적이고 비판적인 언어보다는 묘사적 언어를 사용하여 기술하는 것이 더 쉽다. 부모에게 기술하는 내용이 객관적이고 사실일 경우, 그러한 기술을 지지할 수 있는 관찰된 자료가 있는 경우 교사의 말에 신빙성이 더해져서 교사 개인의 판단에 불구하다는 느낌을 완화시킬 수 있다. '좋지 않은 예'의 경우 부모는 방어적이거나 공격적인 태도를 보이며 화를 낼 것이다(안영진, 2014 재인용).

- 좋지 않은 예: 민수는 가정에서 훈육이 제대로 되지 않아서 지도하기 힘이 드는 아이에요.
- 좋은 예: 이번 주에 지켜보기로 약속 한 다른 친구를 때리지 않는다는 규칙을 민수가 잘 따르지 않는 것 같아요. 이번 주에는 영희에게 화를 세 번 내고 때리는 모습을 관찰했어요.

(4) 관심을 건설적으로 나타내기

샌드위치 방법을 사용하여 대화를 이끌어야 한다(안영진, 2014 재인용).

어머님께서도 민수에 대해서 얼마나 관심을 가지고 계시는지 알겠어요. 부모가 자신에게 관심을 가지고 있다는 것을 아이가 아는 것보다 중요한 것은 없다고 생각해요. 저는 민수의 행동조절력에 관심을 가지고 있어요. 유치원에서 뿐만 아니라 가정에서 어머님께서 도와주신다면 민수의 행동조절력 증진에 도움이 될 수 있다고 생각합니다.

대화에 있어서 나-전달법을 사용하면 긍정적인 교사의 언어가 전달되어 부모도 긍정적인 언어를 사용하여 이야기하게 된다. 나-전달법에는 다음과 같은 기본요소가 있다.

첫째, 교사에게 문제가 되는 행동의 기술
둘째, 그러한 행동의 결과 때문에 교사가 느끼는 감정
셋째, 그러한 관심의 이유

위와 같은 세 가지 기본요소를 넣어 나-전달법을 만들어 보면 다음과 같다.

민수가 다른 아이를 때릴 때(행동의 기술) 저는 이 반의 모든 아이가 원에서 안전한 생활을 해야 한다는 규칙을 민수에게 충분하게 이해시키지 못하였다고 생각이 들어(이유) 교사로서 좌절감(교사의 감정)을 느낍니다. 어머님께서 이 문제를 더 이상 이야기하기를 원하지 않으시면(행동의 기술) 앞으로의 문제가 심각해지게 될지도 모른다고 생각되어(이유) 저도 안타깝습니다(교사의 감정).

반면, 나-전달법이 아니라 너-전달법을 사용하는 경우 비판적인 언사가 되기 쉽다.

어머님은 민수에게 문제가 있다는 것을 받아들이지 않으시고 계세요. 어머님께서 민수 생각만 하시어 민수에게 어떤 문제점이 있는가를 들으려고 노력하시지 않는 것 같습니다.

(5) 부모의 관심사를 존중하기

문제를 해결하기 위하여 어떠한 방법이 있는지 부모에게 묻고 부모의 답을 적어 목록을 만든다. 부모의 이야기를 교사가 경청하고 있음을 부모에게 느끼게 해 준다는 점에서 긍정적이다. 이 경우 다음과 같은 태도가 도움이 된다(안영진, 2014 재인용).

① 교사의 감정을 건설적으로 표현한다

교사 자신의 정서적 감정을 언어로 표현하는 것이 중요하다. 이때 긍정적인 언어를 사용하여 표현해야 효과적이다.

어머님과 이야기할 때 어머님의 언사가 저의 마음을 상하게 하네요.
어머님께서는 저의 의견을 이야기할 기회를 주지 않으셔서 괴롭네요.

교사가 침착하게 언행을 하면, 부모도 침착해진다. 교사와 부모는 대화를 통하여 서로의 감정이나 견해를 표현하는 시간을 가져서 입장 차이를 이해할 수 있는 기회가 생긴다.

② 면담 시간을 다시 정한다

오늘은 더 이상 해결책을 찾기가 어려울 것 같네요. 다음 주 중에 시간되시는 날이 있으신지요? 다시 면담을 한다면, 조금 더 민수를 위한 새로운 교육적 아이디어가 나오지 않을까 해서요.

동료 교사와 함께 상황을 다시 점검해 보거나 다음 면담 시 원장을 배석하게 하는 것도 아이디어이다.

2) 부모의 무관심 다루기

교사의 입장에서 문제가 되는 부모의 유형 중 하나가 유아의 욕구에 대하여 무관심하여 가능한 협조를 구하려는 교사의 노력에도 반응을 보이지 않는 부모이다. 유아교육기관과 거리를 두고 있어서 의사소통이나 상호작용이 어려운 부모이다. 흔히 편모가정, 편부가정, 부모의 교육수준이 낮은 경우, 부모의 연령이 낮은 경우, 경제적 수준이 낮은 경우, 부모가 알코올 중독 또는 정신병과 같은 개인적 문제를 가지고 있는 가정의 부모인 경우가 많다. 부모가 유아에 대하여 무관심한 이유를 다음과 같이 생각해 볼 수 있다(안영진, 2014 재인용).

① 사회·경제수준이나 문화적 배경이 달라 불편하게 느끼는 부모들 또한 유아교육기관 일에 개입하려 하지 않는다.
② 부모의 삶이 지나치게 스트레스를 받고 있어서 자녀에게 관심을 가지지 못하는 경우이다.
③ 유아기를 잘못 보낸 부모도 자녀의 일에 무관심한 경우가 있다.

부모의 무관심의 원인이 무엇이든지 교사와 가정과의 상호-연계성은 유아의 발달적 상황에 있어서 중요하기 때문에 교사는 부모의 무관심한 태도를 좋아하지 않는다. 교사는 일방적으로 부모를 비난하는 것이 아니라 무관심한 태도를 해결하기 위한 다른 길을 모색해 보는 것이다. 부모가 자녀의 교육에 무관심하거나 참여하지 않는 경우 교사의 바람직한 태도를 살펴보면 다음과 같다(안영진, 2014 재인용).

(1) 개인적 · 경제적 압력

경제적·개인적 압력을 받고 있는 부모는 압력이 실질적으로 해결되지 않는 한 유아의 욕구에 관심을 갖는 것은 어려운 일이다. 교사로서 가장 긍정적인 행동은 지지해 주고, 부모에게 도움이 되는 적절한 대행기관을 알선해 주는 역할을 하는 것이다.

(2) 경력에 대한 관심

직업적 경력 쌓기에 일로 인하여 바쁜 부모의 경우 교사는 유아교육기관과 교류할 수 있는 방법을 모색해야 한다. 예를 들어, 매주 나가는 가정통신문, 시간을 미리 정하고 연락하여 전화면담을 하는 방법이 있다.

(3) 문화적 차이

사회적·문화적 배경이 달라 유아교육기관을 불편하게 생각하는 부모에게 교사는 친절하고 따뜻한 마음으로 평상적으로 대해 주어야 한다. 유아교육기관을 편안하게 여기는 부모와 서로 접촉을 할 수 있도록 초대하는 것도 바람직하다. 또한 부모가 교육기관에 대하여 조금 더 편안한 생각을 가질 수 있도록 참여수업과 같은 다양한 활동을 해 보도록 한다.

(4) 정서적 압력

정서적 압력을 받고 있는 부모에게 필요한 것은 그들을 있는 그대로 인정하는 것이다. 그대로 수용이 되어야 하고 그들이 하는 것에 대하여 격려를 통하여 자신이 이해되고 있다는 생각이 도움이 된다. 교사는 부모와의 신뢰감을 서서히 조성해 나감으로써 부모들이 교사가 자신들에게 도움이 되는 존재임을 깨닫게 해야 한다.

3) 부모의 과잉 참여 다루기

부모가 지나치게 유아교육기관에 관여하는 경우 유아와 학급에 도움이 되지 않는 방향으로 흘러갈 수 있다. 유아교육기관에 과잉 참여하는 부모가 왜 그러한 행동을 보이며, 이런 경우에는 어떠한 대처 방법이 있을지 알아보도록 하자(안영진, 2014 재인용).

(1) 격리불안

일부 부모들은 자녀와 격리되는 상황에 대하여 지나치게 신경을 쓴다. 이러한 부모들은 자녀가 잘 지내고 있다는 안심이 필요하다. 정기적으로 부모에게 전화를 한다거나 간단한 쪽지편지를 통하여 부모에게 보냄으로써 자녀와의 접촉이 끊어지지 않고 있다는 이미지를 부모에게 심어주어야 한다. 또한 자녀와의 격리에 대한 부모의 감정에 대하여 진솔하게 공감적 이해를 해 주는 것도 도움이 된다.

부모: 우리 아이가 점점 성장해 나가고 새로운 것을 볼 때 면 기쁨을 갖는 것을 보면서 복잡한 느낌이 들곤 한답니다. 때로는 내가 아니어도 이 아이가 살아갈 수 있겠구나. 내가 가장 가까운 사람이 아니라는 생각이 들 때도 있거든요. 하지만 이것은 아니라고 생각해요. 그래도 엄마가 가장 중요한 사람이니까요.

교사는 부모에게 자신의 감정이나 생각을 이야기하도록 격려하며 유아의 성장욕구를 재확인하는 기회를 갖도록 한다.

교사: 어머니의 마음이 이해가 되기는 하지만 부모가 할 수 있는 일 중에 가장 자랑스러운 순간이 자녀가 발달하는 것을 지켜보고, 부모가 없이도 혼자서 씩씩하게 할 수 있다는 생각을 하게 되는 것이라고 생각이 들어요. 선화도 엄마의 도움 없이도 혼자서 무엇이든지 할 수 있다는 것을 알 필요가 있어요.

(2) 개인적 욕구의 불만족

부모의 지나친 관심이 유아나 교사에게 문제가 될 때는 부모가 유아교육기관에 적극적으로 참여할 수 있으면서 학급 운영에는 방해가 되지 않는 방과 후 활동, 교구 제작 등으로 관심을 돌리는 것이 필요하다. 부모의 장점을 충분히 활용하거나 그들의 기여나 공헌도에 대하여 인정해야 한다. 그러한 부모의 노력은 유아의 독립성을 방해하지 않으면서 부모로 하여금 자녀의 교육에 중요한 일을 하고 있다는 생각이 들게 한다(안영진, 2014 재인용).

(3) 불안

부모 자신이 모든 것을 알고 있고 지식을 공유하기를 원하는 부모는 교사가 자신의 자녀를 이해하지 못하고 잘못된 교육 방침으로 지도할까봐 늘 불안한 경우이다. 이런 경우에는 교사는 유아에 관한한 부모와 동반자적인 관계로 유아를 위해 상의를 하는 관계이며, 유아에 대한 지식은 부모와 다를 수 있는 전문가임을 강조하는 것이 필요하다. 또한 부모의 아이디어를 무조건 비하하지 않고 부모의 의견을 반영하면서 교사의 견해를 명확하게 진술할 필요가 있다(안영진, 2014 재인용).

(4) 질질 끄는 대화

우물쭈물하거나 질질 끄는 대화를 하는 부모에게 교사는 이야기를 빨리 끝내야 함을 명확히 이야기할 필요가 있다.

> 어머님과 이야기를 하여서 즐거웠습니다. 그러나 지금은 아이들이 물을 마실 수 있도록 준비해 주어야 해요. 괜찮으시다면 조금 더 여기에 계셔도 좋습니다. 이곳에서 잠시만 기다려 주실 수 있으신지요?

부모의 존재가 환영받고 있다는 느낌을 확인시켜 주되 교사가 얼마나 바쁘게 움직여야 하는가를 관찰할 기회를 주어 부모가 직접 느끼도록 한다(안영진, 2014 재인용).

4 교사 – 부모 간의 긴장 발생의 기타 원인

1) 항상 지각하는 부모

귀가 시간 이후까지 유아를 유아교육기관에서 돌보도록 하면서 항상 늦게 데리러 오는 부모이다. 힘든 하루를 보내서 피로한 교사에게는 화가 나는 일로 부모와의 관계를 악화시키는 요인이 되기도 한다.

유아를 맡겨 놓고 습관적으로 늦게 오는 경우 부모에게 다른 사람을 보내서 유아를 정해진 시간에 데려가도록 요청하는 방법이 있다. 이때 가장 바람직하는 것은 문제를 교사가 직접 다루는 것보다 지각할 경우 원장이 직접 교사의 불편함에 대해 다루도록 하는 것이다(안영진, 2014 재인용).

2) 아픈 유아

부모가 일을 해야 하고 돌보아줄 사람이 없어 아픈 유아를 불가피하게 유아교육기관에 보내는 것이다. 교사는 전체 유아를 돌보아야 하기 때문에 하루일과에 따라 제대로 운영을 하려면 이러한 상황을 교사가 있는 그대로 받아들이기 어렵다.

아픈 유아에 대해서는 가정통신문이나 신학기 오리엔테이션 시 어떻게 해야 하는지와 만약 유아가 아프다고 판단하여 교사가 연락하였을 경우 부모가 취해야 하는 행동에 대하여 미리 안내하는 것도 좋은 방법이다(안영진, 2014 재인용).

3) 귀가시간

교사와 부모 모두 종종 피로에 의해 문제가 유발할 수 있는 상황이다. 귀가시간에 특별히 교사가 부모에게 중요한 이야기를 할 필요성을 느꼈더라도 귀가시간을 이용한 면담은 적합한 시간이 아니다. 이런 경우 교사의 바람직한 태도는 나중에 이야기를 나눌 수 있는 시간을 정하는 것이다(안영진, 2014 재인용).

> 가영이 어머님, 나중에 시간을 따로 정하여서 이야기를 나누는 것이 더 좋을 것 같습니다. 어머님이 가영이의 유치원생활에 대하여 궁금한 점이 많으시고 저도 어머니와 이야기를 나누었으면 하는 것이 있어요. 이번 주 중에 이야기나누기 편하신 날 있으세요?

4) 특별한 대우를 바라는 부모

일상적인 하루일과에서 자신의 자녀에게만 다른 유아와는 달리 특별한 대우를 해달라고 요구하는 부모이다. 유아교육기관에 집에서 가지고 노는 놀잇감을 가져오면 안 된다는 규칙이 있음에도 허락해 달라는 경우가 그 예이다. 이런 경우 교사는 지나친 요구를 한다고 무조건 거절하기보다는 문제를 어떻게 풀 수 있는가를 먼저 생각해 보아야 한다. 만약 해결책이 없는 사항이라면 부모에게 유아교육기관에서 부모의 요청을 들어줄 수 없는 상황에 대하여 이해를 시켜야 한다. 또한 유아교육기관의 방침을 다시 한 번 상기시켜 주어 교사의 입장을 이해시키는 것도 좋은 방법이다(안영진, 2014 재인용).

5 유아의 행동 변화를 위한 부모의 문제 해결 접근 단계

대부분의 부모는 유아 양육 과정에서 부모역할을 하는 데 있어서 어려움을 느낀다. 교사는 유아의 행동과 생활을 지도하는 문제 해결 접근 지침 7단계를 부모에 소개해야 한다(안영진, 2014 재인용).

1) 제1단계

부모는 자녀의 행동 패턴이나 고민을 알고, 구체적으로 기술한다.

예를 들어, "그 아이는 배려가 없어"가 아니라 "그 아이는 친구를 도와서 장난감을 치우지 않아"라고 기술해야 한다.

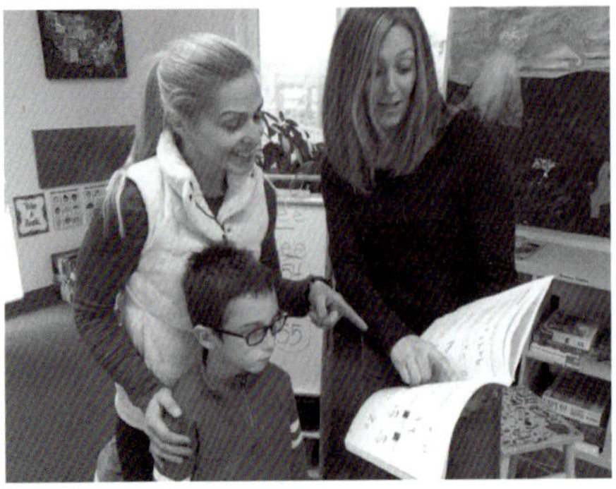

- 행동이 언제, 어떻게 일어나는지를 관찰한다.
- 한 부모와 있을 때만 일어나고, 다른 부모가 있을 때는 어떠한지 관찰한다.

- 얼마나 자주 일어나는가에 대한 실제 사례 수를 세어보는 방법이 있다.

유아의 행동 발생에 대한 정보가 왜 일어나고 어떻게 멈출 수 있는지를 알게 되는 중요한 정보를 가지게 된다.

2) 제2단계

부모 자신에게 문제가 없는지 스스로 묻는 단계이다. 삶의 또 다른 측면에서 스트레스를 받는지, 자녀의 행동에 대하여 본인이 지나치게 과잉 문제 삼지 않았는지를 자문한다.

현실적인 부모들의 기대를 자문해야 한다. 자녀의 문제 행동이 특별한 스트레스 때문인지, 일시적인 반응인지 판단해야 한다.

3) 제3단계

- 자녀의 입장에서 해결 방안을 모색하고, 행동을 취해야 한다.
- 영아라면, 자녀가 무엇을 생각하고 느끼는지를 관찰하여 추측한다.
- 자녀들의 성장 발달에 따라 부모는 항상 무엇이 문제인지를 자녀 입장에서 생각해야 한다.

4) 제4단계

문제가 해결되는 동안의 자녀에게 긍정적인 관심을 기울인다. 자녀와 여가시간을 같이 보내는 방법을 통해 자녀와의 긍정적이고 균형 있는 관계를 만들어 가는 것이 중요하다.

5) 제5단계

- 자녀의 행동을 바꾸기 위해 중재를 실행한다.

- 자녀가 새로운 행동을 배우려 하지 않을 때 적극적으로 격려해 본다.
- 두 가지 중재가 동시에 수행되기도 한다. 유아의 친구 관계가 문제라면, 부모는 스포츠 활동 참여를 통하여 유아의 자신감을 길러주는 동시에 친구와 자녀가 함께 다니는 사회적 경험을 늘려준다.

6) 제6단계

- 중재의 결과를 평가하는 것이다.
- 얼마나 성공적인가?
- 2주간 중재를 하고, 문제 행동의 횟수를 세어본 후 감소되지 않을 시 새로운 중재를 시작한다.

7) 제7단계

필요하다면 다시 1단계부터 시작한다. 다시 1단계로 돌아가는 것이 나쁜 것이 아니라 중재를 다시 시도하는 과정에서 효율적인 방법을 찾을 수도 있다. 자녀의 행동문제는 여러 가지 방식으로 시작될 수 있고, 문제의 원인에 따라 해결책이 달라진다. 자녀의 입장에서 탐색을 통해 유아가 싫어하는 것을 알아내고, 규칙적인 활동을 다시 시작하도록 도와줄 수 있다.

6 부모의 발달단계

자녀 발달에 관한 상담자이자 강사인 갈린스키(Galinsky, 1980)는 아이들이 태어난 후 부모가 변하는 단계를 소개하였다. 다양한 부모기를 경험한

228명의 부모를 면담하여 정서적이고 지적인 에너지에 초점을 맞춰 부모기를 6단계로 나누었다. 따라서 교사들도 부모의 발달단계를 유념하여 이에 적합한 부모교육 계획을 세워야 한다(안영진, 2014 재인용).

① 1단계: 이미지 형성기(image-making stage)-임신으로 발생하는 이미지 형성기이다. 다른 사람과의 관계와 스스로 변화를 준비한다.
② 2단계: 양육단계(nurturing stage)-자녀의 월령이 8~24개월에 속하는 부모로 출생한 아이가 "아니"라고 말하는 시기까지이다. 갓난아기에게 부모가 애착을 형성하고 부모와 자녀의 요구에 균형을 이루어가는 시기이다.
③ 3단계: 권위적 단계(authoritative stage)-자녀가 4~5세까지의 단계이다. 구조와 질서에 적응해 가는 자녀들에 대한 사랑과 함께 부모들이 배우면서 부모가 규칙 집행자가 된다.
④ 4단계: 해석하는 단계(interpretive stage)-취학 전부터 사춘기까지이다. 부모는 가치와 도덕뿐만 아니라 생활에 관한 모든 것을 교수 역할을 하며 가르친다.
⑤ 5단계: 상호의존 단계(interdependent stage)-자녀들이 청년이 될 때이다. 부모는 권위적인 모습을 보이지만 자녀들과 새로운 관계를 형성하고 자녀들과 의사소통한다.
⑥ 6단계: 떠나보내는 단계(departure stage)-자녀들이 집을 떠날 준비를 하는 단계이다. 부모는 자녀를 갖기 전보다 훨씬 더 책임감 있고, 수용적이고 관대해진다고 설명한다.

끝으로 교사로서 문제 해결을 해결하고자 진정으로 노력을 하나 해결책을 찾지 못하는 경우, 교사 자신만의 문제가 아니라는 것을 기억해야 한다. 대부분의 교사가 그러한 경험을 가지고 있으나 후에 부모와의 좋은 관계로 인하여 부정적인 경험을 잊어버리는 경우가 많은 것으로 조사되었다. 중요한 것은 부정적인 경험에서 비판이나 투정을 하는 것이 아니라 가능한 한 유아교육과 관련하여 많은 것을 배우고 앞으로 나아가야 한다는 것이다(안영진, 2014 재인용).

CHAPTER 08 현장에서의 부모교육

1 영유아 양육 개선 센터(CICC) 프로그램

미국 샌프란시스코의 CICC시스템과 부모교육 프로젝트는 효율적인 자녀 양육을 하도록 부모를 돕는 특별한 훈련과 유아교육기관에 다니는 자녀의 부모들을 위한 부모역할 교육 두 가지 목적을 가지고 있다. CICC는 부모를 대상으로 부모역할과 교육 과정을 가르치며 주요 프로그램은 다음과 같다(안영진, 2014 재인용).

① 자신감 증진 부모역할 프로그램: 생존 기술 훈련 프로그램(CICC's Confident Parenting; Survival Skills Training Program)
② 효율적인 흑인 부모역할 프로그램(CICC's Effective Black Parenting Program)
③ 라틴 부모교육 프로그램(CICC's Effective Latin Parenting Program)
④ 유아기 STEP 프로그램(Early Childhood STEP Program)

이상의 프로그램 외 CICC 프로그램에는 부모훈련(Parent Training; A Society Necessity)과 유아보호 개별 훈련(Child Care Personal Training)이 있다.

각각의 프로그램은 두 가지 형태로 연수를 실시하는데, 저녁시간을 이용한 약 10주에서 15주 동안 주 1회 1가지 훈련 과정 프로그램과 이보다 간단한 과정인 일일 세미나 형식의 100여 명의 부모들이 주로 주말을 이용하는 방법으로 운영된다.

다음은 이들 프로그램들의 내용을 살펴보고자 한다(안영진, 2014 재인용).

1) 자신감 증진 부모역할 프로그램; 생존 기술 훈련 프로그램

(1) 자신감 증진 부모역할 프로그램의 이론 배경

'자신감 증진 부모역할 프로그램'은 1970년대 행동주의 심리학자인 애치슨과 연구진(Aitchison et al.,)이 유아 정신 건강 분야의 예방과 치료에 목적을 두고 개발한 부모역할 프로그램이다.

'자신감 증진 부모역할 프로그램'은 개인의 행동의 형성은 사회에서 영향을 받으며, 이러한 형성 과정의 기초가 되는 합법적 원칙이 존재한다는 믿음을 가지고 있다. 이 프로그램은 긍정적 행동의 결과를 강화하고 다양한 부모역할의 효율성을 제어하는 제한된 사회적 범주를 가르친다. 이로 인해 행동들은 비사회적(음식, 돈, 특권 등)이거나 사회적(칭찬, 처벌, 주의)인 것들과 연관되면서, 특히 부모의 사회적 역할을 강조한다. '자신감 증진 부모역할 프로그램'은 반복이고 객관적이며 효율적 방법으로 체계적인 평가 및 발달에 대해 최우선으로 관심을 두어 행동수정 그 자체를 특징적으로 적용한다. 이 프로그램의 목적은 긍정적이고 일관성이 있으며, 효율적이고 비폭력적인 역할 모델을 부모들에게 훈련시키는 것이다(안영진, 2014 재인용).

(2) 프로그램의 적용 방법

'자신감 증진 부모역할 프로그램'은 만 2세에서 12세 유아 중에 문제행동이나 정서적 부적응을 경험한 부모를 위해 개발되고 실시되었으며, CICC의 국가적 보급으로 더 어리거나 나이가 많은 연령의 부모에게도 사용할 수 있게 되었다.

초기에는 8명에서 15명의 소집단 부모들을 위한 12시간 훈련 프로그램으로 구성되다 새로운 훈련 방법과 자료가 추가되면서 50명부터 200명까지의 대집단을 위한 일일 세미나로 구성되기도 하였다. 이 프로그램은 10회로 구성하여 부모역할에 대해 훈련을 시킨다(안영진, 2014 재인용).

(3) 10회 프로그램

10회 프로그램은 유아의 행동 형성이 결과로 인해 형성되는 것을 가르치는 것으로 시작한다. 그리고 기대되지 않는 행동을 인식하고 보고 싶지 않은 특정 행동을 정확하게 지적하는 방법을 가르친다. 그 다음 무엇이 일어나는지의 여부에 대한 근거를 알아내기 위해 부모는 특정한 동의 발생 횟수와 차트 등의 다양한 방법과 절차를 이용하도록 조언 받는다.

프로그램은 유아들의 행동결과를 관리하는 기본 방법을 가르치며 유아들의 특정 행동은 각 방법의 사용으로 증감한다(안영진, 2014 재인용).

① 행동에 대한 특정한 칭찬(behavior-specific praise)

첫 번째로 행동에 대한 구체적이거나 효율적인 칭찬을 하는 것이며, 가장 강력한 기술이라 할 수 있다. 칭찬은 유아의 긍정적 행동을 증가시키는 반면 다음 행동 구성 요소들은 부정적이거나 부적절한 유아 행동을 줄이기 위해 고안되었다. 칭찬은 '자신감 증진 부모역할 프로그램'에서 긍정성(positiveness)을 강화하기 위해 가르쳐지는 주요한 방법이며, 이러한 방법들은 유아-부모가 긍정적인 관계를 유지하고 사용될 때 가장 효과적이다(안영진, 2014 재인용).

일곱 가지의 구체적인 칭찬을 위한 행동 구성 요소
1. 유아를 바라본다.
2. 유아에게 가까이 다가선다.
3. 유아에게 미소를 지어 보인다.
4. 유아에게 긍정적인 말로 말한다.
5. 유아의 행동을 중점으로 칭찬한다.
6. 유아에게 신체적인 애정을 가진다.
7. 유아가 바람직한 행동을 인식하면 바로 행동으로 옮긴다.

일곱 가지 행동 구성 요소들이 포함되는 칭찬은 유아에게 부모가 매우 열정적이고 긍정적이며 반응이 적절한 부모가 되게 한다.

② 부드러운 사회적 거절(mild social disapproval)

부드러운 사회적 거절 방법은 되풀이하는 잘못된 행동을 감소시키고, 유아 행동에 제한을 설정하게 한다. 언어는 경멸적·위협적이지 않으면서 동조하지 않는 간단하고 명료한 표현으로 한다(안영진, 2014 재인용).

대면 행동 구성 요소
1. 유아를 바라본다.
2. 유아 가까이 다가선다.
3. 얼굴 표정이 동조하지 않게 한다.
4. 간단한 코멘트나 명령을 한다.
5. 강하면서 낮은 어조로 말한다.
6. 거절의 비언어적 표현을 지속한다.
7. 즉시 전달한다.

③ 타임아웃(time out)

세 번째 기술은 처벌의 형태로 유아의 행동이 합리적으로 정해진 제한을

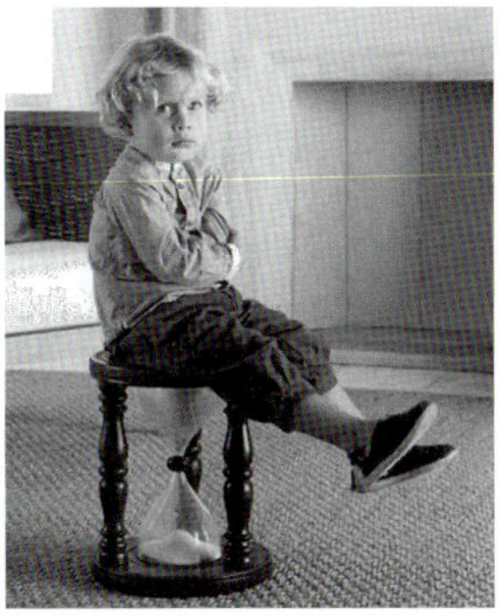

넘어서 실패하였을 때 사용한다. 유아의 행동이 지나칠 때 타임아웃은 짧은 시간에 어느 누구에게도 관심을 받지 못하는 장소로 가게 한다. 부모는 타임아웃 규칙을 만들도록 지도받는다.

유아가 타임아웃에서 벗어난 후 적절하게 행동하였을 때, 유아에게 칭찬하고 여전히 사랑하고 있음을 보여주도록 한다(안영진, 2014 재인용).

타임아웃 절차
1. 침착함을 유지한다.
2. 규칙과 결과에 대해 이야기한다.
3. 유아의 변명 및 사과를 무시한다.
4. 타임아웃 절차를 신속히 진행한다.

④ 무시(ignoring)

무시 방법은 감소되길 원하는 행동에 대해 반응하지 않는 것이다(안영진, 2014 재인용).

무시 적용 절차
1. 유아에게 시선을 뗀다.
2. 유아로부터 떨어진다.
3. 무관심한 얼굴 표정을 한다.
4. 유아의 언어표현에 관심 갖지 않는다.
5. 잘못된 행동에는 주목하지 않는다.

⑤ 특별한 보상제도(special incentive system)

유아가 특별히 바람직한 행동을 하였을 때 점수, 별이나 스티커 같은 것을 주는 것이다. 유아는 이것들을 보상이나 특권으로 바꾸며 보상과 특권은 부모-유아 간에 협의된 내용에서 선택한다(안영진, 2014 재인용).

특별한 보상제도 구성 요소
1. 바람직한 행동을 정의하기
2. 목표하는 행동 세우기
3. 보상 내용 정하기
4. 교환할 수 있는 개수 정하기
5. 행동을 기록하기
6. 긍정적인 행동 변화를 칭찬하기
7. 프로그램 조율하기
8. 프로그램 폐지하기

'자신감 증진 부모역할 프로그램'에서의 특별한 보상제도는 보상을 철회하지는 않는다. 자신감 증진 부모역할 프로그램과 다른 사회학습 프로그램 간의 차이는 행동의 결과로 특권과 보상을 철회하지 않는다는 점이다.

(4) 10회 프로그램의 교수 방법

처음 5회는 오리엔테이션과 프로그램의 주요 요점, 유아의 특정 행동 발생 횟수 알아보기, 기본 기술 등을 학습한다. 부모는 프로그램의 내용 읽기를 한 뒤, 다음에 이에 관해 토의한다. 네 가지 사회 지향적 기술은 각 부모들의 역할극을 통해 훈련하며 부모에게는 매 주 행동 변화 프로젝트를 포함한 과제가 주어진다. 행동 변화 프로젝트에는 자녀들과 함께 하고, 문제 행동 목록과 설문조사를 한다. 나머지 5회에서는 행동 변화 프로젝트에 중점을 두고, 각 부모는 특별한 개인 상담을 받은 후 유아 행동 변화를 기록하고 빈도를 알아본다. 훈련 지도자는 부모들이 이를 규칙적이고 체계적으로 기록하도록 격려한다(안영진, 2014 재인용).

(5) 1일 세미나 프로그램

1일 세미나 프로그램은 4가지 사회 지향적 기술을 간단하게 지도한다. 또한 '자신 있는 부모역할 접근'에 대해 간단한 예시를 보고, 또한 부모들이 행동하기 전에 생각하고 행동한 후에 생각하는 부모의 전략(Thinking Parent's Strategy)이 포함된다(안영진, 2014 재인용).

(6) 프로그램의 효과

'자신감 증진 부모역할 프로그램'은 다양한 유아의 문제 행동들을 감소시키고, 가족 관계의 보상과 처벌에 대한 적절한 대안을 제시하며, 가족 혹은 유아 서비스의 추가적인 요구를 감소시켜주는 것으로 확인되었다. 이처럼 '자신감 증진 부모역할 프로그램'은 유아의 정신 건강을 촉진하고 아동학대, 학교생활의 좌절감이나 부적응을 예방할 수 있다(안영진, 2014 재인용).

2) 효율적인 흑인 부모역할 프로그램

현대 미국사회에서 흑인 부모들은 미국의 인종차별적인 역사에서 비롯된 특별한 문제들을 경험하며, 자녀를 긍정적으로 양육하는 데 어려움을 겪는다. 효율적인 흑인 부모 프로그램은 아프리카계 미국인 부모들에게 유아를 위한 성공적인 양육법과 흑인으로서의 자부심, 전통적 흑인 훈육과 현대의 흑인 자기-훈련과 같은 특별 한 몇 가지 전략을 가르친다(안영진, 2014 재인용).

3) 라틴 부모교육 프로그램

스페인어를 사용하는 라틴 아메리카 부모들도 여러 가지 도전에 부딪힌다. 라틴 부모교육 프로그램은 라틴 가족의 전통문화와 풍습을 존중하면서 미국의 다문화 사회생활에 예민하게 적응하게 해 준다. 프로그램은 스페인어나 영어로 운영된다(안영진, 2014 재인용).

2 유아교육 현장에서의 부모교육 구성

1) 부모교육 사전계획 및 주제선정

효과적인 부모교육을 계획하고 수행하기 위해서는 사전에 다음과 같은 사항들을 고려해야 한다(안영진, 2014 재인용).

첫째, 유아가 발달하는 데 좋은 방향을 이끌어낼 수 있는 요인과 관련된 연구결과 및 최신 이론 혹은 세계적 변화추세와 문제점에 대해 부모들과 함께 토의를 하고 이를 부모교육 계획에 반영한다.

둘째, 유아기 연령에 따라 획득해야만 하는 자조기술에 대해 세분화해 보고 가정에서 부모가 이를 가르칠 수 있는 방법에 대해 탐구해 본다.

셋째, 보모, 이웃, 친척, 가정보육제공자, 교사, 공동양육부모 혹은 레크리에이션 시설 직원과 같이 부가적인 양육을 제공하는 사람들과 부모들이 함께 경험에 대해 이야기를 나누어 보고 이를 부모교육 계획에 반영한다.

넷째, 지역사회 내에서 유아교육과 관련된 효율성과 질적 수준을 분석해 보고 이를 부모교육 주제 선정과 관련지어 본다.

다섯째, 부모에게 0세부터 8세까지 유아 특성에 대해 생각해 보게 한 다음, 연령관련 발달 패턴을 이용하여 설명해 보도록 한다. 이는 유아발달에 대한 부모의 이해도를 판단할 수 있는 근거가 되며, 부모교육 계획을 위한 자료로 활용할 수도 있다.

여섯째, 부모에게 자신의 유아가 특정 연령대에서 경험하였던 문제 행동에 대해 기록하도록 한 다음 이를 행동 유형별로 분류하고 문제점을 해결할 수 있는 방안을 모색할 수 있도록 하여 이를 부모교육에 적용한다.

일곱째, 영유아에게 일어날 수 있는 특별한 상황이나 위기가족에 대해 알아보고 이러한 상황의 부모들과 유아들의 장·단점을 분석해 본다.

여덟째, '아동권리'에 대해 분석해 보고, 유아의 권리를 강화시킬 수 있는 방안과 이를 유아양육에 적용시키는 방법을 모색해 본다. 유아 부모들을 대상으로 한 부모교육을 계획하기 전 교사가 이에 관해 고려하고 수행한다면 더욱 효과적인 부모교육을 실시할 수 있을 것이다.

또한 부모교육은 가정과 유아교육기관을 연결시켜주는 매개가 될 뿐만 아니라 유아교육의 효과를 극대화할 수 있으므로 교사는 부모교육의 효율성을 증진시킬 수 있는 방안을 모색해야 한다.

매학기 유아교육기관에서 계획하는 부모교육 주제는 유아발달, 유아교육과정, 방학, 특별한 날 등과 관련하여 선정되며 교육은 대집단, 소집단 또는 개별 부모를 대상으로 실시하고 있다(안영진, 2014 재인용).

2) 부모참여를 통한 효과적인 부모교육

교실에 부모가 참여할 때 교사는 부모의 참여가 유아의 일상에 적합하도록 계획을 세워야 하기 때문에 충분한 시간과 노력이 필요하다. 교사는 교실에 부모가 참여하는 것으로 인해 유아들의 과잉 행동과 부모-유아 간의 부적절한 상호작용으로 부정적인 시각을 가지고 있지만 이러한 단점에도 불구하고 교실에 부모를 참여시키는 것은 부모, 유아, 교사에게 큰 이로움을 주기 때문이다(안영진, 2014 재인용).

(1) 부모 참여의 중요성

부모 참여의 중요성을 유아, 교사, 부모 측면으로 나누어 살펴보면 다음과 같다(안영진, 2014 재인용).

① 부모 측면

부모가 교실에서 시간을 보내는 것은 유아의 보육 및 교육 프로그램에 대한 이해도를 높일 수 있는 최상의 방법이다. 교실에서 실제로 일어난 일을 보는 것은 유아의 발달 상황에 대한 이해를 도우며 자녀들이 또래, 교사 혹은 성인들과 어떻게 상호작용하는지 직접 볼 수 있다. 또한 부모는 교실에 참여함으로써 자신들이 교육 프로그램에 도움을 주고 있으며, 유아들에게 중요하고 필요한 어른으로 인정된다는 만족감을 얻기 때문에 부모로서의 자아 존중감이 높아지게 된다.

② 유아 측면

유아는 자신의 부모가 부모참여를 통해 교사와 협력적으로 함께 일하는 것을 봄으로써 부모와 교사에 대한 존경심이 증진된다. 또한 부모의 학습 과정 참여를 통해 부모-유아 간의 상호작용 기술이 향상된다는 이점이 있다.

③ 교사 측면

교사 측면에서는 부모를 교실에 개입시킴으로써 유아들에게 학습에 대한 흥미와 학습의 확장된 기회를 가질 수 있게 한다. 부모의 기술, 지식, 흥미, 재능은 교육 과정에 필요한 자원으로서의 역할을 한다.

또한 단체행사에서의 부모가 참여하여 도와주는 것은 유아들이 보다 더 많은 활동을 할 수 있게 해 주며 교사가 부모-자녀 간의 상호작용 기술과 부모의 교육태도를 볼 수 있는 기회를 제공한다.

부모참여를 통하여 부모-교사-유아가 얻게 되는 장점은 다음과 같다.

부모들은 유아교육기관 내의 프로그램을 직접적으로 경험하여 교실에서의 자녀들의 생활 태도, 반응을 살필 수 있으며 교실 활동에 기여하는 것에 대해 만족감을 가질 수 있다. 교사는 부모를 참여시킴으로써 부모의 도움을 받을 수 있으며 부모-자녀 간의 상호작용을 관찰할 수 있다. 유아들은 부모가 교실에 참여함으로써 특별함을 느끼며 부모와 교사의 협력하는 모습을 봄으로써 안정감을 느낄 수 있다.

(2) 부모 참여 방법

부모가 유아교육기관의 교실에 참여하게 하는 방법에는 직장을 가지지 않은 부모들은 정규적인 지원자로 교사를 도울 수 있고 보조적으로 가르치는 임무를 맡을 수도 있다(안영진, 2014 재인용).

일을 하고 있는 부모들은 부모참여행사를 계획하여 유아를 관찰할 수 있는 기회를 제공하고 부모들이 가지고 있는 기술, 지식, 재능과 같은 여러 자원을 제공하게 하기 위해 가끔 교실을 방문할 수 있다.

부모 참여를 계획하기 전에는 다음과 같은 사항을 반드시 고려해야 한다(안영진, 2014 재인용).

① 여러 가지 필요한 자원 조사하기

부모가 교실에 참여하기 전에 미리 교사는 유아의 가족들에 관한 정보와 공통 관심사, 경험, 취미와 관련된 자원을 모으고 파일로 정리한다.

② 비형식적인 방문을 독려하기

비형식적인 방문을 독려하기 위해서는 부모가 기관에 들리는 시간을 이용하여 교실을 방문하도록 하는 방법, 특별한 날에 초대하는 방법 등이 있다. 또는 부모가 자발적으로 유치원 일과 및 기타 업무에 참여할 수 있도록 하는 방법이 있다.

(3) 교실의 자원으로서 부모

부모를 교실의 자원으로서 활용할 수 있는 사항에는 부모의 다양한 직업, 특별한 재능, 취미, 다양한 문화, 특별한 가족 구성, 일손이 필요할 때 주는 도움 및 자원 제공이 있다.

(4) 교사의 역할

교사가 부모를 학습 과정에 참여하도록 초청하기 전 미리 교사는 부모에게 모든 준비사항을 서면으로 작성하여 부모에게 제공해야 한다. 이러한 준비 과정은 부모에게 큰 도움이 될 것이며 부모 참여 활동에 대해 좀 더 특별하고 깊이 있게 계획을 세울 수 있게 할 것이다. 또한 교사는 부모가 교실에 참여할 때 반가운 마음으로 부모를 맞이해야 하고 그들이 교실에서 잘 융화될 수 있도록 교실 및 학습 과정에 대해 세밀하게 설명해야 한다(안영진, 2014 재인용).

3) 부모면담을 통한 부모교육

부모면담은 부모와 교사들이 유아와 기관에 대한 부가적인 정보를 얻고 유아발달을 위해 서로가 해결 방안을 모색하고 평가함으로써 부모-교사관계를 좀 더 발전시킬 수 있는 기회를 제공한다. 교사들은 부모면담을 통해 효과적은 결과를 얻기 위해서는 부모-교사 면담 자료, 질문 사항, 유아 관찰 일지를 준비해야 한다(안영진, 2014 재인용).

(1) 부모면담의 중요성

부모면담은 이상적인 측면에서 정보, 질문, 사고를 자유롭게 교환할 기회를 주지만 교사-부모관계가 원만할 때 가능하다. 면담을 통해 서로의 관계가 발전할 수는 있지만 서로에 대한 편안함이 없다면 이러한 기능이 수행될 수 없다. 그러므로 학기 초기의 부모와 교사와의 만남과 대화는 성공적인 면담을 위해서 꼭 필요하다. 정기적인 부모면담이 이루어져야 하는 데는 다음과 같은 이유가 있다(안영진, 2014 재인용).

① 유아에 대한 발달 사항을 제공한다

면담은 유아의 전반적인 발달 진행 정도를 알 수 있는 기회를 제공한다. 일상적인 대화를 통해 유아의 특별한 사항이나 발달 특성을 알 수는 있겠지만 짧은 대화 속에서 완벽하게 유아의 발달에 대한 관찰이 가능하지 않다. 면담은 부모와 교사가 유아의 전반적인 발달에 대한 구체적인 검사를 가능하게 한다.

② 부모-교사 간의 친밀감을 형성한다

면담은 부모와 교사가 유아에 대한 서로의 정보를 공유하고 유아발달 사항에 대한 질문과 계획을 세울 수 있게 한다. 면담을 통해 편안한 분위기 속에서 부모와 교사가 개인적인 대화 시간을 갖게 됨으로써 서로에 대한 친밀감을 형성할 수 있다.

③ 유아에 대한 정보와 지식을 증가시킨다

면담을 통한 대화는 유아의 특정 행동과 사건에 대한 정보 공유를 가능하게 한다. 면담을 통해 부모와 교사는 유아의 문제를 좀 더 명료화하고 세분화하여 유아의 문제에 대한 해결 방안을 함께 모색할 수 있다. 그러므로 부모와 교사는 서로가 유아에 대한 부가적인 정보를 얻음으로써 유아를 좀 더 체계적으로 이해할 수 있게 된다.

④ 유아발달에 대한 목표와 계획을 구체화할 수 있다

면담은 미래의 목표와 활동계획을 위한 중요한 기초를 제공한다.

(2) 성공적인 면담을 위한 계획

① 면담시간에 대한 계획

면담시간은 교사와 부모가 서로의 개인적인 시간을 배려하여 조심스럽게 면담시간을 선정하는 것이 중요하다.

교사는 교실이 비워지는 시간을 계산해야 하며 부모가 모두 일할 경우에는 오후나 주말도 선택할 기회를 제공해야 한다. 또한 가능한 면담시간을 정하기 위하여 교사들은 부모에게 면담에 편리한 구체적인 시간을 알아보도록 제안할 수 있다.

② 면담을 위한 장소 계획

면담을 위한 조용하고 개인적인 공간을 마련하는 것은 중요하다. 유치원 및 보육시설의 유용한 공간-시청각실, 유희실, 참관실 등-을 사용하기 위해서는 교사 간의 조정이 필요하다.

교사는 부모들이 면담에 대해 신경을 많이 쓰고 약간의 두려움을 지니고 있음을 인식하고 편안한 환경에서 면담이 이루어질 수 있도록 노력해야 할 것이다.

③ 면담 목표에 대한 계획

면담을 준비하면서 교사들은 면담의 목표를 설정하고 목표를 달성하기 위한 계획을 세운다.

일반적으로 면담의 목표는 유아의 전반적인 발달 상황을 위한 정보 공유이므로 교사들은 이러한 목표를 달성하기 위한 자료들을 준비해야 할 필요가 있다.

예를 들면, 5개 영역별 유아의 전반적인 발달 상황을 체크한 발달 측정 도구를 평가 도구로 활용할 수 있으며 체크리스트 또한 광범위한 발달단계의 구체적인 예를 제공하므로 이는 부모에게 유아의 행동을 이해할 수 있도록 돕는다. 그리고 유아발달에 따라 나타나는 미술 작품, 쓰기 책, 독서 기록장을 자료로 활용함으로써 부모가 이러한 발달 정보를 구체적으로 인식할 수 있도록 돕는다.

또한 포트폴리오는 유아의 작품 샘플, 관찰 기록한 일화 기록, 체크리스트 등을 포함한다. 면담 시 유아의 포트폴리오를 활용하는 것은 유아의 실제적인 발달 과정을 보여줄 수 있는 실제적인 증거를 제공하는 기회이기도 하다.

또한 일화 기록과 같은 간단한 관찰 일지를 공유하는 것도 유아발달을 좀 더 자세하게 토의할 수 있도록 도움을 준다.

면담 시 일화 기록을 제공하는 것에 대한 큰 장점은 교사가 부모에게 특정 유아에 대해 관심을 기울이고 있다는 증거를 제공한다는 것이다.

교사와 부모가 함께 할 면담 목표와 주제를 계획함에 있어 교사들은 질문 사항의 항목을 준비하고 조사하여 이에 대한 결과를 활용할 수 있다.

또한 교사들은 부모들이 면담을 위한 목표를 설정하고 준비하도록 다음의 두 가지 방법을 통해 제안할 수 있다(안영진, 2014 재인용).

첫 번째 방법은 면담지에 부모의 질문 사항을 적어보도록 하는 것이다.

두 번째 방법은 부모가 면담 전에 교실에서 잠시 동안 유아와 또래들을 관찰할 시간을 갖도록 제안하는 것이다.

이러한 부모의 관찰은 면담에서 유아에 대한 특정한 주제를 선정하거나 후에 교사와 부모가 함께 토의할 유아의 행동을 파악할 수 있도록 한다.

교사는 면담을 하기 전 준비 여부를 파악해야 한다(안영진, 2014 재인용).

(3) 성공적인 면담을 위한 방법

교사가 부모와의 면담을 성공적으로 수행하기 위해서는 친밀한 관계를 기초로 다음과 같은 사항을 고려해야 한다(안영진, 2014 재인용).

① 부모가 편안함을 느끼도록 돕기

면담 시 부모가 편안해하고 긴장을 풀도록 교사가 도와주어야 하며 간단한 음료와 간식 제공은 부모에게 편안함을 느끼게 할 수 있다. 또한 부모님에게 다정하게 접근하는 것은 부모의 면담에 대한 두려움을 감소시킬 것이다.

② 긍정적인 태도로 면담에 임하기

교사는 유아에 대한 사항을 언급할 때 긍정적인 언급으로부터 시작해야 한다. 이때 교사는 유아에 대한 애정과 관심을 표현하는 것이 중요하며 이러한 태도는 부모에게 면담에 대한 두려움을 없애줄 것이다.

③ 부모참여를 격려하기

부모와의 면담에서 부모와 교사와의 파트너십에 대한 중요성을 언급하고 부모에게 개방적인 질문을 함으로써 교사-부모 대화에 부모의 적극적인 참여를 유도하도록 해야 한다.

(4) 성공적인 면담을 위하여 피해야 할 사항

성공적인 면담을 위해서 교사가 인식하고 피해야 할 사항은 다음과 같다(안영진, 2014 재인용).

① 기술적 용어 사용 피하기

교사가 부모에게 유아의 발달 상황에 대한 일련의 과정을 설명할 때 부모들이 거리감을 느끼지 않게 부모들이 이해하기 어려운 용어를 사용하지 않도록 주의해야 한다.

② 완벽주의 전문가의 역할 피하기

교사는 자신 스스로를 전문가로 설정하지 않도록 유념해야 한다. 예를 들면, 부모에게 " ~해야 한다"라는 말투로 충고하려 하지 말고 더 나아가 권위주의적 말투 또한 피해야 한다.

유아를 지도하고 양육하는 데 완벽한 지도 지침은 없으며 상황과 유아 개인적 특성에 따라 달라진다고 말해 주는 것이 바람직하다.

③ 부정적인 평가 피하기

유아를 바라보는 시각이 부모의 자아존중감에 영향을 미치는 것을 아는 교사는 유아의 능력에 대해 부정적인 발언을 삼간다. 부모에게 공격적인 발언은 의사소통을 어렵게 만들고 서로 협력하게 하는 데 방해가 될 수 있다. 교사들은 부모가 자신의 자녀에 대해 긍정적인 사고를 할 수 있도록 도와줄 책임이 있다. 부모들은 부정적이고 공격적인 코멘트를 해 주는 교사보다 현실적이고 긍정적인 교사가 필요하다는 것을 꼭 유념해야 한다.

④ 면담 주제에 벗어난 대화 피하기

교사들은 부모와 유아 관련 대화 시 다정하고 따뜻하게 대해야 하지만 전문가적인 태도를 유지해야 한다. 교사들은 면담에서 다른 사람에게 다른 유아나 부모에 대해 이야기해서는 안 되며 유아에 대해 논의되고 있는 문제 이외의 개인적인 질문은 피해야 한다. 부모가 자녀와 관련되지 않은 개인적인 문제에 대해 대화를 시작하였을 때는 지지적인 태도로 일관해야 하며 갈등 상황에서는 중립을 유지한다.

⑤ 충고 피하기

교사는 부모가 요구하지 않는 충고를 하는 실수를 범하기 쉽다. 이런 경우 교사는 부모가 충고가 필요하다고 보고 이를 도와줄 수 있는 적절한 방법으로 간주하기 때문이다. 충고는 교사와 부모 간의 거리감을 느끼게 할 뿐이므로 효과적인 교사의 역할을 부모가 스스로 문제 해결에 다가갈 수 있도록 도움을 주는 것이다.

⑥ 성급한 해결책 피하기

부모와 교사가 범하기 쉬운 또 다른 오류는 모든 문제는 해결되어야만 하고, 제한된 면담 시간 동안에 결론에 도달해야 된다고 생각하는 것이다. 성공적인 면담은 갈등뿐만 아니라 다양한 시각을 수용하고 의사를 교환하는 것에 있다.

(5) 면담평가

부모-교사 면담 후 면담내용을 요약하고 요약된 면담내용을 교사 스스로 준거에 준하여 평가하고, 이를 면담보고서로 정리하는 면담평가의 과정은 전문가로 성장하도록 돕는다. 면담이 끝난 후에 획득한 새로운 정보와 면담내용을 요약하고 평가하는 것은 효과적인 면담 방법이다(안영진, 2014 재인용).

면담 내용의 요약에 대한 예는 다음과 같다.

면담 내용 요약의 예
1. 면담일시: 20xx년 x월 xx일 16:00 2. 장소: 푸른잎새반 3. 면담 대상: 이진서 어머니 4. 면담 이유: 진서의 전반적인 발달 상황과 자신의 화나는 감정을 절제하지 못하는 것에 대한 해결책 모색 5. 면담내용: 진서의 전반적인 발달 상황과 감정 조절이 서툰 점에 대한 걱정 6. 계획: 가-진서는 만3세 발달 특성에 맞게 단계적으로 성장하고 있다는 것을 포트폴리오를 통해 알려줌 나-진서를 화나게 하는 요인에 대해 관찰해 보기로 함 다-어머니와의 수시 면담을 통해 진서의 감정 조절 능력을 기르기 위한 다양한 방법을 모색해보기로 함

교사는 면담 후의 자기 평가를 통해 다음의 효과적인 면담을 조장하는 능력을 증진시켜야 한다. 유아기에는 변화가 급격하게 일어나기 때문에 최소한 6개월마다 발달적인 성장과 그에 수반되는 목표를 토의하기 위해 주기적으로 부모면담을 계획해야 한다(안영진, 2014 재인용).

4) 모임 방식에 따른 부모교육

유아교육기관에서 수행해 온 전통적인 부모교육 방법 중 하나는 모임의 방식이다.

모임을 통한 전통적인 부모교육 방법은 전문가로서 부모가 요구하는 다양한 유아 교수법 및 상호작용 방법과 직접적으로 관련된 정보와 훈련을 강조한다. 이러한 전통적인 부모교육 프로그램은 무능한 부모에게 자신감 있고 유능한 양육 전문가로서의 대처할 방법을 제공하고 부모가 양육지식에 있어 부족한 부분을 보완해야 하는 것처럼 느끼게 한다. 결국 이러한 모임은 부모에게 무력감을 심어주고 전문가의 충고에 의존적이 되도록 하므로 부모들은 가능한 한 모임을 회피하려는 경향을 보이게 된다.

(1) 모임을 통한 부모교육의 중요성

부모는 유아를 위한 진정한 정보를 필요로 하고, 자신의 자녀를 교육하는 데 도움이 될 아이디어를 원한다. 그러므로 교사는 모임을 통하여 부모와 함께 협력할 사항에 대해 고려할 필요가 있다. 부모들은 자신의 양육 방법, 유아와 직접적으로 상호작용하는 방법에 대해 숙고해야 하며, 유아가 사고하고 이야기를 나누고 문제를 해결하는 방법에 영향을 주어야 한다.

그러므로 모임을 통한 부모교육은 부모의 책임감, 지식을 수행하도록 하고 자녀에 대한 이해를 증가시키며, 자녀를 교육하는 효능감을 가지도록 다양한 서비스를 제공해야 한다.

(2) 모임을 통한 부모교육 프로그램 종류

① Parenting Effectiveness Training(PET)

PET는 고든이 제안한 부모교육 방법 중 하나로 주로 부모의 의사소통 기술을 향상시키고 부모가 유아의 행동과 감정에 대한 상담자로서의 기능을 수행할 수 있도록 하며 부모와 유아 간의 갈등을 해결하는 데 초점을 맞추고 있다.

PET에 참여한 부모들은 유아와의 긍정적인 상호작용이 증가하게 되었고, 가족과의 관계가 돈독해졌으며 갈등이 감소되었음이 보고되고 있다.

② Systematic Training for Effective Parenting(STEP)

STEP은 구조화된 부모교육의 과정으로서 아들러와 드라이커스의 유아지도 원칙에 근거를 두고 있다. STEP은 비훈육 원칙 기법을 강조하며 의사결정과 책임감 발달, 그리고 가족 문제 해결을 위한 기술에 역점을 두고 있다.

③ Active Parenting Today(APT)

APT는 빠르게 확산되고 있는 부모교육 프로그램이다. 이 프로그램은 아들러, 드라이커스, 로저스와 같은 심리학적 이론에서 시작하여 PET, STEP와 같은 부모교육의 형식을 깨고 좀 더 쉽게 접근하여 학습하기 용이하도록 고안되었다. 이 프로그램은 '나-전달법', '적극적인 경청자', '논리적이고 자연적인 귀결'과 같은 검증된 교수법을 상세히 제시한다. 그러나 이 프로그램은 미국의 중류층 부모에게 인기를 끌고 있지만 문화적 배경이 다른 부모나 저소득층 부모에게는 적절하지 못한 것으로 파웰(Powell, 1994)이 밝히고 있다.

④ ADVANCE 부모교육

ADVANCE 부모교육 교육 과정은 경제적으로 어려운 미국 내 부모들을 대상으로 개발되었다. ADVANCE는 부모교육, 사회적 지원, 성인을 대상으로 한 기초, 고등교육과 유아교육과 조기교육 프로그램, 인성발달을 위한 프로그램 등을 포괄적으로 제공한다.

(3) 부모 특성을 고려한 부모교육 운영

이미 구성된 부모교육 프로그램을 특정 집단의 부모에게 적용시키는 것은 큰 위험부담이 있으므로 비록 시간이 많이 들지라도 의미 있는 활동을 계획하기 위한 방법 중 하나는 특정 집단의 지적 및 생활수준 등을 부합시켜 계획하고 구성해야 한다.

① 부모의 특성에 따른 프로그램

중류층 부모들을 대상으로 하는 부모교육 방법이 반드시 저소득층 부모들에게도 효과적으로 적용 가능한 것이 아님을 알고 개별 참여자의 필요와 욕구를 인식하고 이에 반응하는 프로그램을 계획해야 한다.

② 전문가의 역할 실천하기

부모교육 프로그램 직원과 부모교육 참여자 간의 동등한 관계 설정의 경향이 증가되고 있는 추세이다. 그러므로 부모와 함께 작업하는 전문가들은 직업적인 전문가로서의 역할보다는 서로가 함께 결정한 부모교육 활동과 목표의 촉진자로서의 역할을 수행해야 한다.

③ 부모역할에 대한 사회적 지지

사회적 지지는 부모가 양육역할을 수행하는 데 도움을 준다. 적절한 사회적 지지를 받는 가족들은 스스로를 지지할 수 있다. 사회적 맥락에서 부모 지지적인 접근은 부모교육 프로그램이 부모의 양육 기능에 긍정적으로 도움을 줄 것이라는 것을 기본 가정으로 하며, 이는 부모집단 내에서 부모와 함께 작업하는 전문가들은 집단의 구성원들이 사고와 경험을 나누도록 하고, 서로를 지지해 주도록 촉진하는 역할을 한다.

(4) 부모교육 계획 시 수용해야 할 사항

다양한 모임을 통한 부모교육 계획 시 다음과 같은 사항들을 수용해야 한다.

첫째, 부모는 학습할 수 있다. 양육 행동은 본능적인 반응에 의해 결정되는 것이 아니라 노력에 의해 개선되고 습득될 수 있는 학습된 행동이다. 그러므로 자신이 유아의 발달에 대해 많이 알수록 적절한 양육 행동을 기술적으로 보이게 된다.

둘째, 부모의 지적 지식 기반은 유아 양육 행동에 영향을 준다.

셋째, 단지 지식만으로는 양육 능력을 발달시키는 것이 불충분하므로 부모의 감정, 가족의 관계, 정서와 태도에 관해서도 다뤄야 한다.

넷째, 아무리 많은 교육을 받고 사회에 잘 적응하고 자신의 경제적 지위가 높다하더라도 모든 부모는 양육 역할에 대처하는 방법에 대해 학습할 필요가 있다.

다섯째, 부모는 양육법에 대해 학습하고자 한다. 부모는 자녀를 돌보는 방법, 유아에게 도움을 주는 것이 있다고 생각될 때 부모교육 프로그램에 참여하고자 한다.

여섯째, 부모는 부모교육의 주제가 자신과 밀접한 관련이 있는 내용일 때 가장 잘 학습한다.

일곱째, 부모는 서로에게서 많은 것을 배울 수 있다. 이러한 부모교육 과정은 양육에 대하여 서로 공감하고 이해하고 있는 것에 대한 가치를 증진시킴으로써 학습의 효과를 극대화한다.

여덟째, 부모는 나름대로 자신만의 방법으로 학습하므로 부모교육을 할 때 융통적인 접근법을 적용하여 부모가 편안하고 적극적으로 교육 프로그램에 참여하도록 한다.

(5) 모임을 통한 부모교육 프로그램의 운영

부모가 부모교육 프로그램에 적극적으로 참여하게 하기 위해서는 교사와 부모가 파트너로서 긍정적 협력관계를 수립해야 한다. 이러한 모임을 통한 부모교육을 촉진하고 수행하는 데는 여러 가지 방법이 있다(안영진, 2014 재인용).

① 부모 모임 개최

대개 유아교육기관에 처음 등원하는 날 자연스럽게 모이게 된다. 이때 교사는 전문가로서의 역할보다는 자원 출처로서의 역할을 수행하면서 모임을 통한 부모교육을 수행할 수 있다. 성공적인 부모교육에 대한 최근의 보고들은 부모교육 과정은 미리 계획되고, 미리 결정된 것이 아니라 부모의 관심과 필요를 반영하는 것임을 강조하고 있다. 즉, 프로그램은 부모가 알아야 한다고 생각되는 것보다는 부모가 현재 위치하고 있는 상태에서 출발하는 것이 바람직하다(Gestwicki, 2000).

② 모임의 유형 선정하기

부모가 모임에서 편안함을 느끼도록 하기 위해서는 모임의 집단 크기나 유형을 고려해야 한다. 집단이 작을수록 동질감, 소속감, 자아감을 유발한다(Bauch et al., 1973). 또 다른 연구들은 부모와 관련된 모임은 전체 모임이 더 효적임을 밝히고 있으며(Tizard et al., 1981), 같은 연령대의 부모가 경험이나 관심사에 대한 공유를 좀 더 활발하게 한다고 밝히고 있다.

부모는 서로에게 뿐만 아니라 전문가에게서도 배우므로, 상황에 적합한 모임의 유형을 선정하여 특정한 상호작용을 격려해야 한다.

③ 모임의 유형 선정에 있어 교사의 역할

부모 집단토의에서 교사의 역할은 비공식적이고 친근한 분위기를 형성하도록 돕고 집단토의의 촉진자로서 기능해야 한다. 교사는 집단에서 부모들이 자유스럽게 표현하도록 수용, 지지, 격려감을 높이고 개별 부모가 비위협적인 환경에서 토론할 수 있도록 부모의 권리를 보호해 주어야 한다.

④ 모임을 위한 시간 선택

만약 부모로 하여금 모임의 날짜와 시간을 정하도록 한다면 부모는 모임 참여에 대해 좀 더 편안함을 느끼게 될 것이다. 가끔 부모 모임은 그 시간에 맞춰 특별히 기관에서 유아를 돌보아준다면 부모가 교육 프로그램에 참여하는 것을 좀 더 용이하게 할 것이다.

(6) 의사결정자로서 부모

일부 프로그램은 부모를 조언자나 정책 결정자로 참여시킨다. 부모 심의회나 정책회에서 부모 구성원들은 자신의 유아와 지역사회에 영향을 미치는 결정권을 갖는다. 의사결정자의 역할은 관련 유아교육기관이나 행정부의 규정에 따라 다양하다(안영진, 2014 재인용).

5) 통신을 통한 유아교육

유아교육기관에서 부모와 통신을 통하여 접촉함으로써 부모교육이 이루어지게 하는 방법에는 전화, 가정통신문, 홈페이지 등의 방법이 있다(안영진, 2014 재인용).

(1) 전화

부모와 매일 접촉할 수 없는 교사를 위하여 전화는 부모와 개인적인 대화를 할 수 있는 기회를 제공한다.

전화통화는 단지 몇 분에 불과하지만 이러한 과정은 교사가 유아들에게 흥미가 있음을 부모에게 알게 하고 긍정적인 부모-교사관계를 형성하는 데 도움을 준다. 또한 전화를 사용하는 것은 교사와 빈번한 접촉을 할 수 없는 부모에게 정규적인 접촉 방법이 될 수 있다.

(2) 가정통신문

유아교육기관에서 주로 사용하고 있는 가정통신문은 쪽지와 안내문이 있다.

① 쪽지

적극적이고 개인적인 관찰이나 일화기록을 부모와 함께 공유하는 것은 개인적인 쪽지를 유아를 통하여 가정으로 보냄으로써 달성될 수 있다. 쪽지는 일방적인 의사소통으로 지각되는 경향이 있지만 교사는 부모가 반응할 수 있도록 쪽지를 고안할 수 있다.

② 안내문

안내문은 유아교육기관에서 발생하는 각종 정보를 부모에게 전달하기 위한 부모교육의 방법이다. 이 안내문에는 교육계획안, 행사, 견학 안내문, 유아의 건강과 안전, 보건위생 등에 관한 안내문, 부모에게 전달하는 정보 등이 있다.

(3) 홈페이지

유아교육기관에서 제작한 홈페이지는 부모와 인터넷 통신을 통하여 대화를 하고 부모교육을 할 수 있는 방법이다. 홈페이지는 직장에 다니는 부모에게는 간접적으로 교사와 소통할 수 있는 방법이 될 수 있고, 직장을 가지 않은 부모님들에게는 유아교육기관에 대하여 지속적인 관심을 가지고 통신할 수 있는 또 다른 부모교육 방법으로서 작용한다.

(4) 소식지

유아교육기관에서는 정규적으로 부모들에게 소식지를 보낸다. 이러한 소식지는 부모에게 교실활동과 계획, 유아교육기관의 교육적 목적을 알리고 유아와 부모 간에 서로 의사소통할 수 있는 기회를 제공함으로써 유아교육기관에서 가정과 연계하여 학습을 강화하고 확대하기 위해 사용된다.

부모들이 소식지를 버리거나, 읽지 않거나, 생각하는 데 너무 많은 시간이 소요되는 것을 방지하기 위해 소식지는 간단하게 만들어질 필요가 있으며 분량은 한 면 정도면 충분하다. 소식지는 정규적으로 한 달에 한 번, 2주에 한 번 정도 발간하는 것이 적절하다.

6) 비형식적인 부모교육

시간과 장소 그리고 특정 매체를 형식적으로 선정하지 않고 유아교육기관 일상에서 부모와의 직·간접적인 접촉을 통해 비형식적인 부모교육을 수행할 수 있다(안영진, 2014 재인용).

(1) 일상적인 대화

부모가 그들의 아이들을 데려다주고 데려갈 때 주로 나누는 일상적인 대화는 양육자가 교사에 대해 친밀감을 느끼고 신뢰감을 형성하게 하는 데 중요하다. 일상적인 대화시간은 짧지만 이러한 대화에서 부모는 자발적으로 대화하며 주제는 주로 유아와 양육자 간의 관계, 또래 관계를 포함해서 유아에 대한 것들이다. 부모는 비형식적인 대화에 기초해 교사에 대한 신뢰감을 발달시키고 교사의 노력에 깊은 감명을 받기 때문에 매일의 대화에서 부모를 참여시키기 위한 대화와 신뢰감 발달을 조장할 수 있는 계획이 필요하다.

(2) 부모용 게시판

게시판은 부모에게 전달할 수 있는 또 하나의 다른 의사소통 방법이다. 게시판은 부모들이 자주 이동하는 지역에 명확히 보이도록 설치해야 하며 게시판에 '부모용'이라는 명명을 붙여 부모를 위한 정보제공을 하는 게시판임을 주지시킬 필요가 있다. 게시판에는 유아의 스냅사진, 활동사진, 작업의 샘플 및 식사메뉴 및 면역 필수사항, 유아 질병에 관한 책이나 최근 부모교육에서 토론된 주제에 대한 글들을 제시할 수 있다.

(3) 매일의 뉴스 팸플릿

뉴스 팸플릿은 대화하는 데 너무 바쁜 부모를 연결할 수 있는 또 다른 방법이다. 매일의 뉴스 팸플릿은 부모가 자녀와 함께 이야기를 나눌 수 있는 그 날에 관한 이야기 혹은 정보를 제공한다. 유아의 하루 일과에 대한 부모의 궁금증을 풀어주기 위해 특별한 메모 혹은 질문에 대한 답들을 제시함으로써 부모에게 유아의 그 날의 활동을 이해하고 알 수 있도록 연결해 줄 수 있다.

(4) 가방 보내기, 도서관, 문학 활동

가방 보내기는 교사와 부모가 의견을 교환하는 데 사용될 수 있다. 예를 들면, 교사는 부모와 유아가 함께 집에서 즐길 수 있을 만한 '활동'을 유아 편으로 보내서 유치원 활동이 가정과 연계되어 확장될 수 있도록 한다. 또 다른 교사는 가족 문학 활동을 지지하기 위해 서류철을 이용하여 도서나 독서장을 가정으로 보내기도 하며 칭찬 목걸이와 같은 상을 가정에 보냄으로써 유치원에서의 유아의 바른 행동을 부모에게 알리고 부모가 유아를 칭찬해 줄 수 있도록 안내하여 유아가 긍정적인 자아개념을 형성할 수 있도록 돕는다(안영진, 2014 재인용).

CHAPTER 09

스마트 디지털 미디어 교육

1 스마트 디지털 미디어의 개념 및 교육적 가치

디지털 미디어(digital media)는 보통 디지털 코드를 기반으로 동작하는 전자 매체를 일컫는다. 스마트 디지털 미디어(smart digital media)는 이를 좀 더 올바르게 활용하는 방법에 관한 것이나 디지털 미디어를 통해 변화된 편리해진 문화라 할 수 있다.

최근 4차 산업혁명이라는 용어가 각종 매스컴을 장식하고 있으며, 각 분야별 영역에 지대한 영향을 미치고 있다. 4차 산업혁명(The 4th Industrial Revolution)은 2016년 1월 스위스 다보스에서 개최된 제47회 다보스 세계경제포럼(World Economic Forum Annual Meeting)에서 최초로 소개되었다. 다보스 세계경제포럼의 창립자이자 회장인 슈밥(Klaus Schwab) 회장은 4차 산업혁명을 인공지능(AI), 로봇기술, 생명과학이 주도하는 차세대 산업혁명이라고 정의하였다. 즉, 3차 산업혁명을 기반으로 한 디지털과 생명공학, 물리학 등을 융합하는 기술혁명이라고 할 수 있다(Schwab, 2016).

이러한 4차 산업혁명의 선포는 경제, 과학계뿐만 아니라 교육계에도 큰 관심의 대상이 되었으며, 이러한 관심에 발맞춰 많은 교육자는 4차 산업혁명을 대비하여 교육의 방법과 과정을 변화하고자 하는 노력을 하고 있다. 그 이유는 시대적 변화에 따라 산업혁명의 시기가 구분이 되듯이 산업혁명의 시기에 따라 문화와 교육의 방향도 함께 변화되었기 때문이다.

슈밥(Schwab, 2016)에 따르면 4차 산업혁명 시대에는 인공지능, 사물인터넷, 시스템 자동화가 더욱 발전하면서 기존에 인간이 스스로 해오던 일을 기계가 대신하고 이와 함께 인간의 새로운 직업이 생성되며, 새로운 직업에 필요한 기술을 습득할 필요가 있다고 보고하였다. 따라서 앞으로 4차 산업혁명 시대를 살아갈 자녀들에게 4차 산업혁명 시대에 맞춘 교육방법이 필요하다.

특히 컴퓨터나 정보통신기기들을 어린 시기부터 접하게 됨으로써 여러 유아발달 측면에 도움이 된다는 연구들은 수도 없이 존재할 뿐만 아니라, 이제는 시대의 변화에 따라 컴퓨터나 정보통신기기들과 함께 살아갈 유아들은 스마트 미디어를 교육 수단으로 이용해야 함은 필수가 됨에 따라 그 가치가 있다고 하겠다. 따라서 유아교육 과정에 스마트 미디어를 어떠한 방식으로 어떻게 적용되어야 할지에 대한 필요성이 제기된다. 부모는 자녀가 디지털 미디어 기기들을 오락성 매체가 아닌 교육용 매체로 인식하고 올바른 방향을 활용할 수 있도록 유아기 시절부터 바로 잡아줘야 한다.

2 스마트 디지털 미디어를 활용한 교육 내용 및 교수 방법

디지털 미디어를 활용한 교육에는 다양한 장르와 교수 방법이 있다.

먼저 인터넷을 활용한 스마트 디지털 미디어 교육에는 유아 온라인 교육시장이 성인 온라인 교육시장 못지않은 규모를 가지고 성장하고 있고, 여러 교육용 매체 기기들도 출시되고 있다. 일반적으로 스마트폰이나 스마트패드, 컴퓨터를 사용하여 해당 콘텐츠를 볼 수 있다. 본인이 원하는 교육 내용을 인터넷에 검색하여 활용하거나 자녀에게 도움이 될 만한 자료를 찾아 부모가 미리 검수 후에 제공하는 것이 좋겠다.

교수 매체	교육내용	교수 방법	비고
키즈 유튜브	다양한 주제별 크리에이터가 제공하는 영상 콘텐츠 프로그램, 음악, 학습, 탐색의 4가지 카테고리 역시 각각 적합한 주제의 동영상이 맞춤형으로 제공될 수 있도록 알고리즘이 적용돼 있음	성인의 적절한 통제하에 이루어짐	스마트폰 어린이 전용 앱
전자칠판	유아교육기관에서 사용할 수 있는 누리과정 및 특화 교육 프로그램 제공	디지털교육기기인 스마트패드와 전자칠판을 이용하여 교사와 유아가 양방향으로 상호작용할 수 있는 자기주도적인 수업프로그램	키즈콕 http://www.eduoreum.co.kr
TV활용	아동에게 맞는 콘텐츠들 모음(동화, 유튜브, 캐릭터채널, AR활용 활동 등)	성인의 적절한 통제하에 이루어짐	LG U+ 아이들나라, KT 올레 키즈랜드, B tv 키즈
상업용 교육 프로그램	수많은 교육업체에서 만들어 제공. 다양한 주제별 학습 사이트가 있음	사용자가 컴퓨터를 조작하여 활동	–호호에듀, 홈런, 지니키즈, 쥬니버, 키즈짱, 야후 꾸러기, 깨비키즈 등 –교육부 제공 자료
멀티미디어 자료	동화, 동요, 안전교육, 기본생활 습관 등	하고자 하는 주제에 맞는 교육 자료를 찾아 유아에게 제공	
인터넷 도서관	전자책 대여 및 판매	인터넷이 가능한 기기에서 책을 다운로드 받아 볼 수 있음	–인터넷 교보문고, 리디북스, YES24 등 –지자체에서 운영하는 인터넷 도서관

3 스마트 디지털 미디어 환경과 유아의 창의성

유아들에게 있어서 창의성이 중요한 이유는 태어날 때부터 지능을 가지고 태어나 발달하듯이 창의성도 가지고 태어나 발달하기 때문이다. 창의성이 가장 많이 발달하는 시기는 2~6세이며, 이 시기의 창의성은 여러 가지 환경과 밀접한 관련이 있다. 그 중에서도 창의성 계발에 있어 환경의 중요성이 부각되면서, 창의적인 풍토에 대한 연구가 이루어졌는데 창의성을 촉진시켜 주기 위해서는 개방적・허용적 풍토를 조성해 주고 자극적인 환경을 조성해 주는 것이 필요하다.

최근 급속하게 증가하고 있는 영유아들의 스마트 미디어 사용은 피할 수 없는 시대적인 흐름이다. 새로운 스마트 미디어 기기를 이용할 수 있는 사람과 없는 사람의 차이는 새로운 정보를 얻고 이용하는 데 차이가 발생한다. 어릴 때부터 스마트 미디어에 익숙한 아이는 발달상 위험성을 경고하기도 하지만, 반대로 새로운 정보통신기기나 첨단 환경에 더 빠르게 적응할 수 있는 장점이 있다. 또한 주입식 학습이 아닌 적극적인 참여 가능한 놀이 방식의 스마트 미디어 환경을 제공할 경우 학습 효과를 더욱 높일 수 있다. 이처럼 유아기에 스마트 미디어와 친숙해지는 것이 부정적인 영향만을 미치는 것이 아니기 때문에 환경을 어떻게 잘 구성하여 제공해 줄 것인지에 대해 고민할 필요성이 있다.

전자미디어의 사용은 유아의 발달과 학습에 어떠한 영향을 미치는지 아직도 논의가 계속 되고 있지만 찬성하는 쪽이 이미 현대 사회에서 일반화되어 있기 때문에 미래 세대의 디지털 격차를 방지하는 동시에 시각적 사고 등 특정 유형의 지능발달에 도움이 되는 스마트 미디어 도입을 적극 격려하고 있다. 그리고 스마트 미디어 사용을 통하여 학습의 패러다임 자체가 변화하여, 보다 효과적인 학습에 도움을 줄 수 있을 것이라고 예상하고 있다.

스마트 미디어는 최첨단 미디어로서 우리 생활의 일부분으로 자리를 잡았고, 교육부는 스마트 미디어를 학습에 반영하는 전략을 내놓기도 하였다.

결국 환경의 변화와 시대의 변화에 발맞춰 스마트 미디어 환경을 유아의 창의성 부분과 결부시켜 유아의 창의성 발달에 더욱 도움이 되는 환경으로 변화해야 할 것이다.

4 스마트 디지털 미디어와 창의성과의 관계 및 프로그램 효과

스마트 디지털 미디어는 유아로 하여금 시각, 청각, 촉각 등 모든 감각기관을 이용하여 학습하게 함으로써 유아의 흥미를 유발시켜 효과적인 학습이 이루어질 수 있도록 하며, 다양한 정보를 제공함으로써 유아가 새로운 지식을 창출하고 정보 수집을 할 수 있도록 하는 데 활용될 가치가 매우 높다. 스마트 디지털 미디어는 문자, 그림, 사진, 소리, 동영상 등을 복합적으로 사용하여 표현하여 시각정보와 청각정보의 적절한 결합을 통해 학습 효과를 높일 수 있으며, 스마트 디지털 미디어를 학습에 이용하면 짧은 시간 내에 다양한 자료를 효율적으로 제시할 수 있으며, 교육 과정의 목표를 성취하는 새로운 학습 방법이 될 수 있을 뿐만 아니라 학습시간의 감소를 꾀할 수 있다. 교육정보화라는 큰 흐름 안에서 유아교육의 스마트 디지털 미디어 활용 및 교육에 관한 입장은 이미 피할 수 없는 사회적 요구에 직면하여 있고 교육 현장에서 할 수 있는 일은 적절한 활용 방안을 적극적으로 모색하는 일이라고 할 수 있다.

유아기는 대부분의 유아가 다른 사람이나 매체를 통해 간접적인 경험을 통하여 경험을 얻을 수 있는 시기이기 때문에 교수매체와 지도방법은 매우 중요하다. 즉, 유아기에 어떠한 교수매체를 활용하여 교육을 하느냐에 따라 교육 내용에 대한 이해와 흥미에 미치는 영향이 달라질 수 있다. 최근 스마트 디지털 미디어를 통한 교수매체 활용의 효과의 뛰어난 효과는 여러 연구를 통해 증명되고 있으며, 현장에서도 많이 활용되고 있음이 분명하다.

유아교육기관에서 스마트 미디어 매체의 활용은 평범한 사고를 창의적인 사고로 전환하는 데도 기여할 수 있음이 증명되고 있다. 머리로 생각한 것을 눈을 통해서 실제로 볼 수 있게 되고 자작할 수 있고 용이하게 수정할 수 있기 때문에 스마트 미디어 매체 활용은 창의적인 사고를 가능하게 하는 뛰어난 도구라고 할 수 있다. 스마트 미디어 매체는 시각적 도구이므로 유아의 시각적 내면화에 도움을 준다. 창의적 사고와 시각적 내면화는 추상적이고 높은 수준의 사고력을 위한 전제 조건이 되는데 스마트 미디어 매체가 바로 이 둘 사이의 연결을 용이하게 한다.

5 스마트 디지털 미디어를 통한 교육현장에서의 활용

최근 유아교육기관에서는 4차 산업혁명 미래교육에 맞춘 다양한 스마트 디지털 미디어 기기들을 도입하여 교육현장에 적용하고 있다. 스마트 디지털 미디어 기기의 사용이 불가피한 요즘, 시대의 흐름에 맞춘 교육방법이 점차 청소년에서 유아기로 내려오고 있으며 이는 디지털 미디어 기기를 오락적 기능이 아닌 교육용 매체로 활용함에 따라 어려서부터 스스로 조절하는 능력을 기르며 자기주도적인 형태로 교육적 활동을 할 수 있도록 돕는다. 부모나 교사는 적절한 통제와 올바른 방향으로 자녀와 유아들의 스마트 디지털 미디어 사용을 지원해야 한다.

수많은 정보와 움직임, 색, 소리, 다양성을 지닌 기기들은 유아들을 놀이 활동에 몰입할 수 있는 집중력과 활동에 대한 흥미를 불러일으킨다. 또한 상상력을 자극해 놀이를 좀 더 창의적으로 이끌고 또래와의 상호작용을 도와 사회성 증진에 도움을 준다. 더 나아가 유아가 스스로 기기를 작동하는 원리와 방법을 터득한다면 이들은 기기를 이용해 본인들의 놀이를 녹화하고 사직을 찍어 친구들과 공유하고 되돌아보며 유아기 시절부터 크리에이터의 역할을 경험해 볼 수 있다. 이는 미래 사회를 살아가기 위해 필수적으로 필요한 능력 중에 하나이며 이를 보조해 주는 것은 성인(부모, 교사 등)의 역할이라 하겠다.

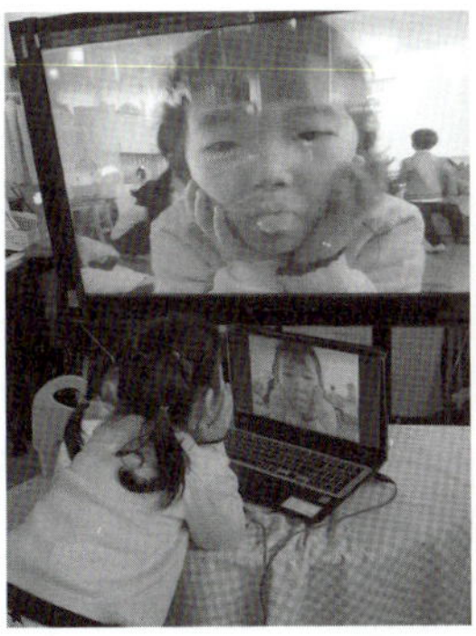

<캠코더를 사용한 예>

<전자현미경 / 전자칠판을 사용한 예>

<TV 활용 : LG U+ 아이들나라 - 파파고, 생생체험학습 중 공룡마을>

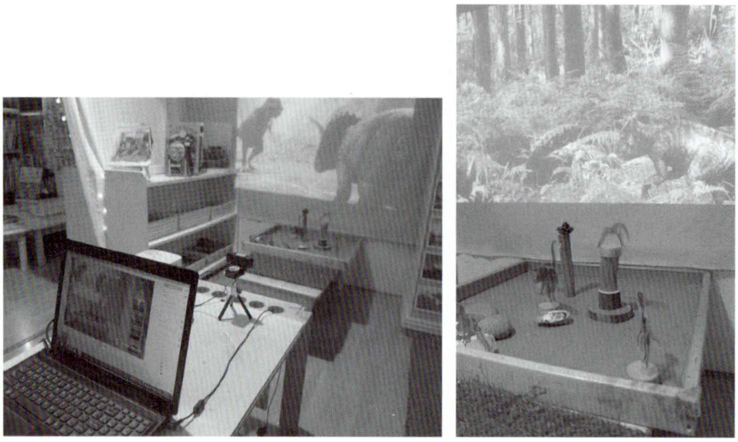

<빔 프로젝터를 활용한 예>

그림 9-1 스마트 디지털 미디어기기 사용 예

출처: 그림유치원

CHAPTER 10

아버지 교육

아버지가 자녀의 양육에 참여하였을 때 자녀의 건강한 성장과 발달에 중요한 영향을 미친다는 것은 이미 많은 연구들을 통해 확인되었으며, 아동의 인성을 형성하는 데 가장 강력한 요인 중 하나는 아버지의 교육적 가치관과 양육태도일 것이다.
현대 사회의 아버지는 사회의 구성원으로, 한 가족의 가장으로 혹은 누군가의 남편, 아버지로 살아간다. 사회의 치열한 삶에서 다양한 역할을 소화해 내야 하는 자리가 바로 아버지일 것이다. 이러한 아버지들은 부모로서 아버지가 알아야 할 이슈들에 대해 스스로 성찰을 통해 배워나가야 한다. 아버지라는 역할을 누군가에 의해, 혹은 새로운 정보를 알게 된다고 해서 바로 변화되는 것이 아니다. 자녀를 키우고 아버지로 성장해가는 과정에서 자신을 돌아보고 더 행복한 가족을 위해 자발적으로 노력하는 것에서 시작될 것이다.

1 아버지의 정체성

아버지가 된다는 것은 아동에게도 아버지 스스로에게도 많은 의미를 가지고 있다. 특히 아버지가 된다는 것은 기쁘기도 하지만 부담스럽기도 하면서, 자신의 위치에서 혼란을 야기하기도 한다.

현대사회는 아버지들의 양육 참여를 기대하거나 강조하면서 새로운 용어

들이 생겨나고 있는 실정이다. 스칸디 대디, 프렌디, 라테파파 등의 용어들이 그 예라고 할 수 있다. 스칸디 대디란 자녀들과 많은 시간을 갖는 다정한 아버지, 육아에 적극적으로 참여하고 아이들의 눈높이에서 교감하려고 노력하는 아버지들을 이야기한다. 프렌디는 친구처럼 아이와 놀아주고 육아에서도 활발하게 참여하는 아버지를 이르는 신조어이다. 또한 라테파파는 한 손에 라떼를 들고, 한 손으로는 유모차를 끌며 공원을 산책하거나 장을 보는 아버지를 말한다. 이는 육아가 어색하지 않은 '육아 최적화' 아버지를 이르는 말로 아이들과 잘 놀아주고, 늘 마시는 커피 한 잔처럼 육아가 일상생활의 한 부분인 다정한 아버지들을 말한다고 할 수 있다.

과거 아버지들의 이상적인 모습이라는 것은 일을 열심히 하는 성공하는 아버지였다면, 오늘날 아버지들은 일 외에도 아동과 관련하여 높은 수준의 요구와 기대에 혼란스러움을 느끼고 있다. 따라서 오늘날 아버지들은 부담스럽기도 하고 혼란스럽기도 한 것이 오늘날 아버지의 역할이라고 할 수 있다.

그렇다면 제대로 된 오늘날 아버지의 역할이나 모습 혹은 부성이 무엇인지 생각해 볼 필요가 있다. 먼저 어머니들은 아동과 놀 때 정형화되고, 교육적이며, 사회적으로 바람직하며, 비공격적인 방식을 선호한다. 그리고 규칙을 벗어난 놀이방식의 교육적 효과에 대해서는 부정적인 생각을 가지고 있기도 하다.

반대로 아버지들은 비구조화된 개방적 방식에 우호적이고, 공간을 많이 활용하는 편이며, 아동이 새로운 방식으로 시도하는 놀이를 격려한다. 상대적으로 아동의 욕구 중심으로 따라가 주면서, 놀이 자체의 흥미를 느끼는 데 주력하는 경향이 있다.

결국, 아버지의 부추기는 성향과 어머니의 보호적 성향이 유아에게 있어 균형을 추구할 수 있도록 도와주는 영향을 미치게 되는 것이다.

이러한 아버지와 어머니의 차이는 출산으로부터 시작될 수 있는데, 어머니의 10개월 동안의 임신 경험은 아동의 문제를 자신의 문제로 동일시할 수 있는 경향이 있기 때문이다. 즉, 이러한 경향은 아동과의 애착 형성에도 영향을 미칠 수 있다.

또한 아버지와 어머니가 아동을 인식하는 경향에도 큰 차이가 있을 수 있는데, 어머니는 아동을 볼 때 주관적인 감정이 개입되지만, 아버지는 아동을 볼 때 객관적인 경향이 있을 수 있다. 즉, 어머니는 아동을 볼 때 자기 자신으로 느끼는 경향이 강한 반면, 아버지는 아동이 만나게 되는 최초의 타인인 것이다.

아버지와 어머니의 차이는 아동에게 서로 다른 영향력을 미치고, 아버지와 어머니의 서로 다른 영향력이 고루 미칠 때, 아동은 균형 잡힌 성장을 이룰 수 있다. 아버지의 효과는 아동의 발달과 교육에 적극적인 아버지를 둔 아이는 학업성취도, 사회성, 결혼생활에 성공적일 수 있다.

아버지의 양육 참여는 어머니가 제공해 주지 못하는 새로운 경험을 아동에게 제공한다. 동적이고 활동적인 경험을 할 수 있게 해 주며 이러한 경험은 아동에게 보다 폭넓고 역동적이며 다양한 사회적 · 정서적 · 지적 자극을 접할 수 있도록 도와준다.

그러나 사회적으로 아버지의 역할이 어머니의 역할과 같다라는 통념이 있다. 하지만 좋은 아버지의 역할이 어머니와 같다가 아니고 아버지와 어머니가 함께 육아에 동등하게 참여하지만 아버지의 고유 역할과 영향력을 잘 살려서 미친다의 의미이다. 즉, 어머니와 다른 아버지만의 긍정적인 효과를 미칠 수 있도록 유의해야만 한다.

아버지의 역할에서 친구같은 어버지가 매우 인기 있다고 하지만 너무 아동과 친구같은 아버지가 되는 데만 집중하면 아버지의 권위가 상실될 위험이 있다. 아버지의 권위가 상실되면 아동의 성장에 매우 큰 문제로 다가갈 수 있다. 사회성을 잃은 성인이 될 수 있는 것인데, 이것은 친구같은 아버지, 즉 권위를 상실한 아버지 밑에서 자란 아동이 버릇없이 자라서 나타나는 현상이라고 할 수 있다. 따라서 자상함과 필요할 때 훈육할 수 있는 권위 있는 아버지가 되어야 한다.

오늘날 아버지의 역할 중 가장 중요하다고 생각되는 것은 경제적 부양일 것이다. 오늘날 아버지가 생계적 부양의 의무가 전부라고 말하지는 않지만, 여전히 사회적 담론을 보았을 때 가족의 재정적 책임과 사회적 지위를 요구하는 경우가 많다. 이러한 인식은 아버지를 돈 버는 기계로 전락시켜, 아동과의 보내는 시간을 어렵게 하고, 아버지의 참여를 막을 수 있다. 그러나 아버지의 좋은 효과는 아버지가 시간을 들여 아동과 함께하는 공통된 경험을 통해 나타난다. 즉, 아버지의 사랑은 시간인 것이다. 아버지의 물질적 도움은 아동과 함께 공통으로 경험한 체험을 결코 이길 수 없다.

아버지의 역할이 가정을 위해 봉사한다는 것으로 되어버리면 안 된다. 어머니들은 아버지들이 도와준다는 말을 많이 쓰지만, 아버지의 역할이 수동적이 아닌 자발적으로 나타났을 때 아동과 부모 그리고 가족 공동체도 행복감을 느낄 수 있게 된다. 아버지가 양육에 행복감을 느끼려면 양육에 관해서 아버지의 자율성과 주도성이 주어지는 것이 매우 중요하다.

마지막으로 아버지의 목표는 좋은 아버지보다 웃는 아버지를 지향해야 한다. 아버지가 환하게 웃을 때 가족들도 행복해진다. 즉, 좋은 아버지란 하나의 도구로서 강조될 수 있기 때문에 아동은 물론이고 아버지와 가족 모두에게 행복을 주는 자발적이고 적극적인 참여를 할 수 있는 웃는 아빠가 되어야 한다.

2 아버지와 함께 하는 일상생활

최근 아버지상이 변화하면서 아버지의 육아나 가사에 대한 관심이 높아지고 있다. 아버지도 육아와 가사에 적극적으로 참여해야 한다는 사회적 압력에 고민이 커지고 있는 것도 사실이다. 아버지들은 일과 가정의 양립을 고민하는 시대가 되었다. 이상적인 아버지상으로는 친구 같은 아버지, 자상한 아버지 등을 말할 수 있다.

현재 부부가 함께 일하는 맞벌이 조건에서 남성과 여성 간의 가사노동시간 차이가 여성의 가사노동시간의 1/5에 불과한 수준이다. 즉, 친구 같고 자상한 아버지를 지향하지만 가사노동에 있어 격차는 좁혀지지 않는 것이다. 아버지의 일과 가정 양립에 있어 가장 큰 장애요인은 우리나라의 장시간 근로문화라고 할 수 있다. 아버지들이 가사와 자녀 양육에 참여하기 위해서는 기본적인 시간이 필요하지만 구조적 장애요인인 장시간 근로문화는 이러한 것들을 방해하는 가장 큰 요인이라고 할 수 있다. 즉, 저녁이 있는 삶이 보장될 때, 아버지의 참여가 가능해진다. 저녁이 있는 아버지의 삶을 위해 정책적인 배려가 필요하다. 따라서 정시에 퇴근할 수 있는 문화가 자연스럽게 정착되어야 할 것이다.

일과 가정이 조화를 이루는 시간과 계획은 생각처럼 쉬운 일이 아니다. 하루에 아동에게 할애한 15분 정도의 시간은 많은 것들을 바꿀 수 있을 것이다. 또한 양적인 시간과 함께 질적인 시간도 중요한데, 질적인 시간은 특히 일하는 부모와 자녀 사이에서 관계를 강화시키기 위해 부모가 자녀에게 전적인 주의를 기울이는 데 소요되는 시간을 말한다. 즉, 15분 동안 질적으로 높은 시간을 아동과 보낸 것이 매우 중요하다고 할 수 있다.

아버지의 행복은 일에서 얻는 행복뿐 아니라 가정에서 얻는 행복을 통해 함께 찾아온다. 아동에게 사주는 선물이나 이벤트가 중요한 것이 아니라 가족과 함께 시간을 나누는 일상에서 아버지의 행복이 시작된다고 할 수 있다. 아버지의 사랑은 시간이다.

3 아버지와 놀이

아버지와 아동의 놀이는 큰 의미를 가지고 있다. 먼저 아버지에게 놀이란 것은 아버지의 사랑을 전달할 수 있는 가장 좋은 방법이다. 놀이를 통해서 아동은 온전히 자신에게 시간을 내어 몰입하는 아버지와의 경험을 사랑으로 이해하게 된다. 특히 스킨십을 동반한 놀이는 아동과의 애착을 맺는 좋은 기회라고 할 수 있다. 또한 아동은 아버지와의 놀이를 통해 아버지가 자신을 소중하고 가치 있는 존재로 여기고 사랑한다고 느낄 것이다. 두 번째로 아버지와의 놀이는 아버지의 존재감을 확인할 수 있는 통로이다. 아동과의 놀이는 아동만을 위한 행위라고 여겨지고 있지만, 아버지 자신을 위한 행위이기도 하다. 놀이는 아버지와 아동이 정서적으로 함께 할 수 있는 방법 중 하나이기 때문이다. 즉, 부모로서 효능감과 존재감을 확인할 수 있다. 마지막으로 아버지에게 놀이는 행복감의 원천이다. 아버지가 아동과 놀이를 통해 정서적으로 교감하고 서로의 존재감을 소중하게 여김으로 인해 가족의 유대감이 커지고 가족의 행복이 배가될 수 있다. 놀이를 통해 아동과 즐거움을 공유하는 시간은 아동에게도 아버지에게도 행복한 시간이 된다.

아동에게 놀이란 자신을 표현하고, 놀이를 통해 성장하며, 놀이를 통해 배운다. 즉, 놀이란 아동이 자신을 표현할 수 있는 수단이자, 성장할 수 있는 기회 그리고 학습의 통로라고 할 수 있다.

아버지와 아동의 놀이는 아동의 성장에 매우 중요한 역할을 한다. 먼저 신체발달과 정서발달에 매우 긍정적인 영향을 준다. 또한 아버지와 놀이는 아동의 자아존중감을 높이는 중요한 수단이 된다. 아버지와 아동의 놀이는 종종 불규칙적인 행동으로 아동의 예측을 벗어나는데, 이는 아동이 예상할 수 없는 상황에서 감정을 통제하는 방법을 배우는 기회가 된다. 마지막으로 아버지와의 놀이는 아동의 인지적 발달에 매우 중요한 영향을 준다.

4 아버지의 소통

아버지와 가족들은 대화를 통해 서로 영향을 주고 받는다. 아버지가 자신의 눈으로뿐 아니라 자녀의 눈으로도 볼 수 있는 방법을 배운다면 자녀를 하나의 독립된 인격체로 존중하며 자녀의 성장을 촉진하고 긍정적인 영향력을 미칠 수 있다. 그러나 아버지는 가족과의 소통이 어려울 수 있다. 그 이유는 피곤하기도 하고, 서로의 관심사와 대화 방식이 달라서 그렇기도 하다. 밖에서 일에 지쳐 에너지가 방전된 아버지들은 쉽게 짜증이 나고, 그래서 가족들과의 대화보다는 혼자만의 동굴 속에서 쉬고 싶어 한다.

아버지와 아동과의 소통 중 가장 중요한 것은 경험과 감정을 공유하는 것이다. 공감은 이미지처럼 시간을 공유하고, 서로의 감정을 나누고 있는 그대로 존중하는 경험이다. 자녀와 공감대를 형성하기 위해서는 경험을 공유하는 것이 중요하다. 다양한 방법으로 자녀와 경험을 공유하려는 아버지의 노력이 필요하다. 공감을 하기 위해서는 자신의 관점을 내려놓고, 상대방과 같은 입장에서 상대방의 눈으로 보고 느끼고 이해해야 한다.

아동과 대화하기 위해서는 듣고, 듣고, 또 듣는 이해 기술이 필요하다. 공감한다는 것은 상대의 감정을 그대로 존중한다는 의미이다. 상대방을 이해하려면 마음과 생각을 비우고, 자신의 관점을 내려놓고, 상대방과 같은 입장에 서서, 상대방의 관점이 무엇인지를 상대방의 눈으로 보고 느끼고 이해해야 한다. 아동이 가진 문제를 들어주는 것만으로도 아동은 스스로 문제를 해결할 수 있는 실마리를 찾을 수 있다. 이렇게 소통은 한 사람이 타인에게 전하고자 하는 정보, 지식, 생각, 감정까지 주고받는 것이다.

대화에서 아버지의 언어적 반응도 중요하지만 비언어적 반응도 매우 중요하다. 특히 신체 움직임에는 제스처, 신체의 움직임, 눈의 움직임과 제세 등이 포함된다. 비언어적 소통은 상대방에 대한 자신의 의도를 잘 나타내준다.

몸이 전하는 메시지에는 먼저 몸짓이 있다. 몸짓은 친밀감과 유대를 구축하는 데 매우 큰 도움을 준다. 두 번째는 목소리이다. 적당한 높고 낮은 목소리, 그리고 빠르고 느린 속도 등을 조절하여 전달한다면 그 힘은 생각보다 강력할 것이다. 세 번째는 거리이다. 거리는 너와 나 사이의 거리로 친밀도를 의미한다. 마지막은 눈맞춤인데 상대방에 대한 관심 표현의 시작이라고 할 수 있다.

언어적 표현의 방법 중에는 나-전달법과 너-전달법이 있다. 나는 다른 사람을 평가하고 해석하는 것이 아니라 나 자신이 느끼는 감정과 경험을 표현하는 것이다. 너-전달법은 상대의 행동에 초점을 맞추어 그 행동에 대한 비난, 비평 혹은 평가의 의미를 전하는 의사소통방법이다.

5 아버지 참여

1) 아버지 참여의 의미

일반적으로 부모 참여는 어머니의 참여(mother involvement)만을 의미하였다. 그러나 최근에는 범위를 넓혀 모든 가족구성원을 포함시킨 가족 참여(family involvement)라는 용어를 사용하고 있다. 아버지 참여란 아버지가 관심을 가질 수 있는 기회를 말하며 부모 참여란 아버지와 어머니 모두 참여하는 것을 말한다. 그러나 아버지들은 다른 아버지들이 유아 교육 프로그램에 참여하지 않을 때는 참여를 꺼려할 수도 있다. 그러므로 아버지의 참여에 대한 아버지, 어머니, 교사의 태도도 중요하게 고려되어야 한다.

2) 아버지에 대한 관심 상승의 이유

자녀에게 조기교육을 시킨 가정에서는 교육 프로그램에 아버지가 참여하는 경우 훨씬 더 도움이 되었다. 파간과 팜(Fagan & Palm, 2004)은 가정-학교의 동반자 관계에서 아버지 참여에 대해 관심을 갖는 이유를 다음과 같이 들고 있다.

(1) 아버지 참여는 특히 예방차원에서 중요하다.

유아의 교육과 양육에서 아버지 참여는 후에 부모-자녀관계의 어려움이나 유아의 문제행동의 발생을 예방할 수 있다.

(2) 아버지 스스로 부모로서의 경험을 통해 자신을 이해하게 된다.

(3) 자녀를 양육함에 책임을 수행하면서 성역할에 대하여 변화를 가져올 수 있다.

(4) 아버지의 양육기술을 발달시킬 수 있다.

6 아버지 역할

1) 아버지 역할의 중요성

부모의 역할은 어머니의 역할과 아버지의 역할로 나눌 수 있다. 어머니는 애정을 주고 가정의 화목을 유지하며, 아버지는 사회의 규범을 가정에 적용하며 일의 세계에 대한 도구적 기능의 역할을 수행하는 것이다. 그러나 사회가 변화하여 여성의 사회적 참여가 증가함에 따라, 그리고 아버지의 역할에 대한 인식이 바뀌기 시작했다. 람(Lamb, 1975)은 자녀의 초기 인격발달에 결정적인 역할은 아버지가 한다고 하였으며, 라빈(Radin, 1976)은 자녀의 인지발달에 아버지가 어머니보다 더 중요한 역할을 한다고 하였다. 파르케(Parke, 1981)는 유아의 대인 관계 기술 및 외부 사회에 대처하는 능력을 발달시키는 데 아버지의 영향이 중요하다고 하였으며, 스티븐(Stevens, 1987)는 이타적인 모범을 보이는 아버지의 자녀는 생활에서 긍정적으로 사회 문제 해결을 하게 된다고 하였다. 클라크-스튜어트(Clarke-Stewart, 1977)는 아버지가 여아와 상호작용하는 경우에 더 따뜻하고 애정적인 행동을 나타내어 여아의 성역할에 중요한 영향을 준다고 하였다. 블랑샤르와 빌러(Blanchard & Biller, 1971) 역시 아버지와 접촉이 많은 유아는 학업 성취 능력이 우수하다고 하였다. 이처럼 아버지의 역할이 어머니의 역할만큼 중요하며 유아기 발달에 있어서 결정적 영향을 미친다는 것을 알 수 있다(안영진, 2014 재인용).

2) 아버지 역할

아버지 역시 유아를 보살피고 양육하며 애착을 형성할 수 있는 표현적 역할을 수행할 수 있으며, 유아의 발달에도 많은 영향을 미친다. 아버지가 유아의 여러 발달에 어떠한 역할을 담당할 수 있는지 자세히 살펴보면 다음과 같다(안영진, 2014 재인용).

(1) 성역할

아버지의 가정 내 양육 방식과 남성으로써의 역할은 남아의 성역할 수행능력과 여아의 성역할 수행능력에까지 영향을 미치며 이런 역할에 대한 아버지의 인정과 격려는 유아의 자아개념 발달에도 영향을 준다.

(2) 인지발달

아버지는 어머니보다 이성적이고 판단적인 태도를 갖고 있어서 자녀의 인지발달에 많은 영향을 미친다. 가정 내에서 아버지가 자녀와 어떤 상호작용을 하고 양육과 보호, 교육에 어떤 자세를 가지고 있는지에 따라서 유아의 인지 능력에 더 많은 영향을 미치게 된다. 즉, 아버지가 자녀에게 보이는 행동, 자녀에게 취하는 태도, 아버지의 가정 내 위치, 자녀에 대한 아버지의 목표와 아버지의 양육 방식이 유아의 인지 능력에 영향을 미칠 수 있고 유아의 지적 능력을 자극하고 격려하는 데 중요한 역할을 한다는 것을 보여준다.

(3) 사회성 발달

양육 및 보호, 교육에서 아버지의 태도는 유아의 사회적 능력과 관련이 있으며 결과적으로 아버지의 양육과 교육에 대한 태도가 유아의 사회성 발달을 촉진시키는 데 중요한 역할을 수행한다.

(4) 도덕성 발달

아버지의 역할은 유아의 도덕성에 영향을 미치며 아버지의 올바른 도덕관과 도덕적 행동은 유아에게 동일시되어 유아의 도덕성을 형성하는 데 발판이 된다(안영진, 2014 재인용).

7 아버지 참여 이론

아버지의 참여에 대한 많은 여러 가지 모델이론이 있으나 여기서는 파간과 팜(Fagan & Palm, 2004)이 제시한 네 가지 다른 모델이론을 제시할 것이며, 제시된 모델은 다양하게 변화 가능하며 통합이 될 수도 있다. 다음은 각 모델이론의 아버지 참여에 대한 가정, 목표와 활동에 대해 설명하고 있다(안영진, 2014 재인용).

1) 엡스타인의 여섯 가지 아버지 참여 유형

(1) 엡스타인(Epstein, 1997) 모델의 아버지 참여에 대한 가정

① 아버지는 유아의 교육에서 유아교육기관의 협력자로 인식된다.

② 아버지와 교사는 유아교육 성공의 공동 목표의 토대를 이루기 위한 협력관계를 유지해야 한다.

③ 유아교육기관이나 교사는 다양한 협력 관계 혹은 기회를 통해 아버지를 초대, 격려하고 지원해야 하는 책임이 있다.

④ 아버지는 유아교육을 위해 아버지 참여 활동에 참여해야 하는 공동 책임이 있다.

(2) 엡스타인 모델의 주요 목표

① 유아 프로그램의 여러 측면에서 아버지 참여 기회를 구조화한다.

② 협력 관계 시작을 위한 구체적 전략을 제시하는 유아교육기관과 가족들, 특히 아버지 그리고 지역 사회 간의 협력 관계 모델을 만든다.

③ 유아교육기관에서 유아가 잘 활동할 수 있도록 아버지와 유아교육기관의 책임 분담을 명확히 한다.

(3) 아버지 참여 형태

① 유아교육기관은 아버지 교육 수업과 아버지 역할 수행하기 및 효과적

인 가족 관계 형성을 위한 기술에 관한 정보를 제공하여 아버지 역할을 지원한다.

② **의견 교환하기**: 아버지와 교사의 책임에 대한 쌍방향 의견 교환 촉진

③ **가정학습**: 유아교육기관과 가정 그리고 지역사회에서 배운 것을 연결시킬 수 있도록 유아와 가족 도와주기

④ **자발적 참여**: 교육과 유아교육기관을 지원해 줄 수 있는 아버지와 지역사회 구성원의 참여가 포함된다.

⑤ **의사결정**: 아버지는 다양한 유아교육기관의 결정에 의견을 제시하는 일에 참여하거나 자문위원회나 지역운영위원회 등을 통해 직접적으로 참여할 수 있다.

⑥ **지역사회 협력**: 유아교육기관은 지역사회의 재원을 독립적으로나 지역기업과 아버지와의 연계를 통해, 또는 대행사들과 그 재원 보조를 통해 지역사회와 협력을 유도할 수 있다.

엡스타인의 모델은 모든 집단에도 적용될 수 있는 종합적이고 포괄적인 모델을 제시한다(안영진, 2014 재인용).

2) 헤드 스타트

아버지 참여 헤드 스타트(Head Start) 프로그램은 엡스타인 모델보다 저소득 가정에 초점을 맞추어 아버지 참여에 대한 가정, 목표, 활동이 소개되어 있다(안영진, 2014 재인용).

(1) 헤드 스타트 모델의 아버지 참여에 대한 가정

① 유아교육에서 아버지는 필수적 협력자이고, 동료 교사로 참여하며, 훈련을 받을 필요가 있다.

② 아버지는 유아가 안정적으로 교육을 받을 수 있도록 하기 위해 취업훈련 및 기회를 제공받을 필요가 있다.

③ 아버지는 유아가 유아교육기관에서 잘 활동할 수 있도록 더욱 효과적인 상호 반응 형태를 배울 필요가 있다

(2) 헤드 스타트 모델의 아버지 참여의 목표

① 아버지는 프로그램의 방향과 운영에 대한 의사결정에 참여해야 한다.
② 아버지는 학급 지원자로 참여하여, 급여를 받는 헤드 스타트 직원이 될 가능성을 갖게 된다.
③ 아버지는 아버지 지원과 교육 활동을 계획하도록 권고 받는다.
④ 아버지는 헤드 스타트 직원과 연계하여 유아와 학습할 수 있는 기회를 갖게 된다.

(3) 아버지 참여 형태

헤드 스타트에서 특히 강조하는 부분은 아버지의 취업 기회이며 유아를 위해 아버지를 채용하고 훈련시키는 일은 아버지가 안정적인 직업을 가지는 일에 도움이 될 뿐 아니라 자녀 양육과 교육에도 중요하다고 강조한다(안영진, 2014 재인용).

3) 위임 모델: 사적 영유아 보육과 교육

이 모델은 아버지가 유아의 교육과 보육에 비용을 지불하고 유아교육자나 위탁 시설 사업자에게 맡기거나 위임한다는 것이다(안영진, 2014 재인용).

(1) 위임 모델의 아버지 참여에 대한 가정

① 아버지들은 자신이 참여할 수 없을 때 전문가의 의견을 구한다.
② 아버지 참여의 수준은 근무시간과 재원에 의해 제한된다.
③ 유아교육 프로그램의 소비자로서 아버지들은 프로그램에서 자신의 참여수준을 조절하고, 참여 여부를 스스로 선택할 수도 있다.

(2) 위임 모델의 아버지 참여에 대한 목표

기관 운영자 및 아버지 모두 유아에게 최대한으로 적합한 교육과 최선의 안전을 구축하고 협의하는 데 있다.

(3) 참여 형태

① 의견 교환하기: 아버지가 프로그램에 대한 결정을 하기 위해 여러 프로그램을 알아보며 유아 교육자나 운영자와 의견 교환을 한다.

② 가끔씩 방문해서 유아가 적응하는 것을 관찰할 수 있다. 그러나 아버지들은 자발적으로 참여하기, 공식적인 가정학습, 의사결정 혹은 아버지 교육과 같은 다른 유형의 아버지 참여에는 참여하지는 않는다. 때로는 아버지들은 초반에 많은 시간을 투자하면서 유아교육 프로그램을 관찰, 평가하고 신중하게 결정을 하여 유아교육자에게 유아의 관리와 교육 책임을 위임한다(안영진, 2014 재인용).

4) 가족 읽기 · 쓰기 프로그램

(1) 가족 읽기 · 쓰기 프로그램의 아버지 참여에 대한 가정

① 아버지 학습과 읽고 · 쓰기 능력은 유아교육기관에서 유아가 잘 활동할 수 있도록 하는 핵심 요소이다.

② 아버지는 집중적으로 성인교육, 부모교육, 학습습관 개발을 통해 그들 자신과 유아 모두 가난과 문맹을 중지시킬 수 있다.

③ 아버지와 유아의 상호 반응은 아버지의 태도를 평가하고 아버지의 양육기술을 가르치는 효과적인 기초 전략이다

④ 가족 읽기 · 쓰기 프로그램은 유아의 가족 모두가 함께 학습의 필요성을 강조한다.

(2) 가족 읽기 · 쓰기 프로그램의 아버지 참여에 대한 목표

① 부모와 유아 모두에게 초점을 맞추고, 성인의 아버지 역할 기술을 포함한 여러 가지 분야를 다룬다.
② 가족 읽기 · 쓰기 프로그램은 가족 지향적인 접근법을 통해 아버지와 유아들이 학습하는 것을 다룬다.

(3) 참여 형태

가족 읽기 · 쓰기 프로그램은 유아교육, 성인교육, 부모역할교육 세 가지 부분으로 구성되어 있으며, 아버지뿐만 아니라 가족들의 참여도 요구된다. 즉, 성인의 읽기 · 쓰기 능력과 부모역할 수행에 초점이 맞추어지는 프로그램이다.

① 의견 교환하기
② 가정학습: 유아를 위한 긍정적 학습 환경을 조성할 수 있도록 지원해준다.
③ 자발적 참여: 아버지가 유아 활동에 실제적으로 참여하기 위해 유아교육기관에 와서 유아와 시간을 보내게 된다(안영진, 2014 재인용).

8 아버지 참여 프로그램

1) 자원봉사

유아교육 프로그램에서 자원봉사의 주목적은 부모와 교사가 유아를 위해 동료로서 일하는 것이다. 그 외의 목적은 다음과 같다(안영진, 2014 재인용).

- 아버지는 자녀와 교사가 혹은 다른 부모와 상호작용하는 것을 관찰하여 자녀양육에 대하여 배울 수 있다.
- 아버지는 가정에서 자녀와 함께 할 수 있는 재미있고 교육적인 활동을 배울 수 있다.
- 아버지가 자원봉사자로서 참여를 하면 유아가 특별한 느낌을 갖는다.
- 아버지가 참여함으로써 유아교육 프로그램의 질이 확장된다.

아버지가 자원봉사자로 참여를 하도록 권하는 경우 사용될 수 있는 참여의 필요성 목록은 다음과 같다.

- 자원봉사는 기관의 중요함을 유아에게 이야기하는 것이 된다.
- 자원봉사는 일보다 자녀가 더 중요하다는 메시지를 자녀에게 전달한다.
- 아버지가 유아교육기관에 오면 그 유아는 자긍심을 갖게 된다.
- 아버지도 아버지 역할에 대한 즐거움을 경험하고 배울 수 있다.

아버지의 참여를 유도하는 더욱 효과적인 방법은 아버지에게 참여 활동의 계획과 책임을 맡기는 것이다(안영진, 2014 재인용).

2) 아버지-유아 상호작용

부모-유아 상호작용 시간은 대부분의 유아교육 프로그램에서 중요한 요소이며 부모와 유아가 같이 학습을 할 수 있는 여러 다른 방법을 제공한다(Palm, 1992).

유아교육기관을 낯설어 하면서 불안감을 가지고 있는 아버지를 위해 교사가 할 수 있는 일은 다음과 같다(안영진, 2014 재인용).

- 반갑게 인사하며 아버지와 유아를 맞이한다.

- 활동에 대한 개요를 소개함으로써 아버지가 진행 상황을 이해하고 어디에 있어야 하는지 알 수 있게 한다.
- 간단한 활동을 제시하여 아버지와 유아들이 함께 환경을 탐색하도록 한다.
- 유아들의 다른 흥미와 발달단계에 맞는 선택의 기회들을 활동마다 제공한다.
- 안정된 후에 어떻게 일들이 진행되는지 아버지와 이야기한다.
- 아버지에게 활동을 설명하는 유인물과 매체 그리고 활동을 끝내기 위한 안내서를 나눠 준다.

(1) 부모-유아 상호작용에서의 아버지의 역할

부모-유아 상호작용 시간에 아버지는 다양한 역할을 할 수 있다. 교사는 아버지가 새로운 환경에 있기 때문에 교사가 원하는 역할에 대해 설명을 해 주거나 유인물이나 게시물을 통해 알려줄 수 있다.

① 놀이친구 아버지: 아버지는 때로는 놀이상황을 이끌 수도 있으며, 아이디어를 제시할 수도 있고, 또는 협력자로서의 역할을 할 수도 있다.
② 추종자로서의 아버지: 유아의 다양한 아이디어에 민감하게 반응하여 놀이를 지원해 준다.
③ 관찰자로서의 아버지: 자녀의 놀이나 다른 또래 및 교사와의 상호작용을 관찰하는 것이다.
④ 교사/안내자: 구체적 지시나 질문을 하고 도움을 주거나 자녀가 생각하는 것이나 이해한 것을 알아보거나 자녀를 지도하는 것이다.

(2) 아버지-유아 상호작용의 목적

부모와 유아의 상호작용시간을 계획하는 경우 아버지가 경험을 통해 얻을 수 있는 것이 무엇인지를 생각해야 한다. 이러한 목적은 유아교육 프로그램의 유형 및 구체적 목적과 함께 연결되어야 한다.

① 아버지를 위한 목적

- 아버지-유아가 함께 활동함으로써 친밀한 관계를 형성하는 것이 가장 중요하다.
- 유아교육환경에 대해 편안한 감정을 갖게 한다.
- 유아발달에 대한 지식을 얻고 유아에 대하여 보다 현실적 기대를 하게 한다.
- 가정에서 자녀의 학습을 돕는 새로운 아이디어를 배운다.
- 한계를 설정하고 자녀행동을 지도하는 기술을 배우게 된다.
- 유아의 기술, 또래와의 상호작용 능력, 흥미, 학습 스타일 등에 대하여 더 배울 수 있다.

② 유아를 위한 목적

- 아버지와 직접적인 상호교류를 통하여 아버지-유아의 관계를 강화한다.
- 또래 및 다른 성인들과 커뮤니케이션을 통하여 사회적 기술과 정서 표현 및 통제를 배우도록 한다. 언어발달과 읽고·쓰기 기술을 발달시킨다. 그러나 이 분야의 아버지의 역할에 대해서는 비교적 입증이 되지는 못하고 있다(Ortiz, 2000).
- 신체발달 및 대근육과 소근육의 건강한 발달을 돕는다.
- 인지학습과 학습에 대한 긍정적 태도를 발달시킨다.
- 자아개념과 긍정적 자아 이미지를 형성하도록 돕는다(안영진, 2014 재인용).

3) 집단 부모교육

집단 부모교육은 자녀의 발달상태 및 유아기의 특성과 아버지로서 수행해야 할 역할을 생각해 보게 하는 기회를 제공한다(안영진, 2014 재인용).

(1) 아버지를 위한 집단 부모교육의 목적

첫째, 아버지가 자녀양육의 기쁨과 관심에 대하여 이야기할 수 있는 편안한 환경을 제공하는 것이다.

둘째, 개개인과 유아 행동의 전형적인 유형에 대하여 배우도록 한다.

셋째, 아버지의 변화된 역할과 관련하여 기쁨과 문제점에 대하여 토론한다.

넷째, 부모-유아 의사소통과 육아에 대하여 새로운 아이디어에 접하게 한다.

(2) 아버지를 위한 집단 부모교육 계획 시 고려사항

아버지와 교사의 흥미에 따라 아버지를 위한 집단 부모교육은 다양한 형태로 계획될 수 있다. 특히 주기적인 모임은 아버지들이 다른 아버지들과 부모 교육자들과의 신뢰감을 형성할 수 있는 장점이 있다. 아버지들이 서로의 이야기를 하면서 서로 간에 신뢰가 형성되고 다른 사람들로부터 수용되고 지지받고 있다는 느낌을 갖게 된다(안영진, 2014 재인용).

4) 지역사회 참여

지역사회 참여는 모든 아버지에게 역할과 방법, 그리고 참여에 대한 지식적 및 기술적인 면을 사회적인 힘을 통해 제공하여 아버지들로 하여금 자연스럽게 참여하도록 유도하는 하나의 방법이다(안영진, 2014 재인용).

많은 아버지 참여활동은 친구나 친척의 요청에 의해 특정 프로그램을 지원하기 위해서 참여하는 방식이 많았다.

또한 아버지의 참여활동에는 지역사회에서의 워크숍이 있다. 이러한 워크숍에서는 아버지의 역할, 유아교육기관에 참여의 필요성 및 당위성 등에 대해 이야기할 수 있으며 아버지가 자신의 양육 경험을 공유할 수도 있다.

지역사회가 함께 참여하는 또 다른 방법으로는 대중매체를 이용하는 것이다. 이러한 프로그램에서는 여러 가지 배경을 가진 아버지의 흥미를 기초로 토의 주제를 선정하기도 하고 유아의 교육에 관련된 주제를 선정하기도 한다.

아버지 참여 프로그램은 기관이나 지역의 특성, 상황에 따라 다양하게 운영될 수 있으며, 유아 중심적인 참여 형태와 성인 중심적인 참여 형태 등이 있었다. 그러나 두 가지 형태의 참여 모두 중요하고 유아와 아버지에게 도움이 된다.

보통 자원봉사는 유아 중심적으로 운영된다. 아버지가 유아에게 다양한 활동들을 돕도록 부탁을 받는다.

아버지-유아 상호작용 시간은 아버지 양육에서 매우 중요한 요소이다. 때로 보통 집에서 자연스럽게 이루어지는 아버지-유아 상호작용 시간은 유아를 위한 교육적인 기회가 되기도 한다.

대부분의 유아교육기관에서 많이 활용하는 아버지 교육 방법은 집단 부모교육이다. 집단 형태의 참여는 다른 아버지들과 이야기할 수 있는 기회를 제공하고 유아와 가정과 관련된 다양한 문제에 대해 이야기할 수 있는 기회를 제공한다.

지역사회 참여는 참여 활동을 낯설어 하거나 소극적인 아버지에게 더 효과적일 수 있다. 친한 친구나 친척들과 함께 참여할 수도 있으며 다른 사람들과의 이야기를 통해 아버지 참여의 필요성이 부각될 수 있다(안영진, 2014 재인용).

PARENT EDUCATION

SUPPLEMENT

부록

나는 어떤 유형의 부모인가? - 부모 양육태도 체크리스트

1. 아이가 자신의 나이보다 높은 시청 등급의 텔레비전 프로그램을 보겠다고 떼를 쓴다면?
   a. 시청하도록 내버려 둔다.
   b. 텔레비전을 끄거나 채널을 다른 프로그램으로 돌린다.
   c. 아이에게 적합한지 직접 시청한 다음 보게 할 것인지를 결정한다.

2. 아이가 옷장 서랍을 뒤져서 온 방안에 헤쳐 놓았다면?
   a. 아이니까 그러려니 하고 손수 치운다.
   b. 화를 내며 지금 당장 치우라고 소리친다.
   c. 화를 내지는 않지만 아이에게 치우게 하고, 다 치울 때까지 다른 일을 못하게 한다.

3. 아이가 당신이 아끼던 꽃병을 깨놓고선 옆집 친구가 그랬다고 거짓말을 했다면?
   a. 아깝지만 괜찮다고 이야기한다.
   b. 깨뜨린 것과 거짓말한 것 모두 야단을 치거나 벌을 준다.
   c. 거짓말한 것에 대해 야단을 치고, 만일 솔직히 얘기했더라면 꽃병을 깬 것에 대해 혼내지 않았을 것이 라고 말해 준다.

4. 아이가 다른 친구를 때려서 상처를 냈다면?
   a. 아이들 싸움이려니 하고 그냥 내버려 둔다.
   b. 화가 나서 야단치거나 때론 체벌을 한다.
   c. 왜 싸웠는지에 대해 이야기를 나누되, 그래도 싸움은 나쁘다고 따끔히 꾸중한다.

5. 아이가 학교에서 내준 숙제를 이번에도 잊고 안 해 간다면?
   a. 선생님께 전화를 해 준다.
   b. 그 자리에서 혼을 내고 다시는 그러지 못하도록 다짐을 받는다.
   c. 더 이상 잊어버리지 않도록 타이르고 다음부터는 알림장을 꼭 확인하도록 도와준다.

6. 당신도 기분이 언짢은데 아이가 당신의 관심을 받고자 보챈다면?
   a. 언짢은 기분은 뒤로 하고 자녀에게 관심을 기울인다.
   b. 아이에게 짜증내며 "네 아빠(엄마)한테나 가 봐!" 하고 남편(아내)를 불러 떠넘긴다.
   c. 아이에게 당신의 기분이 언짢다는 것을 이야기해 주고, 좀 나아지면 함께 놀아 주겠다고 한다.

7. 가정에 자녀가 지켜야 할 규칙이 얼마나 많은가?

a. 없다
b. 많은 규칙이 있고, 규칙마다 이를 어겼을 시 받게 될 꾸중이나 벌이 정해져 있다.
c. 아이의 건강과 안전을 위한 몇 가지의 규칙이 있긴 하나, 그밖에는 상황에 따라 그때 그때 대화를 통해 결정한다.

8. 아이가 다른 어른의 말을 잘 따르지 않는다면?

a. 아직 어리니까 그러려니 하고 내버려 둔다.
b. 화를 내며 어쨌든 어른의 말을 따르지 않는다는 건 나쁜 일이기에 야단친다.
c. 어른에 대한 공경심과 그 어른의 말을 왜 따라야 하는지에 대해 이야기를 나눈다.

9. 아이와 함께 쇼핑 시 쓸모없어 보이는 물건을 이것저것 사 달라고 조른다면?

a. 가능한 한 다 들어준다.
b. 화를 내면서 아이의 손목을 잡고 그 가게를 뜬다.
c. "안 된다"고 딱 잘라 말하고, 쇼핑을 계속하면서 아이에게 적합한 것을 골라 사 준다.

10. 얼마나 자주 자녀에게 화를 내는가?

a. 거의 드물다.
b. 매일같이
c. 일주일에 한 번 정도

〈a.〉를 가장 많이 선택한 당신은 허용형 부모!

허용형 부모의 특징은 사랑으로 아이를 감싸면 된다는 생각에 모든 것을 아이에게 맞추는 유형이다. 요즘 현대인들은 대부분 허용형 부모의 성향이 강하다. 하지만 이는 자녀와의 소통법을 몰라 허용적인 태도를 보인다는 의미이기도 하다. 소통을 많이 한다고 해도 "학교에서 어땠어?", "누구랑 친하니?" 정도의 정보성 대화경우가 대부분이다.

이러한 부모의 태도는 자녀와 감정을 전혀 교류할 수 없다는 단점이 있다. 허용형 부모의 밑에서 성장한 자녀는 나중에 충동을 억제하지 못할 수 있으며 사회성이 결여될 가능성이 크다. 또한 집중력이 부족해 끈기 있게 공부를 못하는 성향을 갖게 될 수 있다.

이를 고치기 위한 부모의 가이드로서는 바로 터널 비전에서 벗어나야 한다. "터널 비전"이란 요즘 젊은 엄마들이 주로 가지고 있는 성향을 뜻하며, 자기 아이만 보는 것을 말한다. 터널 비전에 사로잡히면 터널처럼 시야가 좁아져서 주변을 돌아보지 못해서 아이의 장래에 독립성이 결여되어 부모에게 의존적인 성격을 가질 수 있다.

〈b.〉를 가장 많이 선택한 경우는 억압형 부모!

이는 허용형 부모와는 정반대의 특징을 가지고, 억압형 부모의 문제는 자신이 억압형이 아니라고 생각하는 경우가 많다는 점이다. 이는 본인 스스로가 권위적이고 엄격한 부모 밑에서 성장했기 때문일 가능성이 높다. 자신의 부모상이 투영돼 자녀를 통제하는 부모가 되는 것이다.

따라서 억압형 부모는 자신의 마음속 상처를 들여다 볼 필요가 있다. 억압형 부모 밑에서 성장한 자녀는 자아존중감이 낮아 여자아이의 경우 우울하고 의기소침해질 수 있으며, 남자아이의 경우 공격적이고 일탈에 젖을 가능성이 크다.

억압형 부모에서 벗어나기 위해서는 부모 스스로가 야단에 원칙을 세우는 것이 중요하다. 즉, 혼을 내더라도 일관된 원칙 안에서 아이가 이해하고 반성하도록 혼을 내야 한다. 또한 절대 부정적인 말을 해서는 안 된다.대신 나 전달법이라는 대화법을 사용하는 것인데, 막무가내로 혼을 내는 것이 아니라 "아빠(엄마)는 그것 때문에 지금 기분이 좋지 않아"라고 '나 전달법(I-message)'으로 말하는 방법이다. 마지막 말할 때는 명령이나 지시가 아닌 완곡하게 부탁하는 방법을 사용하여, "네가~"라고 시작하기 보단 "나는~"으로 시작한다.

〈c.〉를 가장 많이 선택한 경우는 가장 바람직한 멘토형 부모!

가장 이상적인 부모의 모습으로, 이 유형은 항상 자녀와 공감하고 소통하는 대화를 하기 때문에 좋은 관계를 유지할 수 있다. 하지만 멘토형 부모의 경우에도 허용과 통제를 함께 할 수 있어야 한다. 그것이 또 어려운 점이기도 하다. 아이의 감정과 욕구를 다 받아들여 준 후 가르침을 주는 것을 잊지 말아야 하며, 부모는 부모여야 한다는 사실을 기억해야 한다. 즉, 절대 친구가 아니라는 점과 친구같은 부모와는 구분되어야 한다. 멘토형 부모 밑에서 성장한 아이는 자율적이며 자기가 맡은 일에 책임감이 강하다. 또한 사회에서 리더로 성장할 능력이 뛰어나며 사려 깊다. 멘토형 부모가 되기 위해서는 균형을 유지하는 것이 가장 중요하다. 때론 허용형 부모가 되기도 하고 억압형 부모가 될 필요가 있다.

출처: 서울시청소년상담복지센터(http://www.teen1318.or.kr/)

경청과 공감 체크리스트

내용	전혀	가끔	거의	항상
1. 나는 상대방을 방해하지 않고 자신의 생각을 표현하도록 한다.	1	2	3	4
2. 나는 상대방이 말하는 모든 것을 듣기를 원한다.	1	2	3	4
3. 나는 중요한 사실을 기억하는 능력을 가지고 있다.	1	2	3	4
4. 나는 중요한 사실을 기억하는 능력을 가지고 있다.	1	2	3	4
5. 나는 비록 따분하기는 하지만 상대방의 말을 듣는다.	1	2	3	4
6. 나는 개인적으로 화자를 좋아하지 않지만 상대방의 말을 듣는다.	1	2	3	4
7. 나는 듣고 있을 때는 주위의 산만한 분위기를 무시한다.	1	2	3	4
8. 나는 상대방의 말의 진심을 듣고 있음을 표현한다.	1	2	3	4
9. 나는 다른 사람의 말에 동의하지 않더라도 들어준다.	1	2	3	4
10. 나는 상대방의 다음 말을 예측하면서 공상을 피한다.	1	2	3	4

출처: 윤치영(2005), 설득·경청·논박의 기술, 서울; 일빛.

양육 스트레스 대처하기

⊕ 자녀를 양육하면서 스트레스를 받는 상황에서 어떤 반응들이 일어나는지 적어보세요.

요인	내용	스트레스 상황에서 나의 신체적 · 심리적 · 행동적 반응은?
부모 영역 예시) 내 부모와의 경험이 아이를 양육하는데 부정적으로 영향을 준다. 아이에게 너무 쉽게 화를 낸다. 아이와 감정으로 갈등이 있다. 아이 양육하느라 내 개인 삶은 포기한다. 아이와 자주 말싸움을 한다. 아이가 자주 나를 무시한다.		
자녀 영역 예시) 내 아이는 뜻대로 되지 않을 때 화를 잘 낸다. 내 아이는 자주 친구관계에서 문제를 일으킨다. 내 아이는 너무 쉽게 포기한다. 내 아이가 숙제를 대충 해서 걱정이다.		

⊕ 스트레스를 관리할 수 있는 방법을 적어보세요.

자기 관리 (생각 바꾸기)	
과제 관리 (스트레스를 받게 되는 일을 효과적으로 수행하는 방법 찾기)	
환경 관리 (정서적 지지와 조언 받기)	

출처: 박명순(2002), 인성교육. 서울; 학지사.

나를 양육하고 돌봐준 것은 무엇(누구)인가

출처: 여성가족부(2017)

부부 공동양육 십계명

부부 공동양육 십계명

1.

2.

3.

4.

5.

6.

7.

8.

9.

10.

부모님, 준비됐나요?

건강한 가족을 이루기 위해 고등학생인 내가 할 수 있는 일을 찾아 실천 서약서를 작성해 봅시다.

'부모됨, 준비 됐나요?'

부모가 되기 위해 갖추어야 할 것에 대해서 팀원들과 의견을 나누고 10개를 정한다음, 아래 안의 원의 가장 바깥 원 빈칸에 적으세요.

각 영역별로 현재 나의 상태에서 준비된 정도를 1~10점 사이(최하면 1점, 최상이면 10점)의 점수를 주고 실선에 맞춰 색을 채워서 완성하세요.

가장 높은 점수를 준 영역은 무엇입니까?
가장 낮은 점수를 준 영역은 무엇입니까?
오늘부터 실천할 수 있는 부모됨의 준비에는 무엇이 있을까요?

출처: 여성가족부(2017)

다양한 사랑의 삼각형, 성숙한 사랑을 위하여!

◎ 다음을 읽고 해당하는 곳에 ✔해 보자.
(1점 '전혀 그렇지 않다', 2점 '그렇지 않다', 3점 '보통이다', 4점 '그렇다', 5점 '매우 그렇다')

	문 항	1	2	3	4	5
1	그(녀)와 함께 있으면 편안하고 편안하게 느껴진다.					
2	그(녀)와 함께 있을 때 가장 행복하다.					
3	우리의 관계는 영원할 것이다					
4	그(녀)에게 모든 것을 고백할 수 있다.					
5	내게는 그(녀)와의 관계가 가장 중요하다.					
6	어만 어려움이 있어도 우리 관계를 유지하겠다.					
7	그(녀)를 행복하게 해주고 싶다.					
8	우리의 관계는 매우 낭만적이다.					
9	그(녀)에게는 원칙적으로 충실해야 한다.					
10	우리는 서로를 잘 이해하고 존중한다.					
11	지금의 그(녀)가 없는 나의 삶을 상상 할 수 없다.					
12	그(녀)에 대한 나의 사랑을 확신한다.					
13	그(녀)는 나를 정서적으로 상당히 지지해 준다.					
14	그(녀)를 열렬히 사랑한다.					
15	그(녀)를 앞으로도 사랑하기로 마음먹었다.					
16	내게 도움이 필요할 때 연인이 도와줄 것이다.					
17	하루에도 여러 번 그(녀)를 생각한다.					
18	그(녀)와 관계를 계속 유지하기로 마음먹었다.					
19	그(녀)가 도움을 필요로 할 때면 나는 언제든지 돕겠다.					
20	연인을 보는 것만으로도 가슴이 설렌다.					
21	우리의 관계는 서로가 신중하게 결정한 것이다.					
22	지금의 그(녀)는 내 삶에서 매우 중요하다.					
23	그(녀)는 신체적으로 매우 매력적이다.					
24	어떤 일이 있어도 그(녀)를 책임질 것이다.					
25	내 삶과 그 모든 것을 그(녀)와 기꺼이 나누고 싶다.					
26	지금의 연인이 가장 이상적이다.					
27	우리의 관계가 안정되어 있다고 확신한다.					
28	그(녀)와 함께 있으면 매우 행복하다.					
29	우리의 관계에는 이상한 힘 같은 것이 있다.					
30	앞으로도 늘 그(녀)에게 강한 책임감을 느낄 것이다.					

출처: 최혜경 · 신수진 · 강진경(2004). 사랑학. 교문사.

◎ 〈채점: 해당 문항의 점수를 합친 삼각형 그리기〉

각각 50점 만점

1+4+7+10+13+16+19+22+25+28번 문항의 점수 합 → 친밀감 (　　　　점)
2+5+8+11+14+17+20+23+26+29번 문항의 점수 합 → 열 정 (　　　　점)
3+6+9+12+15+18+21+24+27+30번 문항의 점수 합 → 결심/헌신 (　　　　점)

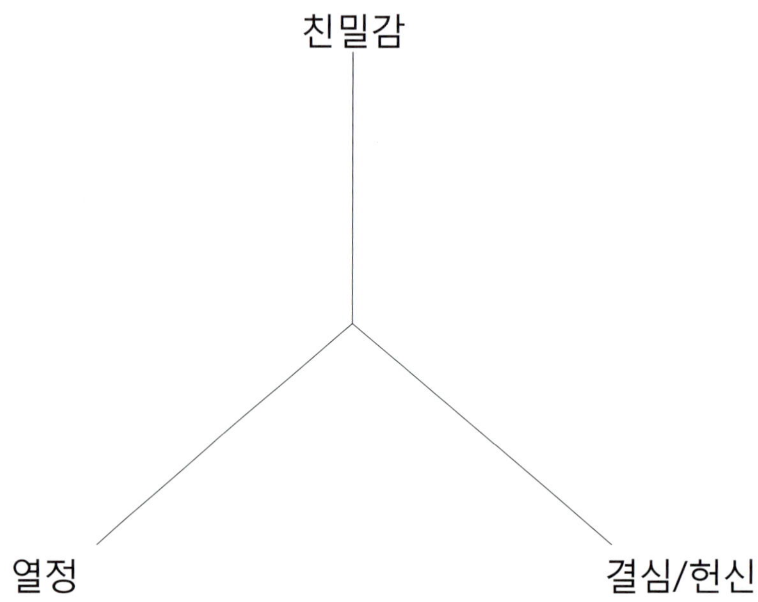

▼ 개별활동을 통해 사랑의 유형을 파악한 다음 성숙한 사랑을 위해 다양한 사랑의 삼각형을 생각해보자.

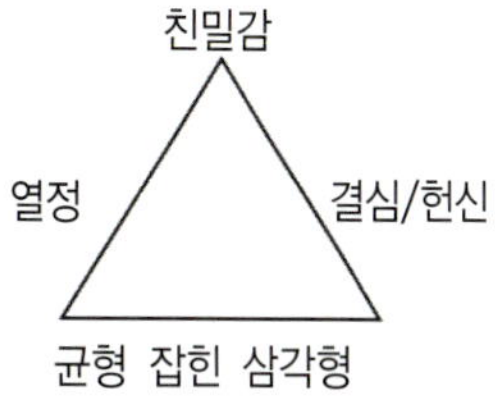

1. 나의 성숙한 사랑을 위해서는 어떤 요소가 필요한지 생각해 보고, 성숙한 사랑을 위해서는 어떤 방안이 필요한 지 써보자.

친밀감을 높이는 방안	열정을 높이는 방안	결심/헌신을 높이는 방안
■ 예) 주말에 함께 할 수 있는 취미를 즐긴다.	■ 하루에 한 번씩 사랑한다고 말한다.	■ 주변 사람들에게 파트너를 소개하고 친지 모음에 참가한다.
■	■	■
■	■	■

2. 사랑의 삼각형을 짝꿍의 것과 비교하여 서로 공통점과 차이점을 알아보자.

3. 내가 그린 삼각형과 짝꿍에 의해 인식되는 삼각형이 같은가, 다른가? 다르다면 왜 다른지 써보자.

4. 나의 생각삼각형과 행동삼각형은 일치한가?

나는 어디서 왔는가?

⊕ 나의 자아는 우리 가족에게 어떤 영향을 받았는지 마인드맵으로 그려 봅시다.

〈나의 자기 이해 요소〉

1. 신체(얼굴, 눈, 코, 입, 체격, 전체적인 인상 등)
2. 성격(외향적 vs 내향적, 성실함, 경험에 대한 개방성, 친화성, 예민함 등)
3. 가치관(학구열, 돈에 대한 태도, 직업의식, 가족가치관 등)
4. 사회적 정체성(종교, 계층, 지역 등)
5. 직업

⊕ 마인드맵에서 긍정적으로 닮은 점과 부정적으로 닮은 점을 찾아봅시다.
(마인드맵에 긍정적으로 닮은 점은 파랑색, 부정적으로 닮은 점은 빨간색으로 구분해서 표시하고, 아래에 적어봅시다.)

긍정적으로 닮은 점	닮은 가족	부정적으로 닮은 점	닮은 가족
예시) 어깨가 넓다.	아빠	예시) 지나치게 예민하다.	할머니

⊕ 빨간색으로 표시한 부분에서 내 미래의 자녀가 닮지 않았으면 하는 면(외모 제외)을 2개를 골라봅시다. 나의 노력으로 고칠 수 있다면, 어떤 노력을 하면 될까요?

출처: 여성가족부(2017)

나는 어떤 맘/대디?

1. 왼쪽의 신조어를 보고 어떤 부모를 뜻하는 것일지 적어보자.

신조어	~ 한 부모를 뜻하는 말이다
드론맘	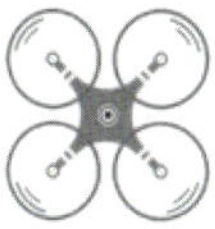
빗자루맘	
인공위성맘	
등대맘	
타이거맘	
캥거루맘	
알파맘	

2. 자녀의 발달단계별로 이상적으로 생각하는 부모는 어떤 사람인지 드러나도록 신조어를 만들어 다음의 빈칸을 채워보자.

영유아 자녀	초등학생 자녀	중고생자녀
(　　　　　)맘/대디	(　　　　　)맘/대디	(　　　　　)맘/대디

출처: 여성가족부(2017)

구본권(1992). 특수유아교육. 수원: 동남문화사.

김광웅, 최순실(1995). 어린이버릇 어떻게 바로잡을 것인가(Eva L. Essa, A practical guide to solving preschool behavior probloms). 서울: 교육과학사.

김덕순(1996). 부모교육의 이론과 실제. 서울: 정일.

김문조(1993). 자녀지도를 위한 부모교육. 콜로키움 및 세미나 자료 모음, 청소년 대화의 광장. 49-58.

김미숙, 장화경, 홍미(2006). 정보화롤 인한 가족관계와 가족역할의 미래 변화: 미래 가족의 정서적 기능 변화 전망. 경제・인문사회연구회 협동연구총서 06-03-03.

김세희, 김정준, 송미선, 장화선, 전선옥 편역(1992). 자녀와 더불어 성장하는 부모. 경기: 양서원.

김승국(1995). 특수교육학. 경기: 양서원.

김은숙(1998). 부부갈등 및 부부관계 특성과 아동의 주의력결핍 과잉행동 성향과의 관계. 숙명여자대학교 대학원 석사학위 청구논문.

김지자, 남승희, 최운실, 곽노의, 김해성(1992). 미래를 향한 가정교육. 서울: 양서원.

김진영, 김정원, 전선옥(2000). 유아·부모·교사를 위한 부모교육. 경기: 양서원.

김충기(1992). 자녀지도와 부모교육. 경기: 양서원.

김태련, 장휘숙(1989). 발달심리학. 경기: 양서원.

류현수, 이정숙, 김주아(2007). 가족관계와 복지. 서울: 동문사.

문용린(2014). 문용린의 행복교육. 경기: 리더스북.

박성수(1993). 자녀지도를 위한 부모교육. 콜로키움 및 세미나 자료 모음, 청소년 대화의 광장. 181-185.

박화문, 장선철 외4인(1989). 장애유아의 발달과 교육. 서울: 창지사.

박화윤, 마지순, 안라리, 천은영(2006). 부모 자녀 관계 증진을 위한 부모교육. 서울: 창지사.

서봉연 역. William C. Crain 저(1983). 발달의 이론. 서울: 중앙적성출판부.

성영혜, 윤석희, 이경화(1993). 부모교육. 서울: 문음사.

송영혜(1993). 발달장애진단이 이론과 사례. 서울: 도서출판 특수교육.

송현정(1998). 부부관계 및 부모-자녀관계가 장애아 형제관계에 미치는 영향. 숙명여자대학교 대학원 석사학위 청구논문.

신용주, 윤혜경, 강인재(1997). 부모교육 및 상담. 경기: 양서원.
안영진(2002). 아동심리와 부모교육: 이론과 실제. 서울: 꾸벅.
안영진(2006). 21C 교사 양성을 위한 아동발달. 경기: 공동체.
안영진(2007). 현대인의 정신건강. 경기: 양서원.
안영진(2014). 부모교육. 서울: 나경.
여광응, 조용택 역(1994). 장애유아의 조기교육. 서울: 도서출판 특수교육.
여성가족부(2017). 부모교육 매뉴얼 4권.
연미희, 김진숙(2001). 부모교육 이론과 실제. 서울: 동문사.
오영희(1986). 부모교육. 서울: 형설출판사.
우리기획 엮음(2001). 우리아기 말배우는 옹알옹알 의성어 동화. 서울: 계림.
유명희(1989). 온순한 유아와 까다로운 유아의 울음에 대한 어머니의 지각과 반응에 관한 연구. 이화여자대학교 대학원 박사학위 청구논문.
유안진, 김연진(1993). 부모교육. 서울: 동문사.
유효순, 지성애(2014). 부모교육. 경기: 정민사.
이경우, 이은화 역(1985). 부모교육입문(J. J Bigner. Parent-child relations). 서울: 창지사.
이성진, 이기우(1995). 엄마, 아빠 이렇게 키워주세요. 서울: 교육과학사.
이연섭(1993). 자녀지도를 위한 부모교육. 콜로세움 및 세미나 자료모음. 청소년 대화의 광장. 213-228.
이원영(1993). 부모교육론. 경기: 교문사.
이재연, 김경희(1994). 부모교육. 경기: 양서원.
이정숙(1993). 현대가족의 변화와 가족생활주기에서 본 한국가족문제. 호남대학교 학술논문집, 14, 172-187.
이행옥, 박성연(1989). 가족생활주기와 결혼적응의 고찰: 가족발달적 접근방법의 준거틀 적용. 이화여자대학교 대학원 연구논집, 17.
정문자(1983). 부모교육 프로그램의 이론과 실제. 부모교육, 유아교육 심포지움Ⅰ. 한국어린이교육협회. 46-57.
정성란(2005). 가족기능증진 프로그램이 가족기능에 미치는 효과. 경북대학교 대학원 박사학위 청구논문.

정원식(1993). 자녀지도를 위한 부모교육. 콜로세움 및 세미나 자료모음. 청소년 대화의 광장. 163-179.

조복희(1994). 유아발달과 지도. 경기: 교문사.

최규련(2007). 가족관계론. 경기: 공동체.

최은규(2000). 우리아이 머리를 좋게 하는 수학동화. 서울: 삼성출판사.

______(2000). 우리아이 생각하는 힘을 키워주는 과학동화. 서울: 삼성출판사.

______(2001). 궁금한 것 못참는 우리 아이를 위한 책. 서울: 삼성출판사.

최재숙(2001). 우리아이 좋은 버릇 길러주는 동화. 서울: 삼성출판사.

한국교육개발원(1984). 부모교육 프로그램 모형 개발 연구: 취학 전 자녀의 부모를 대상으로. 한국교육개발원연구보고.

한국교육학회 유아교육연구회 편(1986). 부모교육 프로그램 탐색. 서울: 창지사.

한국어린이육영회(1988). 태아 및 영아를 위한 예비 부모 교육. 서울: 한국어린이육영회.

한국여성개발원 편(1988). 아동보육에 관한 연구. 서울: 한국여성개발원.

한국유아교육학회. 유아교육사전. 한국사전연구사.

한국행동과학연구소편(1983). 부모교육. 서울: 문교부.

REFERENCE

Abram, M. J., & Dowling, W. D.(1979). How readable are parenting books? The Family Coordinator, 28(3), 365-368.

Administration for children, Youth, an Families, Office of Human Development Services, U. S. Department of health, Education, and Welfare(1978). National day care study: Preliminary findings and their implications. Cambridge, Mass.: Abt Associates.

Allen, K. E.(1980). Mainstreaming in early childhood education. Albany, N.Y.: Delmar.

Allen, K. E., & Harris, F. R.(1966). Emination of a child's excessive scratching by training the mother in reinforcement procedures. Behavior Research and Theraphy, 4, 79-84.

Andrews, L, B.(1982). Embryo technology. In H. E. Fitzgerald & T. H. Carr(Eds.), Human Development, annual Editons, Guilford, Conn.: The Dushkin Publishing Group.

Apgar, V., & Beck, J.(1972). Is my baby allright. New York: Pocket Books.

Arahona, Cassady, J., & Drabman, R. S.(1975). Treating overweight children through parental training and contingency contracting. Journal of Applied Behavior Analysis, 8, 269-278.

Authier, K.(1979). Defining the care in duld carc. Social Work, November, 500-505.

Avery, P. A.(1983). Surrogate mothers: Center of a new storm. U.S. News and World Report, June 6,76.

Babcock, D. E., & Keepers, T. D.(1976). Raising kids OK. New York: Grove Press.

Baker, B. L., Brightman, A. S., Helfetz, L. J., & Murphy, M. D.(1973). The TEAD Project Series. Cambridge, Mass.: Behavioral Education Projects.

Baldwin, W., & Cain, V. S.(1980). The children of teenage parents. Family Planing Perspectives, 12(1), 34-43.

Bandura, A.(1986). Social foundations of thought and action: A social cognitive theory. Englewood Cliffs, U: Prentice Hall.

Barnett, W. S., & Boyce, G. C.(1995). Effects of children with Down syndrome on parents's activities. American Journal on Mental Retardation, 100(2), 115-127.

Barron, J.(1987, April 15). Suicide rates of teen-agers: Are their lives harder to live? The New York Times, Education Section.

Barsch, R. H.(1968). The parent of the handicapped child: The study of child-rearing practices. Springfield, Ⅲ.: Chas. C Thomas.

Battle, C. U.(1977). Disruptions in the socialization of a young, severely handicapped child. In R. P. Marinell & A. E. Dell Orto(Eds.), The psychological and social impact of physical disability. New York: Springer.

Batescm, G., Jackson, D., Haley, J., & Weakland, J.(1956). Toward a theory of schizophrenia. Behavioral Science, 1, 251-264.

Baumrind, D.(1993). The average expectable environment is not good enough: A response to Scarr. Child Development, 64, 1299-1317.

Baumrind, D.(1978). Parental disciplinary patterns and social competence in children. Youth and Society, 9(3), 239-276.

Bee, H., Van Egeren, L. F., Streissguth, A., Nyman, B., & Leckie, M.(1969). Social class differences in maternal strategies and speech patterns. Developmental Psychology, 1, 726-734.

Beers, C. S., & Beers, J. W.(1982). Early identification of learning disabilities: Facts and fallacies. In J. McKee(Ed.), Annual editions: Early childhood education 1982/83. Guilford, Conn.: Dushkin Publishing Group.

Begab, M.(1966). The mentally retarded and the family. In I. Phillips(Ed.), Prevention and treatment of mental retardation. New York: Basic Books.

Belsky, J., & Steinberg, L. D.(1978). The effects of day care: A critical review. Child Development, 49, 929-949.

Bem, S. L.(1989). Genital knowledge and gender constancy in preschool children. Child Development, 60, 649-662.

Berne, E.(1964). Games people play. New York: Grove Press.

Berne, E.(1961). Transactional analysis in psychotherapy. N.Y.: Grove Press.

Bernstein, B.(1973). Class, codes and control (Vol, 1, 2). London: Routlidge & Kegan Paul Ltd.

Binger, Jerry J.(1979). Parent-Child Relations. N.Y: Macmillan.

Bischof, G. P., Stith, S. M,. & Whitney, M. L.(1995). Family environments of adolescent sex offenders and other juvenile delinquents. Adolescence, 30(117), 157-170.

Black, K. N.(1979). Parent-child relationships. New York: Macmillan.

Black, K. N.(1979). What about the children from a one-parent home? Teacher, January, 24-28.

Blasi, A., & Hoeffel, E. C.(1974). Adolescence and formal operations. Human Development, 17, 344-363.

Bloch. J.(1878). Impaired children: Helping families through the critical period of first identification. Children Today, November-December, 2-6.

Bradbard, M. R., & Endsley, R. C.(1978). Special report: Identifying quality day care centers. Child Care Quarterly, 7(4), 279-288.

Bradley, M. R., Caldwell, R. C., & Elardo, R.(1977). Home environment, social status, and mental test performance. Joumal of Educational Psychology, 69(6), 697-701.

Brody, G. H., Stoneman, Z., & McCoy, J. K.(1992). Associations of maternal and paternal direct and differential behavior with sibling relationships : Contemporaneous and longitudinal analysis. Child Development, 63, 82-92.

Brody, G. H., Stoneman, Z., Flor, D., McCrary, C., Hastings, L., & Conyers,O.(1994). Financial resources, parent psychological functioning, parent cocaregivng, and early adolescent competence in rural two-parent African-American families. Child Development, 65, 590-605.

Brody, J. E.(1996b, April 3). Enlisting a silent majority to fight bullying. The New York Times, p. C13.

Brodzinsky, D. M., & Schechter, M. D(Eds.)(1990). The Psychology of adoption. N.Y.: Oxford University Press.

Bronfenbrenner, U.(1974). A report on longitudinal evaluation of preschool progmms(Vol. 2). Is early intervention effective? Washinton DC: U. S. Department of Health, Education and Welfare.

Bronfenbrenner, U., Alvarez, W. F., & Henderson, C. R.(1984). Working and watching: Maternal employment status and parents' perception of their three-year- old children. Child Development, 55, 1362-1378.

Bronfenbrenner, U.(1979). The ecology of human development: Experiments by na-ture and design. Cambridge, MA: Harvard University Press.

Bronfenbrenner, U.(1978). Who heeds parent education? Teachers College Record, 4,767-787.

Bruce, J.(1978). Adolescent parents: A special case of the unplanned family. The Family Coordinator, 27(1), 75-79.

Bruno, F. J.(1977). Human Adjustment and personal growth: Seven Pathways. New York: John Wiley&Sons.

Bryant, M.(1981). Personal communication, September.

Burgess, R. L., & Conger, R. D.(1977). Family interaction in abusive, neglectful and normal families. Paper presented at biennial meeting of The Society for Research in Child Development. New Orleans, March.

Callahan, C.(1981). Superior abilities. In J. M. Kauffman & D. P. Hallahan(Eds.), Handbook of special education. Englewood Cliffs, N.J.: Prentice Hall.

Caldwell, B., Wright, A., Honig, A., & Tannenbaum, J.(1970). Infant day care and attachment. American Journal of Orthopsychiatry, 40, 397-412.

Campbell, S. B.(1995). Behavior problems in preschool children: A review of recent research. Journal of Child Psychology & Psychiatry & Allied Disciplines, 36(1), 113-149.

Campbell, S. B., Cohn, J. F., & Meyers, T.(1995). Depression in first-time mothers: Mother-infant interactions and depression chronicity. Developmental

Psychology, 31(3), 349-357.

Carey, E. J. B., Miller, C. L., & Widlak, F. W.(1975). Factors contributing to child abuse. Nursing Research, 24, 293-295.

Center for Parent Education(1979). Newsletter, 1(5, 6). Newton, Mass.

Chen, C., & Stevenson, H. W.(1995). Motivation and mathematics achievement: A comparative study of Asian-American, Caucasian-American, and East Asian high school students. Child Development, 66, 1215-1234.

Chess, S., & Thomas, A.(1986). Temperament in Clinical Practice. N.Y.: Guilford.

Chilman, C. S.(1979). Teenage pregnancy: A research review. Journal of the National Association of Social Workers, 24(5), 492-497.

Christensen, B., & DeBlassie, R.(1980). Counseling with parents of handicapped adolescents. Adolescence, 15(58), 397-407.

Clarke-Stewart, K. A.(1977). Child care in the family: A review of research and some propositions for policy. New York: Academic Press.

Cleveland, D. W., & Miller, N.(1977). Attitudes and life commitments of older siblings of mentally retarded adults: An exploratory study. Mental Retardation, June, 38-41.

Coleman, J., George, R., & Holt, G.(1977). Attitudes and their parents: A study of attitudes. Journal of Genetic Psychology, 130, 239-245.

Coleman, M., & Ganong, L.(1993). Families and marital disruption. In T. H. Brubaker(Ed.), Family relations: Challenges for the future. Newbury Park, CA: Sage.

Collins, G.(1985a, November 4). Children: too much, too soon? The New York Times.

Collins, W. E., Newman, B. M., & McKenry, P. C.(1995). Intrapsychic and interpersonal factors related to adolescent psychological well-being in stepmother and stepfa-ther families. Journal of Family Psychology, 9(4). 433-445.

Coopersmith, S.(1967). The antecedents of self-seteem. San Francisco: W.H.

Freeman.

Corey, G.(1982), Theory and Practice of counseling and psychotherapy. Monterey, Calif: Brooks/Cole.

Cowen, E. L., Origel, A. R., Geston, E. L., & Wilson, A. B.(1979). The evaluation of an intervention program for yong school children with acting-out problems. Journal of Abnormal child psychology, 7, 381-396.

Croft, D.(1974). Parents and teachers: A resource book for home, school, and community relations. Belmont, Calif.: Wadsworty Publishing Co.

Crossman, M., & Adams, R.(1980). Divorce, single parenting, and child development. The Journal of Psychology, 106, 205-217

Cummingham, C.(1978). Parent counselling. In M. Craft(Ed.), Tredgold's mental retardation. London: Bailliere Tindall, 313-318.

Cummings, S. T.(1976). The impact of the child's deficiency on the father: A study of fathers of mentally retarded and of chronically ill children. American Journal of Orthopsychiatry, 46, 246-255

Davids, A.(1973). Self-concept and mother-concept in black and white preschool children. Child Psychiatry and Human Development, 4(1), 30-43.

David. R. shaffer.(2004). Developmental Psychology childhood and adolescence. Brooks/Cole.

Deci, E. L., Driver, R. E., Hotchkiss. L., & Robbins, R. J. et al.(1993). The relation of mothers' controlling vocalizations to children's intrinsic motivation. Journal of Experimental Child Psychology. 55(2), 151-162.

Defrain, J., & Eirick, R.(1981). Coping as divorced single parents: A comparative study of fathers and mothers. Family Relations, April, 265-273.

Dickstein. E., & Posner, J.(1978). Self-esteem and relationship with parents. Journal of Genetic Psychology, 133, 273-276.

Dinkmeyer, D.(1979). A comprehensive and systematic approach to parent education. Journal of Family Therapy, 7(20), 46-50.

Dinkmeyer, D., & Mckay, G.(1973). Raising a responsible child. New York:

Simon & Schuster.

Dinkmeyer, D., & Mckay, G.(1976). Parents' handbook(A part of the complete STEP program). Circle Pines, Minn: American Guidance Service.

Dinkmeyer, D., & Mckay G.(1976). Systematic training for effective parenting(STEP). Circle Pines, Minn.: American Guidance Service.

Doherty, W., & Ryder, R.(1980). Parent effectiveness training(PET): Criticisms and caveats. Journal of Marital and Family Therapy, October, 409-419.

Dreikurs, R., & Grey, L.(1968). A new approach to discipline: Logical consequences. New York: Hawthorne Books.

Dreikurs, R., & Stoltz, V.(1964). Chidren and challenge. New York: Hawthorn Books, Inc.

Dreikurs, R., Gould, S. & Corsini, R.(1974). Family council. Chicago: Henry RegneryCo.

Drotar, D., Baskiewicz, A., Irvin, N., Kennell, J. H., & Klaus, M. H.(1975). The adaptation of parents to the birth of an infant with a congenital malformation: A hypo-thetical model. Pediatrics, 56, 710-717.

Dunn, J.(1983). Sibling relationships in early childhood. Child Development, 54, 787-811.

Dunn, J., & Polmin, R.(1991). Why are siblings so different? The significance of dif- ferences in siblings experimences within the family. Famify Process, 30, 271-283.

Dunn, J., & Slomkowski, C., Beardsall, L., & Rende, R.(1994). Adjustment in middle childhood and early adolescence: Links with earlier and contemporary sibling relationships. Journal of Child psychiatry & Allied Disciplines, 35(3), 491-504.

Duvall, E.(1977). Marriage and family development(5th ed.). Philadelphia: J. B. Lippincott.

Edwords, K.(1980). A new alternative: Adolescent foster peer program. In N. Stinnett, B. Chesser, J. DeFrain, & P. Knaub(Eds.), Positive models for family life(pp. 393-404). Lincoln: University of Nebraska Press.

Ehlers, W. H., Krishef, H., & Protero, J. C.(1973). An introduction to MR: A programmed text. Columbus, Ohio: Chas, E. Merrill, 160-206.

Eisenberg, A. R.(1992). Conflicts between mothers and their young children. MerrillParmer Quarterly, 38(1), 21-43.

Eisenberg, N., Fabes, R. A., Schaller, M., Gustavo C., & Miller, P. A.(1991). The relations of parental characteristics and practices to chilldren's vicarious emotional responding. Child Development, 62, 1393-1408.

Eisenberg, N., Lundy, T., Shell, R., & Roih, K.(1985). Children's justifications for their abult and peer-directed compliant(prosocial and nonprosocial) behaviors. Developmental Psychology, 21(2), 325-331.

Elkind, D.(1944). Ties that stress: The new family imbalance. Cambridge, MA: Harvard University Press. MA: Harvard University Press.

Elkind, D.(1970). Erikson's eight ages of man. New York Times Magazine, April 5.

Ellifritt, J.(1985). Life with my sister-guilty no more. The disabled child and the family: An exceptional parent reader. Boston, MA: The Exceptional Parent Press. cross culturalanalysis of parental socialization values. American Journal of Sociology, 84(2), 386-403.

Erikson, E.(1963). Childhood and society. New York: Norton Press.

Erikson, E.(1964). Insight And Responsivility. N.Y.: Norton.

Etaugh, C.(1980). Effects of nonmaternal care on children, research evidence and popular views. American Psychologist, 35(4), 309-319.

Fallen, N., & W. Umansky(1985). Young children with special needs(2nd ed.). Columbus: Charles E. Merrill.

Felker, D.(1974). Building Positive self concepts. Minneapolis: Burgess.

Fine, M. J.(1980). Handbook on Parent Education. N.Y.: Academic Press.

Fine, M. J.(1980). The Second Handbook on Parent Education. N.Y.: Academic Press.

Finkelstein, N. E.(1980). Children in limbo. Social Work, March, 100-105.

Fisher, P. A., & Fagot, B. I.(1993). Negative discipline in families: A multidimensional risk model. Journal of family Psychology, 7(2), 250-254.

Flavll, J. H.(1986). Really and truly. Psychology Today, January, 38-44.

Fleming, A. S., Klein, E., & Corter, C.(1992). The effects of a social support group on depression, maternal attitudes and behavior in new mothers. Journal of Child Psychology & Psychiatry & Allied Disciplines, 33(4), 685-698.

Fleming, A. S., Ruble, D. N., Flett, G. L., & Van Wagner, V.(1990). Adjustment in first-time mothers: Changes in mood and mood content during the early Postpartum months. Developmental Psvcholosy, 26(1), 137-143.

Flora, R.(1978). The effect of self concept upon adolescents' communication with parents. Journal of School Health, February, 100-102.

Fontana, V. J.(1973). Somewhere a chil is crying. New York: Macmilan.

Fraiberg, S.(1977). Insights form the blind. New York: Basic Books.

Fraxier, F., & Matthes, W.(1975). Parent education: A comparison of Adlerian and behavioral approaches. Elementary School Guidance and Counseling, October, 31-38.

Freed, A. M.(1971). TA for kids. Los Angeles: Jalmar Press.

Freed, A. M.(1973). TA for tots. Sacramento: Jalmar Press.

Friedrick, L. K., & Stein, A. H.(1973). Aggressive and prosocial programs and the natural behavior of preschool children. Monographs of the Society for Research in Child Development, 38(Serial No. 151).

Furstenberg, F. F.(1976). Unplanned parenthood: The social consequences of teen-age childbearing. New York: Free Press.

Gabel, H. D.(1972). Effects of parent group education and group play psychotherapy on maternal child rearing attitudes. Unpublished doctoral dissertation, University of Rochester.

Galinsky, E.(1980). Between generations: The six stages of parenthood. New York: Times Books.

Gath, A.(1974). Sibling reactions to mental handicap: A comparison of the brothers and sisters of Mongol children. Journal of Child Psychology and Psychiatry, 15, 187-198.

Gath, A.(1977). The impact of an abnormal child upon the parents. British Journal of Psychiatuy, 130, 405-410.

Gath, A.(1978). Down's syndrome and the family. The early years. London: Academic Press.

Gazda, G., & Ohisen, M.(1966). Group counseling: A means of parent education. Adult leadership, 14, 231-232, 240.

Gearing, J.(1978). Facilitation the birth process and father-child bonding. The Counseling Psychologist, 7(4), 53-55.

Gilbert, L. A., Halahan, C. K., & Manning, L.(1981) Coping with conflict between professional and maternal roles. Family Relations, 31(3), 419-426.

Gilligan, C.(1982). In a different voice. Cambridge, MA: Harvard University Press.

Ginott, H. G.(1965). Between parent and child. New York: Macmillan.

Ginott, H. G.(1972). Between teacher and child. New York: Macmillan.

Ginott, H. G.(1995). Between parent and teenager. New York: Macmillan.

Ginsburg, G. S., & Bronstein, P. (1993). Family factors related to children's intrinsic/extrinsic motivational orientation and academic performance. Child Development,64, 1461-1474.

Glick, P., & Norton, A.(1973). Perspectives on the recent upturn in divorce and remarriage. Demography, 10, 301-314.

Golombok, S., Cook, R., Bish, A., & Murray, C.(1995). Families created by the new reproductive technologies: Quality of parenting and social and emotional Develop- ment of the children. Child Development, 66, 285-298.

Goodnow, J. J.(1988a). Parents' ideas, actions, and feelings: Models and methods from developmental and social psychology. Child Development, 59, 286-320.

Goodnow, J. J.(1988b). Children's house hold work: Its nature and functions.

Psychological Bulletin, 703(1), 5-26.

Goodson, B. D., & hess, R. D.(1975). Parent as teachers of young children: An evalu-ation review of some contemporary concepts and programs. Palo Alto: Stanford university Press.

Goodyer, L. M.(1990). Family relationships, life events and childhood psychopathology. Journal of Child Psychohgy and Psychiatry, 31(1), 161-192.

Gordon, I.(1975). The infant experience. Columbus, Ohio: Chas. E. Merrill.

Gordon, I.(1976). Intervention in infant education. In M. Cohen(Ed.), Understanding and nurturing infant development(pp. 3-19). Washington, D.C.: Association for Childhood Education International,

Gordon, I.(1976). Parenting, teaching, and child development. Young Children, March, 173-183.

Gordon, I., Hanes, M., Lamme, L., Schlenker, P., & Barnett, H.(1975). Research report of parent oriented home based early childhood education programs. Gaineville: Institute for Development of Human Resources, College of Education, University of Florida.

Gordon, T.(1975). Parent Effectiveness Training. N.Y.: New American Library.

Gordon, T.(1975). T.E.T. Teacher effectiveness training. New York: Nyden books.

Gordon, T.(1976). P.E.T. in Action. New York: Bantan Books.

Gorham, K. A., Des Jardins, C., Page, R., Pettis, E., & Scheiber, B.(1975). Parents. In N. Hobbs(Ed.), Issues in the classification of children(Vol. 2). San Francisco: Jossey Bass.

Goss, R.(1970). Language used by mothers of deaf children and mothers of hearing children. American annals of the Deaf, 115, 93-96.

Gottman, J. M., & Katz, L. F.(1989). Effects of marital discord on young children's peer interaction and health. Developmental Psychology, 25(3), 373-381.

Gottman, J. M., Katz, L. F., & Hooven, C.(1996). Parental meta-emotion philosophy and the emotional life of families: Theoretical models and preliminary data. Journal of Family Psychology, 10(3), 243-268.

Graliker, B. V., Fishler, K., & Koch, R.(1965). Teenage reaction to a mentally retarded sibling. American Journal of Mental Deficiency, 66, 838-843.

Gray, J. D., Cutler, C. A., Dean, J. G., & Kempe, C. H.(1977). Prediction and prevention of child abuse and neglect. Child Abuse and Neglect, 1(1), 45-58.

Graybill, D.(1978). Relationships of maternal child-rearing behavior to children's self esteem. Journal of Psychology, 100, 45-47.

Greenberg, M.(1978). Attachment behavior, communicative competence, and parental attitudes in preschool deaf children. (Unpublished doctoral disseration, University of Virginia, Charlottesville).

Griffore, R. J.(1980). Toward the use of child development research in informed parenting. Journal of Clinical Child Psychology, Spring. 48-61.

Gross, B. D., Shuman, B. J., & Magid, D. T.(1978). Using the one-way mirror to train foster parents in child development. Child Welfare, 57(10), 685-687.

Grossman, F. K.(1972). Brothers and sisters of retarded children: An exploratory study. Syracuse, N.Y.: Syracuse University press.

Grusec, J. E.(1992). Social learning theory and developmental psychlology: The legacies of Robert Sears and Albert Bandura. Developmental Psychology, 28, 776-786.

Grusec, J. E., & Goodnow, J. J.(1994). Impact of parental discipline methods on the child's internalization of values: A reconceptualization of current point of view. Developmental Psychology, 30(1), 4-19.

Hall, R. V.(1976). Parent TRAINING: A preventive mental health program. National In-stitute of Mental Health Grant, University of Kansas.

Hallahan, D. P., & Kauffman, J. M.(1982). Exceptional children: Introduction to special education(2nd ed.). Englewood Cliffs, N.J.: Prentice-Hall.

Hammer, T. J., & Turner, P. H.(1985). Parenting in Contemporary Society. N.Y.: Prentice-Hall.

Hampson, R. B., & Tavormina, J. B.(1980). Feedback from the experts: A study offoster care mothers. Social Work, 25(2), 108-113.

Harman, D., & Brim, O. G.(1980). Learning to be Parents. London: Sage.

Harmon, D., & Kogan, K.(1980). Social class and mother-child interaction. Psychological Reports, 46, 1075-1084.

Harper, D. C.(1977). Perceived maternal childrearing behavior among disabled an non-disabled adolescents. Perceptual and Motor Skills, 44, 1095-1105.

Harrell, J. E. & Ridley, C. A.(1975). Substitute child care, maternal employment and the equality of mother-child interaction. Journal of Marriage and the Family, 37(3), 556-564.

Harris, O. C.(1977). Day care: Have we forgotten the schoolage child? Child Welfare, 56(7), 440-448.

Harris, R.(1978). The relationship of impulse control to parent hearing status, manual communication, and academic achievement in deaf children. American Annds of the Deaf, 123, 52-67.

Harris, T.(1969). I'm OK-You're OK. New York: Harper & Row.

Harris, T.(1973). I'm OK-You're OK. New York: Avon Books.

Harwell, J.(1982). The LD syndrome: How to recognize and deal with it. In J. Mckee(Ed.), Annual Editions: Early Childhood education 82/83. Guilford, Conn.:Dushkin Publishing Group.

Heifetz, L. J.(1977). Professional preciousness and evolution of parent training strategies. In P. Mittler(Ed.), Research to practice in mental retard(1984). Mothercare, Other Care. N.Y.: Basic Books.

Hereford, C(1963). Changing parental attitudes through group discussion. Austin: University of Texas Press.

Hess, R. D., & Shipman, V. C.(1967). Cognitive elements in maternal behavior. In J. P. Hice(Ed.), Minnesota symposia on child psychology(pp. 57-81). Minneapolis: University of Minnesota Press.

Hesterley, S. O.(1974a). The parent package. Berkeley, Calif: Transactional

Publications.

Hesterley, S. O.(1974b). Leader's guide to the parent package. Berkeley, Calif: Transactional Publications.

Hetherington, E. M., Cox, M., & Cox, R.(1976). Divorced fathers. The family coordinator, 25(4), 417-427.

Hill, C. R., & Stafford, F. P.(1974). Allocation of time to preschool children and educational opportunity. Journal of Human Resources, Summer, 323-343.

Hill, C. R., & Stafford, F. P.(1980). Parental care of children: Time diary estimates of quantity, predictability, and variety. The Journal of Human Resources, 15(2), 219-239.

Hinkle, D., Arnold, C., Croake. J., & Keller, J.(1980). Adlerian parent education: Changes in parents' attitudes and behaviors, and children's self esteem. American Journal of Family Therapy, 8(1), 32-43.

Hoffman, L., & Nye, F. I.(1974). Effects on children. In L. Hoffman & F. I. Nye(Eds.), Working mothers. San Francisco: Jossey Bass.

Hoffman, M. L.(1994). Discipline and internalization. Develpmental Psychology, 30(1), 26-28.

Hoffnung, M.(1989). Motherhood: Contemporary conflict for women. In J. Freeman(Ed.), Women: A feministic perspective(4th ed.). Mountain View, CA: Mayfield.

Honig, A.(1978). What we need to help the teenage parent. The Family Coordinator, April, 113-119.

Hubbard, R.(1982). Test-tube babies: Solution or problem. In H. E. Fitzgerald & T. H.Carr(Eds.), Human Development, Annual Editions. Guiford. Conn.: The Dushkin Publishing Group.

Hubbell, R.(1981). Foster care and families' conflictiong values and policies. Family Impact Seminar Series, Philadelphia: Temple University Press.

Hunt, D.(1970). Parent And Children in History. Cambridge, Mass.: Harvard University.

Hymbaugh, K.(1982). Fetal alcohol Syndrome Project. Albuquerque, N. M. Personal Communication.

Jacobson, D. S.(1979). Stepfamilies: Myths and realities. Social Work, May, 202-207.

Jaffe, M. L.(1990). Counseling parents in child management skills. New Jersey Psychologist, 40(1), 15-16.

Jaffe, M. L.(1998). Adolescence. N.Y.: John Wiley.

Jaffe, P., Wolfe, D., Wilson, S., & Zak, L.(1986). Similarities in behavioral and social maladjustment among child victims and witnesses to familly violence. American Journal of Orthopsychiatry, 56(1), 142-146.

James, M.(1974). Transactional Analysis For moms and dads. Reading, Mass.: Addison Wesley.

James, M., & Jongeward, D.(1971). Born to win. Reading, Mass.: Addison Wesley.

Johnson, C. L., & Johnson, F. A.(1980). Parenthood, Marriage, and careers: Situational constraints and role strain. In F. Pepitone, Rockwell(Ed.), Dual career couples. Beverly Hills: Sage Publications.

Johnson, R. L.(1979). Social behavior of 3-year-old children in day care and hone settings. Child study Journal, 9(2), 109-122.

John. W. Santrock.(2004). Educational Psychology. McGraw-Hill.

Jones, E. A., & Plascek, P. J.(1979). Teenage women in the USA: Sex, contraception, pregnancy, fertility, and maternal and infant health. In Teenage pregnancy and family impact: new perspectives on policy. Family Impact Seminar, A Preliminary Report. Washington, D.C., June.

Justice, B., & Duncan, D. F.(1975). Physical abuse of children as a public health problem. Public Health Reviews, 4, 183-200.

Kagan, J.(1988). Stress and coping in early development. In N. Garmezy and M. Rutter(Eds.), Stress, Coping, and Development in Children. Baltimore, Md.: Johns Hopkins University Press.

Kagan, J.(1977). The child in the family. Daedalus, 106(2), 33-56.

Kagan, J., Kearsley, R. B., &Zelazo, P. R.(1978). Infancy, its place in human development. Cambridge, Mass: Harvard University Press.

Kagan, J., Reznick, J. S., & Gibbons, J.(1989). Inhibited and uninhibited types of children. Child Development, 60, 838-845.

Kagan. J., & Segal, J.(1988). Psychology. San Diego: Harcourt Brace Jovanovich.

Kandel, D.(1978). On variations in adolescent subcultures. Youth and Society, 9, 373-384.

Karen, R.(1988). Becoming Attached. Oxford: Oxford university.

Karnes, M., & R. Zehrbach(1977). Alternative models for dilivering services to young handicapped children. In J. Jordan, A. Hayden, M. Karnes, & M. Wood(Eds.), Early childhood education for exceptional children: A handbook of ideas and exemplary practice. Reston, VA: Council for Exceptional children.

Karpman, S. B.(1968). Fairy Tales and Script Drama Analysis. Transaction analysis Bulletin Ⅶ, 26, 39-43.

Kelly, J. B., & Wallerstein, J. S.(1977). Part-time parent, part-time child: Visiting after divorce. Journal of Clinical Psychology, Summer. 51-53.

Kempe, C. H.(1976). Approaches to prevanting child abuse. American Journal of Diseases of Children, 130, 941-947.

Kerchoff, R., & Hanig, M.(1976). Parent education as provided by secondary schools. The Familly Coordinator, 25(2), 127-130.

Keshet, H. F., & Rosenthal, K. M.(1978). Fathers: A new study. Children Today, May-June, 13-17.

Kirkpatrick, M. R., & Smith, C.(1978). A new look at lesbian mothers. Human Behavior, 60-61.

Kirkpatrick, M., Smith, C., & Roy, R.(1981). Lesbian mothers and their children: A comparative survey. American Journal of Orthopsychiatry, 51, 545-551.

Klaus, M. H., & Kennell, J. H.(1978). Maternal-infant bonding. St. Louis: C. V.

Mosby.

Klos, D., & Paddock. J.(1978). Relationship status: Scales for assessing the vitality of late adolescents' relationships with their parents. Journal of Youth and Adolescence, 7(4), 353-368.

Knox, D.(1980). Trends in marriage and the family. Family Relations, 29(2), 145-153.

Kogan, K. L., Tyler, N.(1973). Mother-child interactions in young physically handicapped children. American Journal of Mental Deficiency, 77, 492-497.

Kopf, K. E.(1970). Family variables and school adjustment of eighth grade father-ad-sent boys. The Family Coordinator, April, 145-150.

Ladd, G. W., & Price, J. M.(1986). Children's cognitive and social competence: The relation between parents perceptions of task difficulty and children's perceived and actual competence. Child Development, 57, 446-460.

Ladd, G. W., Le Sieur, K. D., & Profilet, S. M.(1993). Direcl parental influences on young children's peer relations. In S. Duck(Ed.), Learning about relationships. Newbury Park, CA: Sage.

Lamb, M.(1976). Effects of stress and cohort on mother and father infant interaction. Developmental Psychology, 12(5), 435-443.

Lamb, M. E., & Stemberg, K. J.(1990). Do we really know how day care affects children. Journal of Applied Developmental Psychology, 11(3), 351-379.

Lamb, M. E., Sternberg, K. J., & Prodromidis, M.(1992). Nonmaternal care and the security of infant-mother attachment: A reanalysis of the data. Infant Behavior & Development, 15(1), 71-83.

Lapsley, D. K., & Rice, K.(1988). History, puberty, and the textbook consensus on adolescent development. Book review. Contemporary Psychology, 33, 210-213.

Larson, R., &Richards, M. H.(1994). Divergent realities: The emotional lives of mothers, fathers, and adolescents. N.Y.: Basic Books.

Lauura. E. Berk.(1994). Child Development. Susan Badger.

Lemasters, E. E., & DeFrain, J.(1983). Parents in Comtempory America(4th ed).

Home wood: The Dorsey Press.

Lematers, E. E.(1977). Parents in Modern America(3rd ed.). Homewood, Ⅲ: Dorsey Press.

Lemb, J., & Lamb, W.(1978). Parent Education and Elementary Counseling. N.Y.: Human Sciences Press.

Lester, B. M., & Boukydis, C. F.(1985). Infant Crying. N.Y.: Plenium.

Levenson, P., Atkinson, B., Hall, J., & Hollier, M.(1978). Adolescent parent education: Amarturational model. Child Psychiary and Human Development, 9(2) 104-118

Lewis, K.(1978). Single father families: Who they are and how they fare. Child Welfare, 57(10), 642-651

Ling, D.(1975). Recent developments affecting the education of hearing impaired children. Public Health Reviews, 4, 117-152.

Long, L. N., & Long, T. J.(1982). What to do when children are at home alone .Essence, 12(11), 140-142, 167.

Love, H. D.(1970). Parental attitudes toward. exceptional children. Springfield, Ⅲ.:Chan. C. Thomas.

Maccoby, E. E.(1980). Social development: Psychological growth and the parent-child relationship. N.Y.: Harcourt, Brace, Jovanovich.

Maccoby, E. E., & Martin, J. A.(1983). Socialization in the context of the family: Parent-child interaction. In E. M. Hetherington(Ed.), Handbook of child psychology. Vol. 4. Socialization, Personality, and social development(4th ed.). N.Y.: John Wiley.

Maccby, E. E., Buchanan, C. M., Mnookin, R. H., & Dombusch. S. M.(1993). Postdivorce roles of mothers and fathers in the lives of their children. Journal of Family Psychology, 7(1), 24-38.

Maccoby, E. E.(1988). Social-emotional development and response to stressors. In N. Garmezy & M. Rutter(Eds.), Stress, coping and development in children. Baltimore, MD: Johns Hopkins Press.

Maccoby, E. E., & Jacklin, C. N.(1974). The psychology of sex differences. Stanford, CA: Stanford Univ. Press.

Maccoby, E. E.(1992). The role of parents in the socialization of children: An historical overview. Developmental Psychology, 28(6), 1006-1017.

MacDonald, W. L., & DeMaris, A.(1996). Parenting stepchildren and biological children: The effects of stepparent's gender and new biological children. Journal of Family Issues, 17(1), 5-25.

Mackey, W. C., White, U., & Day, R. D.(1992). Reasons American men become fathers: Men's divulgences, women's perceptions. Journal of Genetic Psychology, 153(4), 435-445.

Macklin, E. D.(1980). Nontraditional family forma: A decade of research. Journal of Marriage and the Family, 42(4), 905-922.

Maeroff, G. I.(1985, October 2). Training parents helps toddlers, experiment finds. The New York Time.

Manuel, D. C.(1982). Bringing up baby in the '80's. Christian Science Monitor, May 14, 12-13.

Marion, R.(1981). Educators, Parents, and exceptional children. Rockville, Md: Aspen Syetems Corp.

Marshall, S.(1995). Ethnic socialization of African-American children: Implications for parenting, identity development, and academic achievement. Journal of Youth & Adolescence, 24(4), 377-396.

McBroom, W.(1981). Educators, parents, and exceptional children. Rockville, Md.: A spen Systems Corp.

McBroom, W.(1981). Parental relationships, socioeconomic status, and sex-role expectations. Sex Roles, 7(10), 1027-1033.

McCandless, B.(1967). Children: Behavior and development. New York: Holt, Rinehart & Winston.

McClelland, J.(1995). Sending children to kindergarten: A phenomenological study of mothers' experiences. Family Relations, 44, 177-183.

McIntire, R. W.(1970). For love of children: Behavioral psychology for parents. Del Mar, Calif.: C. R. M. Books.

McIntyre, J. G., & Dusek, J. B.(1995). Perceived parental rearing practices and styles of coping. Journal of Youth & Adolescence, 24(4), 499-509.

Meadow, K.(1968). Early manual communication in relation to the deaf child's intellectual, social, and communicative functioning. American Annals of the Deaf, 113, 29-41.

Meadow, K.(1969). Self-image, family climate, and deafness. Social Forces, 47, 428-483. The Merrill-Palmer Institute. Strengthening family support systems for early child rearing. No date.(Pamphlet).

Metropolitan Life Insurance Company(1972). Day care, what and why.(Booklet).

Miller, B.(1976). Student drug use: Attitudinal, Parental relations, and sex differences: A pilot Study. International Journal of Addictions, 11(6), 1077-1084.

Morris, L.(1977). Education for parenthood: A program, curriculum, and evaluation guide.(DHEW Publication No. OHDS 77-30125). Behavior Associates.

Morrison, G.(1978). Parent Involvement in the home, school and community. Columbus, ohio: Chas. E. Merrill.

Murphey, D. A.(1992). Constructing the child: Relations between parents' beliefs and child outcomes. Developmental Review, 12(2), 199-232.

Murray, A. D., Dolby, R. M., Nation, R. L., & Thomas, D. B.(1981). Effects of epidural anesthesia on newborns and their mothers. Child Development, 52, 71-82.

Murray, B.(1996, January). Getting by with a little help from some friends. APA Montior, p. 41.

Murray, I.(1992). The impact of postnatal depression on infant development. Journal of Child Psychology & Psychiatry & Allied Disciplines, 33(3), 543-561.

Nehls, N., & Morgenbesser, M.(1980). Joint custody An explaration of the issues. Family Process, 19, 117-125.

Nachman, G.(1979). The menopause that refreshes. In P. I. Rose(Ed.), Socialization and the life cycle. New York: St. Martin's Press.

Nadelson, C. C., & Nadelon, T.(1980). Dual-career marriages: Benefits and costs. In F.Pepitone-Rockwell(Ed.), Dual career couples. Beverly Hills: Sage Publications.

National Association for the Education of Young Children(1975). Some ways of distinguishing a good early childhood program.(Pamphlet).

National Center for health Statistics: Advance report of final natality statistics, 1980(1982). Monthly Vital Statistics Report, 31(8), Supplement.(Dhhs Publication No.PHS 83-1120). Hyattsville, Md.: Public Health Services, November.

National School: Public Relations Association(1972). Dropouts: Prevention and rehabilitation. Washington, D.C.: U.S. Government Printing Office.

Nersen, J. (1987). Positive Discipline. N.Y.: Ballantine Books.

Nieman, R. H., & Gastright, J. F.(1977). Preschool plus all-day kindergarten: The cumulative effects of early childhood programs on the cognitive growth of four-and five-year old children. Paper presented at the biennial meeting of the Society for Research in child Development, New Orleans, March.

Nock, S. L.(1995). A comparison of marriages and cohabiting relationships. Journal of Family Issues, 16(1), 53-76.

Nolen-Hoeksema, S. N., Girgus, J. S., & Seligman, M. E. P.(1986). Learned helplessness in children: A longitudinal study of depression, achievement, and explanatory style. Journal of Personality and Social Psychology. 51(2), 435-442.

Nolen-Hoeksema, S.,Wolfson, A., Mumme, D., & Suskin, K.(1995). Helplessness in children of depressed and nondepressed mothers. Developmental Psychology, 31(3), 377-387.

O'Brien, M., Margolin, G., & John, R. S.(1995). Relation among marital conflict, child coping, and child adjustment. Journal of Clinical Child Psychology, 24(3), 346-361.

O'Dell, S.(1974). Training parents in behavior modification: A review. Psychological Bulletin, 81(7), 418-433.

Ogg, E.(1978). What about the prospective father? Today's Education, February-March, 77-79.

Okagaki, L., & Divecha, D. J.(1993). Development and parental beliefs. In T. Luster & L. Okagaki(Eds.), Parenting: An ecological perspective. Hillsdale, NJ: Erlbaum.

Okagaki, L., & Sternberg, R. J.(1993). Parental beliefs and children's school performance. Child Development, 64, 36-56.

Osofsky, H. J., & Osofsky, J. D.(1970). Adolescents as mothers. Results of a program for low-income pregnant teenagers with some emphasis upon intants' development. American Journal of Orthopsychiatry, 40(5), 825-834.

Ozehasky, R.(1967). Children's self compect and kindergarten achievement. Unpublished doctoral dissertation, St. John's University.

Parke, R. D., & Sawin, D. B.(1976). The father's role in infancy: A reevaluation. The Family Coordinator, 25(4), 365-371.

Patterson, C. J.(1992). Children of lesbian and gay parents. Child Development, 63, 1025-1042.

Patterson, C. J.(1995). Families of the baby boom: Parents' division of labor children's adjustment. Developmental Psychology, 31(1), 115-123.

Patterson, G. R.(1986).Performance models for ant social boys. American Psychologist, 1, 432-444.

Patterson, G. R.(1988). Stress: A change agent for family process. In N. Garmezy & M. Rutter(Eds.), Stress, coping and development in children. Baltimore, MD: Johns Hopkins Press.

Patterson, G. R., DeBaryshe, B. D., & Ramsey, E.(1989). Adevelopmental perspective on anti-social behavior. American Psychologist, 44(2), 329-335.

Patterson, G. R., & Gullion, M. E(1971). Living with children. champaign, Ⅲ.: Research Press.

Parke, R. D., & Sawin, D. B.(1976). The father's role in infancy: A reevaluation. The Family Coordinator, 25(4), 365-371.

Peck, J, R., & Stephens, W. B.(1960). A study of the relationship between the attitudes and behavior of parents and that of their mentally defective child. American Journal of Mental Deficiency, 64, 839-844.

Peen, J. J. V.(1978). A model for training foster parents in behavior modification techniques. Child Welfare, 57(3), 175-179.

Peterman, P. J.(1977).Paraprofessional social workers in day care. Child Welfare, 56(8), 519-525.

Peter, D. L., & Benn, J. L.(1980). Day care: Support for the family. Dimensions, 9(11), 78-82.

Peterson, G. W., & Cleminshaw, H.(1980). The strength of single parent families during the divorce crisis: An intergrative review with clinical implications. In N.Stinnet, B. Chesser, J. DeFrain, & P. Knaub(Eds.), Family strengths, positive models for family life. Lincoln, Nebraska: University of Nebraska Press.

Pinsker, M., & Geoffray, K.(1981). A comparison of parent effectiveness training and behavior modification parent training. Family Relations, 30, 61-68.

Poznanski, E.(1973). Emotional issues in raising handicapped children. Rehabilitation Literature, 34(11), 322-326, 352.

Rabin, A.(1965). Motivation for parenthood. Journal of Projective Techniques, 29, 405-411.

Rallings, E. M., & Nye, I.(1979). Wife-mother, employment, family and society. In W. R. Burr, R. Hill, I. F. Nye, & I. L. Reiss(Eds.), Contemporary theories about the family. New York: The Free Press.

Rapoport, R., & Rapoport, R. N.(1971). Dual career families. Harmondsworth, England: Penguin Books.

Raschke, H. J., & Raschke, V. J.(1979). Family conflict and children's self concepts: A comparison of intact and single parent families. Journal of

Marriage and the Family, May, 368-373.

Redl, F.(1944). Preadolescents-What makes them tick? Child Study, 21, 44-48, 58-59.

Resch, R. C., Lilleskov, R., K., Schur, H. M., & Mihalov, T.(1977). Infant day care and a treatment intervention: A follow-up comparison study. Child Psychiatry and Human Development, 7(3), 147-165.

Rhodes, S.(1977). A developmental approach ot the life cycle of the family. Social Casework, 58, 301-311.

Richardson, L.(May 2, 1993). Nannnygate for the poor. The New York Times.

Richardson, L.(September 2, 1992). No cookie-cutter answers in 'mommy wars.' The New York Times.

Rinn, R., & markle, A.(1977). Parent effectiveness training: A review. Psychological Reports, 41, 95-109.

Robinson, P. A.(1978). Parents of "beyond control" adolescents. Adolescence, 13(49), 109-119.

Rodman, H., & Voydanoff, P.(1978). Social class and parents' range of aspirations for their children. Social Problems, Feburary, 25, 333-334.

Roedell, W., Slaby, R., & Robinson, H.(1977). Social development in young children. Monterey, Calif.:Brooks/Cole.

Roll, S., & Millen, L.(1978). Adolescent males' feeling of being understood by their athers as revealed through clinical interviews. Adolescence, 13(49), 83-49.

Rosenberg, B. G., & Hyde, J. S.(1993). The only child: Is there only one kind of only? Journal of Genetic Psychology, 154(2), 269-282.

Rosenberg, M. S.(1987). New directions for research on the psychological maltreatment of children. American Psychologist, 42(2), 166-171.

Rosenheim, E., & Reicher. R.(1985). Informing children about a parent's terminal illness. Journal of Child Psychology & Psychiatry & Allied Disciplines, 26(6), 995-998.

Rosenthal, E.(1996,January 10). The fertility market: From lives begun in a lab, brave new joy. The New York Times, pp. 1, C6.

Rosenthal, P., & Rosenthal, S.(1984). Suicidal behavior by preschool children. American Journal of Psychiatry, 141, 4.

Ross, C. E., & Willigen, M. V.(1996). Gender, parenthood, and anger. Journal of Marriage and the Family, 58, 572-584.

Ross, H. S., Filyer, R. E., Lollis, S. P., Perlman, M., & Martin, J. L.(1994). Administering justice in the family. Journal of Family Psychology, 8(3), 254-273.

Rossi, A. S.(1968). Transition to parenthood. Journal of Marriage and the Family, 30, 26-39.

Rossman, B. B. R., & Rosenberg, M. S.(1992). Family stress and functioning in children: The moderating Effects of children' s beliefs about their control over parental conduct. Journal of Child Psychology and Psychiatry, 33(4), 699-715.

Rubenstein, J. L., & Howes, C.(1979). Caregiving and infant behavior in day care and in homes. Developmental Psychology, 15(1), 1-24.

Russell, G.(1978). The father role and its relation to masculinity, femininity, and androgyny. Child Development, 49, 1174-1181.

Ryan, R. M., & Lynch, J. H.(1989). Emotional autonomy versus detachment: Revisiting the vicissitudes of adolescence and young adulthood. Child Development, 60, 340-356.

Sawin, D. B., & Parke, R. D.(1976). Adolescent fathers: Some implications from recent research on paternal roles. Educational Horizons, Fall, 38-42.

Scarr, S.(1992). Developmental theories for the 1990s: Development and individual differences. Child Development, 63, 1-19.

Scarr, S.(1993). Biological and cultural diversity: The legacy of Darwin for development. Child Development, 64, 1333-1353.

Scarr, S., & Grajek, S.(1982). Similarities and differences among siblings. In M.

E. Lamb & B. Sutton Smith(Eds.), Sibling relationships: Their nature and significaned across the lifespan. Hillsdale, NJ: Erlbaum.

Schaefer C. E., & Millman, H. L.(1981). How to help children with common problems. N.Y.: Van Nostrand Reinhold.

Schaefer, C. E., & Briesmeister, J. M.(1989). Handbook of parent training. N.Y.: John Wiley.

Schaffer, H. R., & Crook, C. K.(1980). Child compliance and maternal control techniques. Developmental Psychology, 16(1), 54-61.

Schaffer, F.(1977). Mothering. Cambridge, Mass.: Harvard University Press.

Schlegel, A., & Barry, H.(1991). Adolescence: An anthropological inquiry. N.Y.: Free Press.

Schlossman, S. L.(1976). Before home start: Notes toward a history of parent education. Harvard Educational Review, 46(3), 436-467.

Schwarz, J. C., Strickland, R. G., & Krolick, G.(1974). Infant day care: Behavioral effects at preschool age. Developmental Psychology, 10(4), 502-506.

Schweinhart, L. J., & Weikart, D. P.(1980). Young children grow up: The effects of the Perry Preschool Program on youth though age 15. Monograph of the High ScopeEducation Research Foundation No. 7 Ypsilanti, Mich: The high scope Press.

Scovern, A., Bukstel, L., Kilmann, P., Loval, R., Busemeyer, J., & Smith, V.(1980). Effects of parent counseling on the family system. Journal of Counseling Psychology, 27(3), 268-275.

Seagull, A. A., & Seagull, E. A. W.(1977). The non-custodial father's relationship to his child: Conflicts and solutions. Journal of Clinical Child Psychology, 6(2), 11-15.

Sears, R.(1970). Relation of early socialization experiences to self concepts and gender role in middles childhood. Child Development, 41, 267-289.

Sheehy, G.(1976). Passages. New York: Bantam Books.

Skinner, B. F.(1948). Walden Two. N.Y.: Macmillan.

Skinner, B. R.(1953). Science and human behavior. New York: Macmillan.

Smith, E. W.(1975). The role of grandmother in adolescent pregnancy and parenting. Journal of School Health, 45(5), 278-283.

Smith, J. M., & Smith, D. E.(1966). Child management: A program for parents. Ann Arbor, Mich.: Ann Arbor publishers.

Smith, R.(1981). Specialized foster parent training project: A proposal. Santa Fe, N.M.,January(unpublished).

Stevens, J.(1978).Parent education programs: What determines effectiveness? Young Children, 33(4), 59-65.

Sperm Bank Run By Women Opens(1982). The Gadsdeen Times. October 6, 25.

Stanhope, L., & Bell, R.(1981). Parents and families. In J. M. Kauffman & D. P. Hallahan(Eds.), Handbook of special education(pp. 688-713). Englewood Cliffs, N.J.: Prentice-Hall.

Steinberg, L.(1987b). Family processes at adolescence: A developmental perspective. Family Therapy, 14(2), 77-86.

Steinberg, L.(1987c). Impact & puberty on family relations: Effects of pubertal status and pubertal timing. Developmental Psychology, 23(3), 451-460.

Steinberg, L.(1987d). Recent research on the family at adolescence: The extent and nature of sex differences. Journal of Youth and Adolescence, 76(3), 191-197.

Steinberg, L.(1987e, April 25). Why Japan‘s students outdo ours. The New York Times.

Steinberg, L.(1988b). Simple solutions to a complex problem: A response to Rodman, Pratto, and Nelson(1988). Developmental Psychology, 24(2), 295-296.

Steinberg, L.(1990). Autonomy, conflict, and harmony m the family relationship. In S.S. Feldman & G. R. Eliot(Eds.), At the threshold: The developing adolescen. Cambridge, MA: Harvard University Press.

Steinberg, L.(1992). Impact of parenting practices on adolescent achievement: Authoritative parenting, school involvement, and encouragement to succeed.

Child Development, 63, 1266-1281.

Steinberg, L., Elmen, J. D., & Mounts, N. S.(1989). Authoritative parenting, psychosocial maturity and acaderoic success among adolescents. Child Development, 60(6), 1424-1436.

Steinberg, L., Lambom, S., Dornbusch, S., & Darling, N. (1992). Impact of parenting practices on adolescent achievement: Authoritative parenting, schod involvement, and encouragement to succeed. Child Development, 63, 1266-1281.

Steinberg, L., Lamborn, S. D., Darling, N., Mounts, N., S., & Dornbusch, S. M.(1994). Over-time changes in adjustment and competence among adolescents from authoritative, authoritarian, indulgent, and neglectful families. Child Development, 65, 754-770.

Steinberg, L. D.(1988a). Reciprocal relation between parent-child distance and pubertal maturation. Developmental Psychology, 24(1), 122-128.

Stemp, P. S., Tumer, R. J., & Noh, S.(1986). Psychological distress in the postpartum period: The significance of social support. Journal of Marriage arid the Family, 48,171-277.

Stephens, L. S.(1996). Will Johnny see Daddy this week? An empirical test of three theoretical perspectives on post divorce contact. Journal of Family Issues, 17(4), 466-494.

Stephenson, A. L., Henry, C. S., & Robinson, L. C.(1996). Family characteristics and adolescent substance abuse. Adolescence, 31(121), 59-77.

Stern, J.(1996). A cognitive appraisal approach to parent training with affect-driven parents. Psychotherapy, 33(1).

Stern, M., & Karraker, K. H.(1988). Prematurity stereotyping by mothers of premature infants. Journal of Pediatric Psychology, 13(2), 255-263,

Summerlin, M. L., & Ward, G. R.(1978). The effect of parental participation in a parent group on a child's self concept. Journal of Psychology, 100, 227-232.

Tavormina, J. B.(1975). Relative effectiveness of behavioral group counseling with parents of menatally retarded children. Journal of Consulting and Clinical Psychology, 43, 22-31.

Thamm. R.(1972). Self-acceptance and acceptance-of others: An exploration into personal-ity syndromes. Transactional Analysis Journal, 2, 41-49.

The American Humane Association(1982). National analysis of Official Nelect and Abuse Reporting.

Tucker, C. A.(1987). Parental perceptions of child-rearing problems. Child Psychiatry and Human Development, 8(3), 145-161.

Turner, A.(1980). Therapy with families of a mentally retarded child. Journal of Marital and Family Therapy, April, 167-170.

Turner, H. A., & Finkelhor, D.(1996). Corporal punishment as a stressor among youth. Journal of Marriage and the Family, 58, 155-166.

Turner, P., & Davis, P.(1982). The effectiveness of children's services in shelters for wivtimes of domestic violence: Albuquerque, Santa Fe, and Clovis, New Mexico. Final Report. Santa Fe: Department of Finance and Administration, July.

Turner, P., & Gallegos, B.(1984). Acomparison of the day care needs, attitudes and practices of infant and single-parent families. Journal of employment Counseling, 21(1), 19-30.(Special issue: Employment Counseling and the Single-Parent Phenomenon).

Turner, P., & Smith, R.(1983). Single parents and care. Family Relations, 32, 215-226.

Turner, P. J., & Gervai, J.(1995). A multidimensional study of gender typing in preschool children and their parents: Personality, attitudes, preferences, behavior, and cultural differences. Developmental Psychology, 31(5), 759-772.

U. S. Department of Health, Education, and Welfare, Office of Human Development/Office of Child Development, Children's Bureau/National Center on Child Abuse and Neglect(1975). Child abuse and neglect: The Problem and is management.(DHEW Publication No. OHD 75-30073).

U. S. Department of Health, Education, and Welfare, Office of Human Development Services, Administration for Children, Youth and Families, Lasting effects after preschool.(DHEW Pub. No. OHDS 79-30179).(1979).

U. S. Deparment of Health, Education, and Welfare, Office of Human Development Services, Administration for Children, Youth and Families. (1980). The status of children, youth, and families.(DHHS Publication No. OHDS 80-30274). August.

U. S. Department of Health and Human Services. Office of Human Development Services Ad-ministration for Children, Youth, and Families.(1980a). A parent's guide to day care(DHHS Publication No. OHDS 80-30254). March.

U. S. Department of health and human Services, Office of Human Development Service. Admin-istration for Children Youth, and Families.(1980b). The status of children, youth, and families.(DHHS Publication No. OHDS 80-30274), August

Vandell, D.(1979). Effects of a playgroup experience on mother-son and father-son interaction. Developmental Psychology, 15(4), 379-385.

Van Hoose, W. H., & Worth. M. R.(1982). Adulthood in the life cycle. Dubuque, Lowa: William C.Brown, Chapter 9, The parenting role.

Veevers, J.(1973). Voluntarily childless wives: An exploraory study. Sociology and social Research, 57, 356-366.

Wahler, R. G., Winkel, G. H., Peterson, R. R., & Morrison. D. C.(1965). Mothers as behavior therapists for their own children. Behavior Research and Therapy, 3, 113- 124.

Walker, J. H., Tomas, M., & Russell, I. T.(1971). Spina bifida and the parents. Developmental Medicine and Child Neurology, 13, 462-475.

Wallerstein, J. S., & Kelly, J. B.(1979). Children and divorce: A review. Social Work, November, 468-475.

Wallerstein, J. S., & Corbin, S. B.(1989). Daughters of divorcc: Report from a ten-year follow-up. American Journal of Orthopsychiatry, 59(4), 593-604.

Wallerstein, J. S.(1989, January 22). Children after divorce: Wounds that don't heal. The New York Times Magazine, pp. 19-44.

Wallerstein, J. S.(1991). The long-term effects of di-vorce on children: A review. oumal of the Academy of Chi UAdolescent Psychwtry, 30(3), 349-360.

Wallerstein, J. S.(1994). The early psychological tasks of marriage: I. American Journal of Orthopsychiatry, 64(4), 640-650.

Wallerstein, J. S., & Blakeslee, S.(1989). Second chances. N.Y.: Ticknor and Fields.

Wandersman, L. P.(1981). Ecological relationships in family day care. Child Care Quartely, 10(2), 89-102.

Watson, J. B.(1928). Psychological care of infant and child. New York: Norton and Co.

Webster's New Collegiate Dictionary.(1979). Springfield. Mass,: Merriam.

Weinroot, M.(1974). A training program in behavior modification for siblings of retarded. American Journal of Orthopsychiatry, 44(3), 362-375.

Weiss, R. S.(1979). Growing up a little faster: The experience of growing up in a single parent household. Journal of Social Issues, 35(4), 97-111.

White, B.(1975). The first three years of life. Englewood Cliffs, N.Y.: Prentice-Hall White House Conference on Families(1980). Listening to America's families: Action for the 80's. Baltimore: White House Conference on Families.

Williams, C. D.(1959). The elimination of tantrum behavior by extinction procedurs. Journal of Abnormal and Social Psychology, 59, 265.

Williams, J.,&Smith, M.(1980). Middle childhood: Behavior and development(2nd ed.). New York: Macmillan.

Wilson, A.(1977). A predictive analysis of early parental attachment behavior. Paper Presented at the biennial meeting of the Society for Research in Child Development. New Orleans.

Wilson, F.(1980). Antecedents of adolescent pregnancy. Journal of Biosocial

Science, 12(2), 141-152.

Wolfe, D. A., & Sandler, J.(1981). Training abusive parents in effective child management. Behavior Modification, 5(3), 320-335.

Wolf. M. M., Risley, T., & Mees. H.(1964). Application of operant conditioning procedures to the behavior problems of an autistic child. Behavior Research and Therapy, 1, 305-312.

Yamamoto, K., Soliman, A., Parsons, J., & Davis, O. L.(1987). Voices in unison: Stressful events in the lives of children in six countries. Journal of Child Psychlolgy and Psychiatry, 28, 855-864.

Yamamoto, K., Davis, O. L. Jr., Dylak, S., Whittaker, J. et al.(1996). Across six nations: Stressful events in the lives of children. Child Psychiatry & Human Development, 26(3), 139-150.

Youngblade, L. M., & Belsky, J.(1992). Parent-child antecedents of 5-year-olds' close friendships: A longitudinal analysis. Developmental Psychology, 28(4), 700-713.

Youniss, J., & Ketterlinus, R. D.(1978). Communication and connectedness in motherand father-adolescent relationships. Journal of Youth and Adolescence, 16(3), 265-280.

Zahn-Waxler, C., Radke-Yarrow, M., & King, R.(1979). Child-rearing and children's prosocial initiation toward victims of distress. Child Development, 50, 319-330.

Zaslow, M. J.(1991). Variation in child care quality and its implications for children. Jounal Social Issues, 47(2), 125-138.

Zeman, J., & Shipman, K.(1996). Children's expression of negative affect: Reasons and methods. Developmental Psychology, 32(5), 842-849.

Zigler, E. F., & Rubin, N.(1985, November). Why child abuse occurs. Parents, 102-218.

찾/아/보/기

INDEX

INDEX

저/자/소/개

■ 안영진(安榮珍)

현 한양여자대학교 유아교육과 교수

- 교육학 박사(유아교육 전공)
- 한양여자대학교 유아교육과 초대 학과장
- 한양여자대학교 아동심리 교육센터 초대 교육 센터장
- 교육부 연구(프로젝트 스펙트럼-유아의 사회적 능력 발달 교육활동 자료)
- 건국대학교 박사 우수 논문상 수상
- 한양여자대학교 우수 저술상
- 전문대학협의회 "교수－학습 프로그램" 연구－개발: 한국 직업능력 원장상 수상
- 교육부장관상 수상
- (AP)부모교육 전문가
- 한국 영유아보육행정학회 부회장 역임
- 서울대학교, 숙명여자대학교, 경희대학교 등 대학원 강의
- 한국몬테소리연구학회 이사
- 한국 영유아보육행정학회 이사, 여성심리학회 이사, 한국심리학회 회원
- 서울 · 경기 스펙트럼 연구회 수십 기관 교육 자문위원
- 한국 프로젝트 스펙트럼 연구회 회장
- 몬테소리 · 미술 치료사 전문가
- 북부 유치원 장학지도 역임
- 광진구 보육정보센터 자문위원, 성동구 보육정보센터 자문위원
- 아동심리전문가 · 청소년 상담 연구원(교육부 산하 한국교육연수원)
- 우리들은 1학년 교과부 심의위원 및 정책자문
- 한국 프로젝트 스펙트럼 제2저작권 소유(다중지능에 의한 아동 연구교육 프로그램Ⅰ, Ⅱ, Ⅲ) : <하버드 대학연구>
- Building on Children's Strengths : Project Spectrum(1)
  (다중지능에 의한 아동의 다양한 능력 개발 프로젝트, 창지사)
- Project Spectrum : Early Learning Activities(Project Spectrum2)
  (다중지능에 의한 아동의 다양한 능력 개발을 위한 프로그램, 창지사)
- Project Spectrum : Preschool Assessment Handbook(Project Spectrum 3)
  (다중지능에 의한 아동의 다양한 능력 개발을 위한 평가, 창지사)

〈저서〉

교육심리학. 동문사. 2018
교육학개론. 동문사. 2018
유아발달. 정민사. 2015
부모교육. 나경. 2014
아동발달. 나경. 2014
누리과정에 따른 새 유아 사회교육. 교육과학사. 2013
누리과정에 따른 생활 지도 및 상담. 창지사. 2013

저/자/소/개

교육학개론. 창지사. 2012
다중지능에 의한 유아교육프로그램 평가: 한국적 스펙트럼 프로젝트의 활동과 평가 2. 창지사. 2011
다중지능에 의한 유아교육프로그램 평가: 한국적 스펙트럼 프로젝트의 이론과 활동편. 창지사. 2010
인성교육. 장지사. 2010
신 교육심리학. 정민사. 2010
가치로운 삶을 위한 리더십. 정민사. 2009
교육심리. 정민사. 2009
21세기 적응하는 부모교육. 양서원. 2008
새로운 유아교육과정에 따른 유아사회교육. 2008
세계화와 민주시민 양성을 위한 유아생활지도. 창지사. 2007
현대인의 정신건강. 창지사. 2007
아동발달. 공동체. 2006
아동상담. 동문사. 2006
다중지능에 의한 아동의 다양한 능력 개발을 위한 평가. 창지사. 2005
다중지능에 의한 아동의 다양한 능력개발 프로젝트. 창지사. 2004
아동심리와 부모교육. 꾸벅. 2002
새 아동발달 연구. 꾸벅. 2002
다중지능에 의한 아동의 다양한 능력 개발을 위한 프로그램. 창지사. 2001
교육심리학. 창지사. 2001
아동상담. 동문사. 2001
유아의 사회적 능력 발달 교육활동자료. 교육인적자원부. 2000
유아생활지도. 삼광출판사. 1998
아동 심리의 발달과 이해. 정일. 1997
특수 아동 교육. 정일. 1997
新 영유아 발달 총서. 정일. 1997
부모교육 총론. 정일. 1996
특수아동지도. 길안사. 1996
新 아동발달 심리. 길안사. 1996

〈논문〉

행복의 통합 교육 프로그램 수강과 실행을 통한 영유아교사의 인식 질적 연구. 한국영유아보육학회. 2017
누리과정에 기초한 인성교육활동을 통한 유아 인성 행동변화와 친사회성 행동변화와의 관계. 2015
유보통합에 대비한 사립유치원의 바람직한 운영 모델안 연구. 2015
유보통합에 대비한 사립유치원의 정보공시 방법론적 제안. 2015
사례분석활동이 유아교사의 지식변화에 미치는 영향: '유아생활지도' 개념도를 중심으로. 한국영유아교원교육학회. 2011
다중지능 강점영역과 유아의 정서지능과의 상관관계분석. PECERA. 2010
프로젝트 스펙트럼 사회적 이해활동이 유아의 자아효능감과 친사회성에 미치는 영향. 2009
전문대학 혁신 프로그램: 교수-학습 개선지원 사업 자료집. 2008
다중지능에 기초한 프로젝트 스펙트럼에 따른 유아의 강점 확인과 과정 고찰. 2007

다중지능에 기초한 프로젝트 스펙트럼에 따른 유아의 강점 구체화와 부모인식 변화과정 고찰. 한국유아교육보육정보학회. 2007

A Study on the day care prog ram to emhance the social and emotional development of Children. PECERA. 2006

종일제 유아교육 프로그램 모형개발-프로젝트 스펙트럼 프로그램을 중심으로. 한국유아교육보육행정학회. 2006

다중지능에 의한 프로젝트 스펙트럼 바람 활동을 통한 유아의 자연탐구과정 조망. 한양여대 논문집. 2006

다중지능에 의한 스펙트럼 연구-'그림자'프로젝트 & '거북선'프로젝트. 서울초등다중지능교육연구회. 2005

Multiple Intelligence by Project Spectrum Activities: Prospect of assembly activities process. PECERA. 2005

다중지능 적용수업의 이론과 실제. 한국영유아보육행정학회. 2004

유아교육의 새로운 방향제시 및 평가 방법 모색. 한국영유아보육행정학회. 2004

한일 예비교사의 다중지능과 친사회적 행동의 관계연구. 한국영유아보육행정학회. 2004

프로젝트 스펙트럼에 의한 영역별 교육 연구 프로그램. 한국 영유아보육행정학회. 2003

프로젝트스펙트럼에 의한 사회성 능력발달 프로그램이 유아의 정서지능에 미치는 효과 한양여대 논문집. 2002

프로젝트 스펙트럼에 의한 유아의 사회적 능력 발달 프로그램. 교육인적자원부. 2001

다중지능이론에 의한 프로젝트 스펙트럼 활동 유아의 사회적 능력발달 교육활동자료, 교육인적자원부. 2000

유아의 사회적 능력발달 프로그램 연구. 교육부. 2000

다중지능 이론에 의한 프로젝트 스펙트럼 활동 유아의 사회적 능력발달 교육활동자료. 교육인적자원부. 2000

갈등상황 토론학습이 아동의 추론 능력과 조망수용능력에 미치는 효과. 건국대학교 대학원 박사학위논문. 1998

저/자/소/개

■ 김창숙

현 단국대학교 사범대 교직교육과 초빙교수

- 한양여자대학교 유아교육과 겸임교수
- 그림유치원 설립자 및 원장
- LG U+ 아이들나라 자문교수
- 미국 뉴욕 Imagination Playground(주) 협력교수
- 중국 Cowry Education Group 자문교수
- Imagination Playground Korea(주) 자문교수
- 라임유아교육(주) 자문교수
- 서울시 사립유치원 연합회 부회장
- 한국 유아교육인협회 이사
- 동대문구청 복지과 어린이집 심의위원
- 한국 열린유아교육학회 이사 및 디지털 프로그램분과 분과장

- 단국대학교 문리대 응용미술학과 미술학사 졸업
- 한양대학교 교육대학원 유아교육 교육학석사 졸업
- 단국대학교 교육학과 교육사회학 및 평생교육전공 교육학박사 졸업
- 크라운해태 자문교수
- 서울시 사립유치원 연합회 동부분회 회장

〈저서〉

레지오 에밀리아 교육에서의 프로젝트 이야기. 창지사. 2013
레지오 에밀리아 교육의 한국 적용에 따른 여정. 꼬망세 미디어. 2012
글로벌시대의 부모교육 권건일, 김창숙 외 공저. 양서원. 2011

부모교육

초판 1쇄 발행 / 2019년 2월 25일
초판 2쇄 발행 / 2020년 2월 25일

•

공저자 / 안영진 · 김창숙
발행인 / 이 중 수
발행처 / **동 문 사**

•

서울특별시 서대문구 홍제원 1길 12
(홍제동 137-8)
Tel: 02)736-3718(대), 736-3710, 3720
Fax: 02)736-3719
등록번호: 1974.04.27.제9-17호
가격: 20,000원

•

ISBN: 979-11-6328-067-5(93370)
E-mail: dong736@naver.com
www.dongmunsa.com

저자와의 합의하에 인지는 생략합니다.